한국어 학습 총서 05

Korean Vocabulary Practice for Foreigners

中級

日本語版

중급

외국인을 위한

한국어 어휘 연습

外国人のための韓国語語彙練習

연세대학교 한국어학당 편

연세대학교 대학출판문화원

まえがき

延世大学韓国語学堂は今年で創立53周年を迎えました。延世大学韓国語学堂ではこの間、会話や言語機能、活用練習用など数多くの教材を執筆、出版して参りました。しかし韓国語を学ぶ学習者が増えるにつれ、学習者の要求も多様化してきました。特に韓国語の語彙学習に対する学習者の要求が高まり、語彙学習用の教材が必要となりました。

『外国人のための韓国語語彙練習』は初級、中級、上級の3巻で構成されています。この本は韓国語を勉強する学習者の語彙力を向上させ、韓国語の上達度を高めるために出版されることになりました。特に『外国人のための韓国語語彙練習』は現在施行されている多様な韓国語能力評価試験に対応するように構成しました。韓国語教材と韓国語能力評価試験で扱われている語彙をレベルに合わせて選定し、各語彙の意味を説明して例文を提示しました。また多様な練習問題を通して、学習した語彙を活用できるように構成しました。

『外国人のための韓国語語彙練習』は韓国語教育機関で語彙学習のための副教材として活用することができ、一人で勉強する学習者は自習用として活用することができます。この教材が韓国語学習者の語彙学習においてより効率的な実力向上に役立つことを期待します。

延世大学 語学研究教育院 韓国語学堂 教材編纂委員会

머리말

연세대학교 한국어학당은 올해로 창립 53주년을 맞이했습니다. 연세대학교 한국어학당은 그동안 회화 교재, 언어기능별 교재, 활용연습용 교재 등 많은 교재를 집필, 출간하였습니다. 그러나 한국어를 배우는 학습자들이 늘면서 그들의 요구도 다양해졌습니다. 특히 한국어 어휘 학습에 대한 학습자들의 요구가 높아져 어휘 학습용 교재가 필요하게 되었습니다.

『외국인을 위한 한국어 어휘 연습』은 초급, 중급, 고급의 3권으로 구성되었습니다. 이 책은 한국어를 공부하는 학습자들의 어휘력을 향상시켜 한국어 숙달도를 높이기 위해서 출간하게 되었습니다. 특히 『외국인을 위한 한국어 어휘 연습』은 현재 시행되고 있는 다양한 한국어능력 평가 시험에 대비하도록 구성되었습니다. 한국어 교재와 한국어능력 평가 시험에서 다루어지고 있는 어휘를 등급에 맞게 선정하여 각 어휘의 의미를 설명하고 예문을 제시하였습니다. 또한 다양한 문제를 통해 학습한 어휘를 활용할 수 있도록 구성하였습니다.

『외국인을 위한 한국어 어휘 연습』은 한국어교육기관에서 어휘 학습을 위한 부교재로 활용할 수 있으며 혼자서 공부하는 학습자는 자습용으로 활용할 수 있습니다. 『외국인을 위한 한국어 어휘 연습』이 한국어 학습자들이 효율적으로 어휘를 학습하여 한국어능력을 향상할 수 있도록 하는 데 기여할 수 있기를 바랍니다.

연세대학교 언어연구교육원 한국어학당 교재편찬위원회

本書の構成

01 『外国人のための韓国語語彙練習(中級)』は韓国語を学んでいる外国人学習者のための語彙集として、中級段階で必ず知っておかなければならない語彙を紹介した。

02 この本はテーマ別に全11課からなる。

03 この本はテーマ別に約70～90個程度の語彙を提示し、説明した。総語彙数は、見出し語、類義語、反意語、関連語などを全て含めて約1800個以上に及ぶ。

04 各語彙の説明には発音、品詞、翻訳、語彙の意味に対する詳細説明、活用構文、活用表現、類義語、反意語、関連語、例文などが含まれている。

05 活用構文では名詞は'名(名詞)'と、動詞は '動(動詞)'と、形容詞は '形(形容詞・形容動詞)'と表示した。

06 例文は中級段階の学習者が理解できる範囲の文法を使用して提示した。

07 語彙の提示順はテーマ別、カナダラ順である。

08 各課は大きく、語彙説明と練習問題の2つのパートから構成されている。まず語彙説明の部分では、語彙の定義に対する詳細説明、活用構文、活用表現、類義語、反意語、関連語彙、例文を通して学習者が語彙について十分に理解できるようにし、語彙練習問題の部分では語彙問題を通して、先に学んだ語彙を正確に理解したか、確認できるようにした。

09 語彙の練習問題は多様なタイプを提示しました。特に韓国語能力試験(TOPIK)を受験予定の学習者を考慮して、韓国語能力試験の試験問題タイプと同じ、もしくは、類似の問題を収録した。

10 最後の11課では韓国文化の理解を助けるため、実生活でよく使われる様々なことわざと格言、四字熟語、慣用句などを他の課と同じように語彙説明と練習問題の2つのパートに分けて収録した。

11 単語索引には各課で主として取り扱った見出し語はもちろん、類義語や反意語、関連語彙もすべて含まれており、カナダラ順で提示した。単語索引には単語が提示されたページと課も同時に提示した。(ことわざ・格言・四字熟語・慣用句も、別途、カナダラ順で提示)

일러두기

01 '외국인을 위한 한국어 어휘 연습(중급)'은 한국어를 배우는 외국인 학습자를 위한 어휘집으로 중급단계에서 필수적으로 알아야 할 어휘를 소개하였다.

02 이 책은 주제별 총 11과로 되어 있다.

03 이 책은 주제별로 약 70개~90개 정도의 어휘를 제시하여 설명하였다. 총 어휘 개수는 표제어, 유의어, 반의어, 관련어 등을 모두 포함하여 약 1800개 이상에 이른다.

04 각 어휘 설명에는 발음, 품사, 번역, 어휘 의미에 대한 상세설명, 활용 구문, 활용 표현, 유의어, 반의어, 관련어, 예문 등이 포함되어 있다.

05 활용 구문에서는 명사는 '名(名詞)'으로, 동사는 '動(動詞)'로, 형용사는 '形(形容詞 · 形容動詞)'로 표시했다.

06 예문은 중급 단계의 학습자가 이해할 만한 문법을 사용하여 제시하였다.

07 어휘 제시 순서는 대주제, 가나다순이다.

08 각 과는 크게 어휘설명과 연습문제 두 부분으로 구성되어 있다. 먼저 어휘 설명 부분에서는 어휘 정의에 대한 상세 설명, 활용 구문, 활용 표현, 유의어, 반의어, 관련 어휘, 예문을 통해 학습자들이 어휘에 대해 충분히 이해할 수 있도록 했고, 어휘 연습 문제 부분에서는 어휘문제들을 통해 앞서 배운 어휘를 정확하게 이해했는지 확인할 수 있도록 했다.

09 어휘 연습 문제는 다양한 유형으로 제시하였다. 특히, 한국어능력시험(TOPIK)을 준비하는 학습자들을 고려하여 한국어능력시험 시험 문제 유형과 같거나 유사한 문제들을 수록하였다.

10 마지막 11과에는 한국 문화의 이해를 돕기 위해 실생활에서 많이 쓰이는 다양한 속담과 격언, 한자성어, 관용어 등을 다른 과와 마찬가지로 어휘설명과 연습문제 두 부분으로 나누어 수록하였다.

11 단어 색인에는 각 과에서 주요하게 다룬 표제어는 물론 표제어의 유의어, 반의어, 관련 어휘도 모두 포함하여 가나다순으로 제시하였다. 단어 색인에는 단어가 제시된 페이지와 과도 같이 제시하였다. (속담, 격언, 한자성어, 관용어도 따로 가나다순으로 제시)

内容の構成

課	テーマ	語彙数
1	人	73語
2	日常生活	73語
3	健康	90語
4	食べ物	78語
5	家庭	74語
6	人間関係	84語
7	学校と授業	66語
8	経済	79語
9	社会	79語
10	文化	93語
11	ことわざ、慣用語、四字熟語、擬態語、擬声語	99語
計		887語

내용 구성

과	주제	단어 개수
1	사람	73
2	일상생활	73
3	건강	90
4	음식	78
5	가정	74
6	인간관계	84
7	학교와 수업	66
8	경제	79
9	사회	79
10	문화	93
11	속담, 관용어, 한자성어, 의태어, 의성어	속담 33, 관용어 25, 한자성어 20, 의태어 10, 의성어 10
		887

차례 目次

사람

01

人

01 사람

01
가식적

[가식쩍] 명사 見栄を張る、いい人ぶる
言葉や行動などを、嘘で飾り立てること

[活用構文] 가식적인 **名**
가식적으로 **動**

[活用表現] 가식적인 웃음 作り笑い

[例文] 사람들을 가식적인 태도로 대하지 마라.
人に対して作り飾った態度で接するな。

미선 씨는 항상 가식적으로 행동해서 아무도 좋아하지 않아요.
ミソンさんはいつもいい人ぶって行動するので、誰も好きではありません。

02
감정

[감정] 명사 感情

[活用表現] 감정이 상하다 気を悪くする
감정이 풍부하다 感情が豊かだ
감정이 메마르다 感情が干からびる
감정을 느끼다 感情を感じる
감정을 표현하다 感情を表現する

[例文] 아까 한 말에 감정이 상했다면 내가 사과할게.
さっき言ったことに、気を悪くしたのなら、私が謝るわ。

예술가 중에는 감정이 풍부한 사람이 많다고 합니다.
芸術家の中には感情が豊かな人が多いといいます。

03
개성적

[개성적] 명사 個性的

[活用構文] 개성적인 **名**

[例文] 요즘은 평범한 사람보다는 개성적인 사람이 더 인기가 있어요.
最近は平凡な人より、個性的な人の方が人気があります。

영수 씨는 얼굴이 매우 개성적이어서 누구나 한 번 보면 잊지 못한다.
ヨンスさんは顔がすごく個性的なので、誰でも一度みたら忘れられない。

04
개인

[개인] 명사 個人

[活用表現] 개인용 個人用
개인택시 個人タクシー
개인주의 個人主義
개인 사업 個人事業

[例文] 감옥 안에서는 개인의 자유가 없어요.
監獄の中では、個人の自由がありません。

찌개 좀 덜어 먹게 개인 접시 좀 주세요.
チゲを取り分ける、個人用のお皿をください。

05
겁

[겁] 명사 恐怖、おじけ

[活用表現] 겁쟁이 こわがり
겁이 나다 怖い
겁이 많다 こわがりだ、臆病だ
겁을 먹다 怖じ気づく、恐がる
겁을 내다 恐がる

[例文] 밖이 너무 어두워서 혼자 집에 가기 겁이 난다.
外が暗すぎて、一人で家に帰るのが怖い。

동생은 겁이 많아서 놀이공원에서 롤러코스터를 절대 못 타요.
弟はこわがりなので、遊園地でジェットコースターにはどうしても乗ることができません。

도움말

'N 쟁이' 와 'N '꾸러기
쟁이는 이/가 나타내는 특성을 많이 가지고 있는 사람을 말한다.
쟁이 は 名 の特性を強く持つ人という。
꾸러기 は(程度が)ひどい、もしくは多い人をいう。

N 쟁이	N 꾸러기
겁쟁이 こわがり	잠꾸러기 寝坊助
멋쟁이 めかし屋	말썽꾸러기 厄介者
고집쟁이 意地っ張り	장난꾸러기 いたずらっ子
욕심쟁이 欲張り	욕심꾸러기 欲張り
엄살쟁이(痛みや苦しみなどに対して)大げさな人	엄살꾸러기(痛みや苦しみなどに対して)大げさな人
말썽쟁이 トラブルメーカ	심술쟁이 いじわる
거짓말쟁이 嘘つき	

06
고려하다

[고려하다] 동사 考慮する

[関連語] 생각하다 考える

[例文] 사장님께서 그 건의를 한번 더 고려해 보시겠대요.
社長はその申し出をもう1度考慮してみるそうです。

전공을 선택할 때는 자기 자신의 적성을 먼저 고려해야 합니다.
専攻を選ぶときは、自分の適性をまず考慮しなければなりません。

07
고민하다

[고민하다] 동사 悩む、思い患う

[活用表現] 고민스럽다 悩ましい

[関連語] 근심하다 気掛かりだ、懸念する
걱정하다 心配だ

[例文] 진로 때문에 고민이라더니 무엇을 할 지 결정했어요?
進路のために悩んでいるそうですが、何をするか決めましたか？

공부도 하고 싶고 회사도 포기하고 싶지 않아 요즘 고민하고 있어요.
勉強もしたいし、会社をあきらめたくもなくて、最近悩んでいます。

08
고집

[고집] 명사 固執、意地、我がまま

[活用表現] 고집쟁이 意地っ張り
고집이 세다 我が強い
고집이 있다 意地がある
고집이 없다 固執がない
고집을 부리다 意地を張る

[例文] 네가 이렇게 고집을 부린다고 해결될 일이 아니야.
君がこんなに意地を張ったからって、解決することじゃないよ。

제 여동생은 고집이 세서 늘 자기 생각대로만 하려고 해요.
私の妹は我が強くて、いつも自分の思い通りにしようとします。

09
괴롭다

[괴롭따] 형용사 辛い、苦しい

[活用構文] **動** 기가 괴롭다

[類義語] 힘들다 辛い、大変だ

[例文] 괴로운 일이 있을 때마다 전 등산을 가요.
辛いことがある度に、私は登山をします。

영수 씨는 여자 친구와 헤어진 후에 너무 괴로워서 매일 술을 마신다.
ヨンスさんは彼女と別れた後、あまりに辛くて毎日お酒を飲んでいる。

10
급하다

[그파다] 형용사 事を急ぐ

[活用構文] 名 이/가 급하다

[活用表現] 성격이 급하다 性格がせっかちだ

마음이 급하다 待ちきれない、急いでいる

[例文] 마음이 급하다고 일을 대충하면 안 되지요.
急いでいるからって、仕事をいい加減にしてはいけません。

우리 아버지는 성격이 급해서 무슨 일이든지 서두르세요.
私の父は、せっかちで何をするにも急いでいます。

11
긍정적

[긍정적] 명사 肯定的

[活用構文] 긍정적인 名

[活用表現] 긍정적인 생각 肯定的(前向き)な考え

긍정적인 반응 肯定的な(良い)反応

긍정적인 영향 肯定的な(良い)影響

[反意語] 부정적 否定的

[例文] 이번 사업 계획에 대해 회장님께서 매우 긍정적으로 검토하고 계십니다.
今回の事業計画に対して、会長はとても前向きに検討しておられます。

부정적인 생각은 마음을 어둡게 하고 긍정적인 생각은 마음을 밝게 만든다고 생각해요.
否定的な考えは心を暗く、肯定的な考えは心を明るくすると思います。

12
까다롭다

[까다롭따] 형용사 1. 気難しい　2. ややこしい

1. 性質や趣向などがおおらかでなく、いろいろと細かくて気難しい。

[活用構文] 까다로운 名

名 이/가 까다롭다

[活用表現] 까다로운 손님 難癖が多く、気難しいお客

성격이 까다롭다 性格が気難しい

식성이 까다롭다 好き嫌いが多い

[類義語] 까탈스럽다 めんどうだ、扱い難い

[例文] 사장님 성격이 까다로워서 부하직원들이 힘들어해요.
社長の性格が気難しくて、部下たちが苦労しています。

2. 条件などが複雑であったり厳しかったりして、扱うのが簡単ではない。

[活用構文] 名 이/가 까다롭다

[活用表現] 일이 까다롭다 仕事が厳しい

조건이 까다롭다 条件が厳しい

격식이 까다롭다 礼儀作法が厳しい

손질이 까다롭다 手入れがややこしい

[例文] 연세 주식회사에 지원하고 싶은데 조건이 너무 까다롭네요.
延世株式会社に応募したいけれど、条件がすごく厳しいですね。

13
꼼꼼하다

[꼼꼼하다] 형용사 機密である、用心深い、几帳面だ

[活用構文] 名 이/가 꼼꼼하다

꼼꼼하게 動

[反意語] 덜렁대다 そそっかしい

덜렁거리다 がさつ、そそっかしく振舞う

[例文] 꼼꼼하게 일하는 사람은 실수가 적어요.
几帳面に仕事する人は、ミスが少ないです。

제 친구는 꼼꼼한 성격이라서 무슨 일을 하든 완벽하게 처리해요.
私の友達は几帳面な性格なので、何をしても完璧に処理します。

14
내성적

[내성적] 명사 内省的、内気、シャイ

[活用構文] 내성적인 名

[活用表現] 내성적인 성격 内気な性格

내성적인 태도 内気な態度

[反意語] 외향적 外向的

[例文] 은영 씨는 내성적이어서 사람을 쉽게 사귀지 못해요.
ウニョンさんは内気な性格なので、人と簡単に打ち解けられません。

사랑하는 사람이 생겨도 나는 내성적이라서 고백을 잘 못해.
好きな人ができても、私は内気なので告白できない。

15
너그럽다

[너그럽따] 형용사 寛大だ、寛容だ

[活用構文] 名 이/가 너그럽다

너그럽게 動

[例文] 제발 제 잘못을 너그럽게 용서해 주세요.
どうか、私の過ちを寛容に許してください。

우리 선생님은 너그러우셔서 학생들이 잘못을 해도 좀처럼 화를 내시지 않으세요.
私の先生は寛大なので、学生たちが間違いを犯してもめったに腹を立てません。

16
느끼다

[느끼다] 동사 感じる

[活用構文] 名 을/를 느끼다
動 / 形 는다고/ㄴ 다고/다고 느끼다
動 / 形 는다는/ㄴ 다는/다는 것을 느끼다

[活用表現] 느낀 점 感じた点
보람을 느끼다 やり甲斐を感じる

[例文] 봉사활동을 한 후에 큰 보람을 느꼈어요.
ボランティアをした後、大きなやり甲斐を感じました。
아르바이트를 하면서 돈 버는 것이 얼마나 힘든지 온 몸으로 느낄 수 있었어요.
アルバイトをしながら、お金を稼ぐことがどれだけ大変なのか、身を持って感じることができました。

17
단순하다

[단순하다] 형용사 1. 単純だ 2. 単純だ

1. ひたむきで、世間ずれしていない。

[活用構文] 名 이/가 단순하다

[活用表現] 단순한 성격 単純な性格
단순한 감정 単純な感情

[関連語] 순진하다 純真だ、無邪気だ

[例文] 민철 씨는 성격이 까다로워 보이지만 의외로 단순하고 솔직한 편이다.
ミンチョルさんは性格が気難しそうに見えるが、意外に単純で正直な方だ。

2. 複雑ではなく、簡単だ。

[活用構文] 名 이/가 단순하다

[反意語] 복잡하다 複雑だ

[関連語] 간단하다 簡単だ

[例文] 이 연습 문제는 단순해서 쉽게 풀 수 있을 거예요.
この練習問題は、単純なので簡単に解けるでしょう。

18
답답하다

[답다파다] 형용사 1. 息がつまる 2. 息がつまる、いらいらする

1. (肉体的に)息がつまるように、窮屈だ。

[活用構文] 動 기가 답답하다

[活用表現] 숨쉬기가 답답하다 息を吸うが苦しい
가슴이 답답하다 胸が詰まる、胸焼けする

[例文] 버스에 사람이 너무 많아서 가슴이 답답했어요.
バスに人が多すぎて、息が詰まりそうでした。

2. (精神的に)いらいらしてもどかしい、じれったい。

[活用構文] 名 이/가 답답하다

[活用表現] 마음이 답답하다
心が詰まりそうだ、イライラする

[例文] 말을 느리게 하는 사람과 대화를 하면 답답할 때가 많아요.
ゆっくり話す人と会話をすると、イライラする時が多いです。

19
당황하다

[당황하다] 동사 慌てる、うろたえる、狼狽する

[活用構文] 名 에 당황하다

[関連語] 황당하다 とりとめがない、荒唐無稽だ

[例文] 동생은 가끔 엉뚱한 질문으로 가족들을 당황하게 만들어요.
弟は時々、突拍子もない質問で家族を狼狽させます。

갑자기 큰 사고를 당하면 누구든지 당황해서 아무것도 할 수 없지요.
突然大きな事故に会うと、誰でもうろたえて何もできないです。

20
덜렁거리다

[덜렁거리다] 동사 そそっかしい

[活用構文] 名 이/가 덜렁거리다

[類義語] 덜렁대다 そそっかしげ、落ち着きなく

[反意語] 꼼꼼하다 几帳面だ

[例文] 제 후배는 덜렁거려서 물건을 잘 잃어버려요.
私の後輩はそそっかしいので、物をよくなくします。

여동생이 어렸을 때는 자주 덜렁거렸지만 요즘은 실수를 거의 안 해요.
妹は幼い頃はよくおっちょこちょいをしましたが、最近は失敗をほとんどしません。

21
독립적

[동닙쩍] 명사 独立している、自立している

[活用構文] 독립적인 名
독립적으로 動

[活用表現] 독립적인 생활 自立した生活

[反意語] 의존적 依存的、依存している

[例文] 더 이상 어린아이가 아니니까 독립적으로 생활해라.
もう子供ではないのだから、独立した生活をしなさい。

이 가게는 지점이 아닌 독립적으로 운영되는 가게입니다.
この店は支店ではなく、独立して運営しているお店です。

22
떨리다

[떨리다] 동사 震える

[活用構文] 名 이/가 떨리다

[活用表現] 몸이 떨리다 体が震える

[関連語] 떨다 震わせる、震える

[例文] 몸살감기에 걸려서 열도 나고 몸도 떨려요.
ひどい風邪を引いてしまい、熱も出て体も震えます。

시험 볼 때 얼마나 떨리던지 문제가 제대로 보이지 않더군요.
試験を受けるとき、あまりの緊張からか、問題がよく見えなかったんですよ。

23
뛰어나다

[뛰어나다] 형용사 秀でている、抜きん出ている

[活用構文] 名 에 뛰어나다

[関連語] 훌륭하다 立派だ

[例文] 좋은 곳에 취직하려면 영어 실력은 물론 일 처리 능력도 뛰어나야 해요.
良いところに就職しようと思ったら、英語の力はもちろん、仕事を処理する能力も抜きん出ていなければなりません。

영화배우 이지원 씨는 연기 실력이 좋을 뿐만 아니라 노래 실력도 아주 뛰어나요.
映画俳優イ·ジウォンさんは演技力が優れているだけでなく、歌唱力もすごく秀でています。

24
매력

[매력] 명사 魅力

[活用表現] 매력적이다 魅力的だ
매력이 있다 魅力がある
매력을 느끼다 魅力を感じる
매력에 빠지다 魅力にはまる

[例文] 영희 씨의 가장 큰 매력은 목소리가 예쁘다는 거예요.
ヨンヒさんの一番大きな魅力は、声がきれいなところです。

제 여동생은 얼굴은 별로 예쁘진 않지만 사람을 끄는 매력이 있어요.
私の妹は顔は別にかわいくないけれど、人を引き付ける魅力があります。

25
무뚝뚝하다

[무뚝뚜카다] 형용사 無愛想だ、ぶっきらぼうだ

[活用構文] 名 이/가 무뚝뚝하다
무뚝뚝한 名

[活用表現] 무뚝뚝한 말 ぶっきらぼうな言葉
무뚝뚝한 표정 無愛想な表情

[例文] 지금 사귀는 남자 친구가 처음 만났을 때는 무뚝뚝했다면서요?
今付き合っている彼氏が、最初に会ったときは無愛想だったんですって。

저는 민수 씨가 너무 말이 없어서 무뚝뚝한 사람인 줄 알았어요.
私はミンスさんがすごく口数が少ないので、無愛想な人だと思いました。

26
밉다

[밉따] 형용사 1. 憎い 2. 醜い
1. (ものごとが) 気に入らなくて、嫌だ。

[類義語] 싫다 嫌だ

[反意語] 좋다 良い

[例文] 항상 말썽만 일으키는 동생이 너무 미워요.
いつも厄介なことばかり起こす弟がすごく憎らしいです。

2. (体のどこかが) 整っていなく、ブサイクだ。

[反意語] 곱다 きれいだ

예쁘다 きれいだ、かわいい

[例文] 수학여행 때 찍은 사진이 모두 밉게 나와서 정말 속상해요.
修学旅行のとき撮った写真が、全部見苦しく写っていて本当に悔しいです。

27
바르다

[바르다] 형용사 正しい
言葉や行動などが、社会的な規則や筋道に逸れておらず、ピッタリはまる。

[活用構文] 名 이/가 바르다

[活用表現] 생각이 바르다 考えが正しい

예의가 바르다 礼儀正しい

[類義語] 올바르다 公正だ、正しい

[反意語] 그르다 正しくない、間違っている

[例文] 현정 씨는 미모와 학식도 갖춘 데다가 예의도 바릅니다.
ヒョンジョンさんは美貌と学識を兼ね備えているうえに、礼儀も正しいです。

만일 내가 선생님이라면 예의 바른 학생들을 좋아할 것 같다.
もし私が先生なら、礼儀正しい学生たちを好むと思います。

28
버릇

[버른] 명사 癖、習性

[活用構文] 動 는 버릇이 있다

[活用表現] 버릇이 나쁘다 癖が悪い

버릇이 생기다 癖がつく

버릇을 고치다 癖を直す

버릇을 버리다 癖をなくす

[関連語] 습관 習慣

[例文] 나쁜 버릇은 가능한 빨리 고쳐야 해요.
悪い癖は出来るだけ早く、直さなければなりません。

저는 주위 사람들로부터 다리를 떠는 버릇을 고치라는 충고를 자주 들어요.
私は周囲の人達から、貧乏ゆすりを直せという忠告をよく聞きます。

29
변덕스럽다 [변덕쓰럽따] 형용사 気まぐれだ

[活用構文] 名 이/가 변덕스럽다
변덕스러운 名

[活用表現] 변덕스러운 날씨 気まぐれな天気
변덕스러운 성격 気まぐれな性格

[例文] 변덕스러운 사람과 일할 때 정말 힘들어요.
気まぐれな人と仕事をする時は、本当に大変です。

요즘 날씨가 변덕스러워서 옷을 어떻게 입고 나가야 할지 모르겠다.
最近天気が変わりやすくて、どんな服を着て出かければいいか分からない。

30
부끄럽다 [부끄럽따] 형용사 1. こっ恥ずかしい 2. 恥ずかしい

1. 目立つことや人を相手にすることを恥ずかしがって避けること。

[活用構文] 부끄러운 名
부끄럽게 動

[類義語] 수줍다 はにかむ、恥ずかしい

[例文] 저는 사람들 앞에 서면 부끄러워서 아무 말도 못해요.
私は人の前に立つと、恥ずかしくて何も言えません。

2. ものごとがうまくできなかったり、良心が病んで面目が立たないこと、後ろめたい。

[活用構文] 부끄러운 名

[類義語] 창피하다 恥ずかしい、きまりが悪い

[反意語] 자랑스럽다 誇らしい

[例文] 부끄러운 일을 했다고 생각하면 빨리 사과해.
恥ずかしいことをしたと思ったら、早く謝れ。

31
부럽다 [부럽따] 형용사 羨ましい

[活用構文] 動 는/은/ㄴ 것이 부럽다

[例文] 공부를 잘 하는 민수가 진짜 부럽네요.
勉強がよくできるミンスが本当に羨ましいですね。

형은 음치라서 노래 잘 하는 사람을 부러워해요.
兄さんは音痴なので、歌がうまい人を羨ましがります。

32
불쌍하다

[불쌍하다] 형용사 かわいそうだ

[類義語] 가엾다 気の毒だ、哀れだ

[例文] 부모가 없는 아이들이 제일 불쌍해요.
両親がいない子供たちが一番かわいそうです。

우리 어머니는 정이 많으셔서 불쌍한 사람을 보면 꼭 도와주세요.
私のお母さんは情が深いので、かわいそうな人を見ると必ず助けてあげます。

33
불안하다

[불안하다] 형용사 不安だ

[活用構文] 불안한 **名**

[活用表現] 마음이 불안하다 心が落ち着かない

[反意語] 편안하다 気楽だ、穏やかだ

[例文] 시험시간이 다가오니까 마음이 점점 불안해지네요.
試験の時間が近づいてきて、少しずつ不安になってきますね。

밤늦게 빈 집에 혼자 있기가 불안해서 친구를 부르기로 했다.
夜遅く、誰もいない家に1人でいるのが、不安で友達を呼ぶことにした。

34
불행하다

[불행하다] 형용사 不幸だ

[活用構文] 불행한 **名**

불행하게도 **動**

[反意語] 행복하다 幸せだ

[例文] 불행했던 과거는 잊고 행복하게 살 수 있도록 노력해 봐요.
不幸だった過去は忘れて、幸せに生きられるように努力してみて下さい。

어렸을 때는 불행한 삶을 살았지만 지금은 결혼해서 행복하게 산대요.
幼いころは不幸な生活を送っていたが、今は結婚して幸せに暮らしているそうです。

35
비관적

[비관적] 명사 悲観的

[活用構文] 비관적인 **名**

비관적으로 **動**

[活用表現] 비관적인 태도 悲観的な態度

비관적으로 생각하다 悲観的に考える

[反意語] 낙관적 楽観的

[例文] 모든 일을 비관적으로만 보지 마라. 何もかもを悲観的に見るな。

올해 하반기 경제 성장에 대해서 대부분 비관적으로 예상하고 있어요.
今年の下半期の経済成長について、だいたい悲観的に予想しています。

36
사랑스럽다

[사랑스럽따] 형용사 愛らしい

[活用構文] 사랑스러운 名

[例文] 내 동생은 귀엽고 사랑스럽게 웃는다.
私の妹は、かわいく愛らしく笑う。

나를 위해 아침 일찍 밥을 하는 아내의 모습이 매우 사랑스러워 보였어.
私のために、朝早くから食事を作ってくれる妻の姿がすごく愛らしく見えたよ。

도움말

'名 스럽다'は 名の 性質があるという意味を表し、名詞を形容詞にする役割がある。

촌스럽다 田舎臭い	변덕스럽다 気まぐれだ
걱정스럽다 気がかりだ	자연스럽다 自然だ
자랑스럽다 誇らしい	고통스럽다 苦しく辛い
사랑스럽다 愛らしい	부담스럽다 負担に思う
조심스럽다 注意深い	

37
사생활

[사생활] 명사 私生活、プライバシー

[活用表現] 사생활 보호 私生活の保護
사생활 침해 プライバシーの侵害
사생활 폭로 私生活暴露

[関連語] 단체생활 集団生活

[例文] 제 사생활에 관심 갖지 말아 주세요.
私の私生活に、関心を持たないで下さい。

다른 사람과 한 방에서 같이 살면 사생활이 너무 많이 알려져서 불편할 때가 많아요.
他の人とひとつの部屋で一緒に暮らすと、私生活があまりにも多く知られてしまって不便な時が多いです。

38
상상하다

[상상하다] 동사 想像する

[活用構文] 名 을/를 상상하다

[例文] 가끔 내가 만약에 천재로 태어났다면 어땠을까 하고 상상하곤 한다.
時々私がもしも天才に生まれていたらどうだっただろうと、想像してみたりする。

제 꿈은 멋진 피아니스트가 되는 것인데 그 때를 상상하면 기분이 좋아져요.
私の夢はかっこいいピアニストになることなのですが,その時のことを想像すると気分がよくなります。

39
상하다[1]

[상하다] 동사 傷つく

[活用構文] **名** 이/가 상하다

[活用表現] 속이 상하다 しゃくにさわる

기분이 상하다 気分を害する

마음이 상하다 心が痛む

자존심이 상하다 プライドが傷つく

[例文] 친구가 날 무시하는 것 같아서 자존심이 상했다.
友達が私を見下しているようで,プライドが傷ついた。

내 농담에 기분이 상했는지 계속 나하고 말을 안 해.
私の冗談に気分を害したのか,ずっと私と話してくれない。

40
서운하다

[서운하다] 형용사 名残惜しい,さみしい
何か物足りず,残念で心寂しい感じがある。

[活用構文] **動** 기가 서운하다

서운하게 **動**

[活用表現] 서운한 마음 心寂しい気持ち

[例文] 엄마는 나랑 동생이랑 싸우면 항상 동생 편만 드셔서 늘 서운했어요.
お母さんは私と弟がけんかすると常に弟の味方をするので,いつも心寂しいです。

나는 친구의 생일에 선물까지 줬는데 친구는 내 생일이 언제인지도 몰라서 좀 서운했다.
私は友達の誕生日にプレゼントまであげたのに,友達は私の誕生日がいつなのかも知らなくて,少し寂しい気がした。

41
섭섭하다

[섭서파다] 형용사 名残惜しい,残念だ
(別れや無くなったものに対して)少し物足りなくて悲しい,寂しい。

[活用構文] **動** / **形** 는/은/ㄴ 것이 섭섭하다

[活用表現] 시원섭섭하다 せいせいする一方でさみしい

[類義語] 서운하다 さみしい,残念だ

[例文] 고향처럼 정든 한국을 떠난다고 생각하니 너무 섭섭해요.
故郷のように情が沸いた韓国を発つことを考えると,すごくさみしいです。

친한 친구가 다음 달에 외국으로 이민을 가서 너무 섭섭해요.
仲のいい友達が来月外国に移民するので,すごく名残惜しいです。

42
소극적

[소극쩍] 명사 消極的

自分から前に出て行ったり、状況を改善しようという気迫が足りず活動的でないこと。

【活用構文】 소극적인 名

소극적으로 動

【活用表現】 소극적인 자세 消極的な姿勢

소극적인 태도 消極的な態度

【反意語】 적극적 積極的

【例文】 내 친구는 모든 일에 매우 소극적이다.

私の友達はすべてのことに、すごく消極的だ。

동아리 활동을 소극적으로 하지 말고 좀 더 적극적으로 하면 좋겠어.

サークル活動を消極的にしないで、もっと積極的にしてほしいなあ。

43
소심하다

[소심하다] 형용사 気が小さい、臆病だ

【活用構文】 名 이/가 소심하다

소심한 名

소심하게 動

【活用表現】 소심한 성격 気が小さい性格

소심하게 굴다 臆病に振舞う

【関連語】 조심하다 注意する

【例文】 그 남자는 몸집은 큰데 성격은 의외로 소심하다.

その男は図体は大きいのだが、性格は意外に気が小さい。

부모의 칭찬을 듣지 못하고 자란 아이들은 자신감이 없고 소심하여 친구관계에서도 소극적이라고 합니다.

両親から褒められることなく育った子供たちは、自信がなく臆病で、友達との関係においても消極的だという。

44
솔직하다

[솔지카다] 형용사 正直だ

【活用構文】 名 이/가 솔직하다

솔직한 名

솔직하게 動

【活用表現】 솔직한 성격 正直な性格

【例文】 변명하지 말고 솔직하게 말하세요.

言い訳しないで、正直に言ってください。

그동안 하고 싶었던 말을 솔직하게 말하고 나니까 마음이 정말 시원해졌어요.
ずっと言いたかったことを正直に言ったら、気持ちが本当にすっきりしました。

45
수수하다

[수수하다] 형용사 地味だ

[活用構文] 수수한 名

[活用表現] 수수한 옷차림 地味な服装

[反意語] 화려하다 派手だ

[例文] 할머니는 항상 수수한 옷을 즐겨 입으세요.
おばあちゃんはいつも、地味な服を好んで着ます。

수수한 평소의 모습과는 달리 화려한 옷차림을 한 내 모습에 사람들이 모두 놀라는 것 같았다.
地味な普段の姿とは違い、派手な服装をした私の姿を見て、みんな驚いたようだった。

46
순수하다

[순수하다] 형용사 純粋だ

[活用構文] 名 이/가 순수하다
순수한 名

[活用表現] 순수한 마음 純粋な心
순수한 애정 純粋な愛情

[例文] 제 사촌 누나는 어린아이같이 마음이 순수해요.
私のいとこのお姉さんは、子供のように心が純粋です。

남편을 처음 만났을 때 정이 많고 자상하며 순수한 사람이라는 인상을 받았어요.
夫に初めて会った時、情が深く細やかで純粋な人だという印象を受けました。

47
심리

[심니] 명사 心理

[活用表現] 심리학 心理学
심리학자 心理学者
심리 검사 心理テスト
심리 상태 心理状態

[例文] 심리학을 전공하면 인간의 심리를 잘 알 수 있나요?
心理学を専攻すれば、人間の心理がよくわかるようになりますか。

심리학자가 되려면 무엇보다 사람을 잘 관찰하는 능력이 있어야 합니다.
心理学者になろうと思ったら、何よりも人をよく観察する能力がなくてはなりません。

48
심술궂다

[심술굳따] 형용사 意地悪だ

[活用構文] 심술궂은 **名**

심술궂게 **動**

[活用表現] 심술궂게 굴다 意地悪に振舞う

[例文] 얼굴은 심술궂게 생겼지만 마음은 따뜻하고 자상한 사람이야.

顔は意地悪そうだけど､心は温かくて気かきく。

판소리 흥부와 놀부는 심술궂은 형 놀부와 따뜻한 마음을 가진 동생 흥부의 이야기를 감동적이고 재미있는 소리로 보여주고 있다.

パンソリ『フンブとノルブ』は意地悪な兄さんノルブと温かい心を持つ弟のフンブの話を感動的におもしろい語りで見せてくれる。

49
쑥스럽다

[쑥쓰럽따] 형용사 てれくさい

[活用構文] **動** 기가 쑥스럽다

動 는 것이 쑥스럽다

[関連語] 수줍다 恥ずかしい､はにかむ

창피하다 恥ずかしい

[例文] 친구는 쑥스러워 하는 표정으로 부탁을 했다.

友達はてれくさそうな表情で頼みごとをした。

사람들이 많은 곳에서 노래를 부르기가 쑥스럽지만 그래도 한번 불러 보겠습니다.

人が多い場所で歌うのはてれくさいですが､それでも1度､歌って見ます。

50
씩씩하다

[씩씨카다] 형용사 凛々しい

[活用構文] **名** 이/가 씩씩하다

씩씩하게 **動**

[例文] 우리 아이가 씩씩하게 자랐으면 좋겠어요.

私の子供が男らしく育ってくれたらいいです。

군인들이 씩씩하게 걷는 모습을 보면서 멋있다고 생각했다.

軍人たちが凛々しく歩く姿をみながら､かっこいいなと思った。

51
얌전하다

[얌전하다] 형용사 おとなしい､慎ましやかだ

性質や態度が落ち着いていて､行儀がいい。

[活用構文] **名** 이/가 얌전하다

얌전한 **名**

얌전하게 **動**

[関連語] 조용하다 静かだ

차분하다 物静かだ、落ち着いている

[例文] 우리 며느리는 얌전하고 착해서 아주 마음에 들어.

うちの嫁は、おとなしくて善良なので、とっても気に入っている。

영수는 고등학교 때 얌전하고 말썽도 안 부리는 모범생이었다.

ヨンスは高校時代、おとなしくて問題も起こさない優等生だった。

52
엄살

[엄살] 명사 大げさに痛がる、仮病

痛みや苦しみなどを、嘘で飾ったり実際より大げさに表す態度。

[活用表現] 엄살쟁이 痛がり

엄살꾸러기 痛がり屋

엄살이 심하다 (痛みや苦しみたいして)あまりにもオーバーだ

엄살을 떨다 仮病をつかう、おおげさに痛がる

엄살을 부리다 大げさに痛がって見せる

[関連語] 꾀병 仮病

[例文] 남자와 여자 중에 누가 더 엄살이 심할까요?

男と女では、どちらが痛みに対してオーバーでしょうか。

어린 아이처럼 엄살 부리지 말고 빨리 일어나.

幼い子供のように、おおげさに痛がってないで、早く立ちなさい。

53
염려하다

[염녀하다] 동사 あれこれ心配する

[活用構文] 動 / 形 는/은/ㄴ 것을 염려하다

[類義語] 걱정하다 心配する

[例文] 제가 잘 처리할 테니까 아무 염려하지 마십시오.

私がきちんと処理しますから、何も心配しないで下さい。

어머니는 항상 할아버지, 할머니의 건강을 염려하세요.

お母さんはいつもおじいちゃん、おばあちゃんの健康を気遣っています。

54
오직

[오직] 부사 ただ、ひたすらに、ひとすじに

いろいろある中で、他のことは置いておいて、ただそのことだけ。

[類義語] 단지 ただ、たった

[例文] 제 남자친구는 오직 저만을 사랑한다고 말했어요.

私の彼氏はひとえに私のことだけを、愛していると言いました。

김 교수님은 최근 다른 일은 안 하시고 오직 전기차 기술 개발에만 몰두하고 계신다.

キム教授は最近他のことをせず、ひたすら電気自動車技術の開発にだけ、没頭しています。

55
완벽하다

[완벼카다] 형용사 完璧だ

[活用構文] 名 이/가 완벽하다
완벽한 名

[関連語] 완전하다 完全だ

[例文] 발표할 때 실수하지 않도록 완벽하게 준비하세요.
発表する時に失敗しないように、完璧に準備してください。

세상에는 단점이 하나도 없는 완벽한 사람은 없어요.
世界には欠点がひとつもない、完璧な人はいません。

56
왠지

[왠지] 부사 なぜか

[類義語] 어쩐지 何となく、何だか

[例文] 매일 만나는 사람인데 오늘따라 왠지 멋있어 보인다.
毎日会っている人なのに、今日に限ってなぜか、かっこよく見える。

밤늦도록 멈추지 않고 주룩주룩 내리는 비를 보면서 왠지 모를 외로움을 느꼈다.
夜遅くまで止むことなくザアザアと降る雨を見ながら、なぜか寂しさを感じた。

57
욕심

[욕씸] 명사 欲
自分の身分以上に何かを欲しがったり、味わおうとする心。

[活用表現] 욕심쟁이 欲張り
욕심꾸러기 欲張り
욕심이 많다 欲が深い
욕심이 나다 欲が出る
욕심을 부리다 欲張る

[例文] 세상에 돈에 욕심이 없는 사람이 어디 있겠어요?
世界に、お金に欲がない人がどこにいますか。

욕심 부리지 말고 나에게 꼭 필요한 것인지 다시 한번 생각하세요.
欲張らないで、自分に絶対に必要な物なのかどうか、もう1度考えてみてください。

58
용기

[용기] 명사 勇気

[活用表現] 용기가 없다 勇気がない
용기가 나다 勇気がでる
용기가 생기다 勇気がわく
용기를 주다 勇気づける
용기를 얻다 勇気を得る

[例文] 민수 씨는 다른 사람을 잘 이해하고 용기를 주는 사람이에요.
ミンスさんは他人をよく理解し、勇気をくれる人です。

저도 봉사 활동을 한 번 한다 한다하는 게 용기가 안 나서 아직 못하고 있어요.
私もボランティアを一度しようしようと思いつつ、勇気が出なくてまだできずにいます。

59
우울하다

[우울하다] 형용사 憂鬱だ

[活用構文] 名 이/가 우울하다

[活用表現] 기분이 우울하다 憂鬱な気分だ

[例文] 명절인데도 회사 일을 해야 해서 기분이 우울해요.
祭日なのに会社で働かなくてはならず、憂鬱です。

우울하다가도 여행 생각을 하면 기분이 좋아진다.
憂鬱でも、旅行のことを考えると気分が良くなる。

60
이상하다

[이상하다] 형용사 変だ

[例文] 지각 한 번 안 하시던 김 과장님이 결근을 하시다니 이상하네요.
遅刻を1度もしたことがないキム課長が欠勤だなんて、変ですね。

세탁기가 고장이 났는지 세탁할 때마다 이상한 소리가 나요.
洗濯機が故障したのか、洗濯する度に変な音がします。

61
자신

[자신] 명사 自分、自己

[活用構文] 자신의 名

[活用表現] 자기 자신 自分自身

자신의 의견 自分の意見

자신의 생각 自分の考え

[類義語] 자기 自分、己

[例文] 여러분에게 행복을 주는 것은 바로 지금 현재의 여러분 자신입니다.
みなさんに幸せを与えるのは、まさに今現在のみなさん自身です。

아주머니는 자신처럼 돈이 없어 공부를 못한 사람을 돕고 싶어하셨다.
おばさんは自分のようにお金がなくて勉強ができない人を助けたがった。

62
자유롭다

[자유롭따] 형용사 自由だ

[活用構文] 名 이/가 자유롭다

[類義語] 자유스럽다 自由である、気ままである

[例文] 네가 바라는 것처럼 자유롭게 일할 수 있는 직업은 많지 않아.
君が望むように自由に仕事ができる職業は、多くないよ。

외국에서 살면 혼자 생활해서 자유롭긴 한데 외로울 때도 있어요.
外国で暮らすと,ひとりで生活して自由ではあるが,寂しい時もあります。

63
장점

[장쩜] 명사 長所

[活用表現] 장단점 長所短所

장점이 있다 長所がある

장점이 없다 長所がない

장점이 되다 長所になる

장점을 가지다 長所をもっている

[反意語] 단점 短所

[例文] 언어 교환은 다양한 장점을 가지고 있다.
ランゲージエクスチェンジは多様な長所を持っている。

처음 보는 사람들과도 쉽게 가까워질 수 있고 곧 친한 친구가 될 수 있는 것이 제 성격의 장점입니다.
初めて会う人たちともすぐ近づけて,すぐ仲良くになれるところが,私の長所です。

64
주장하다

[주장하다] 동사 主張する

[活用構文] 名 을/를 주장하다

動 /形 는다고/ㄴ다고/다고 주장하다

[例文] 할머니가 돌아가신 후 아들들이 서로 재산권을 주장하며 소송을 했대요.
おばあちゃんが亡くなった後,子供たちがお互いの財産権を主張して訴訟をしたそうです。

자신의 의견을 주장할 때는 그것을 뒷받침하기 위한 근거를 내놓아야 합니다.
自分の意見を主張する時は,それを裏付けるための根拠をさし出さなければなりません。

65
짜증

[짜증] 명사 かんしゃく,いらだち

[活用構文] 名 에게 짜증을 내다

[活用表現] 짜증스럽다 いらいらする

짜증이 나다 むかつく,かんしゃくが起こる

짜증을 내다 かんしゃくを起こす

짜증을 부리다 かんしゃくを起こす

[例文] 날씨가 너무 더워서 짜증이 나요.
暑すぎていらいらします。

여자 친구가 자꾸 약속시간에 늦어서 짜증을 내고 말았어요.
彼女が頻繁に約束時間に遅れるので,かんしゃくを起こしてしまいました。

66
참을성

[차믈썽] 명사 忍耐力、辛抱強さ

【活用表現】 참을성이 있다 忍耐力がある
참을성이 없다 忍耐力がない
참을성이 부족하다 忍耐力が足りない
참을성을 기르다 忍耐力を鍛える

【類義語】 인내심 辛抱強さ

【例文】 저는 침착하고 참을성이 많아서 한번 시작한 일은 끝까지 하는 편입니다.
私は落ち着いていて、忍耐力があるので1度始めたことは最後までやりぬく方だ。

명상을 하게 되면 마음을 안정시킬 수 있을 뿐만 아니라 참을성도 기를 수 있습니다.
瞑想するようになると、心を安定させることができるだけでなく、忍耐力も鍛えることができます。

67
타다[1]

[타다] 동사 ~がる
恥ずかしさや憤りなどの感情や、かゆさなどの肉体的な感じを感じやすい。

【活用構文】 名 을/를 타다

【活用表現】 간지럼을 타다 かゆがる
부끄럼을 타다 恥ずかしがる
수줍음을 타다 はずかしがる
외로움을 타다 寂しがる

【関連語】 느끼다 感じる

【例文】 외로움을 잘 타는 사람은 혼자 살기 힘들어요.
寂しがり屋の人が、ひとりで暮らすのは大変です。

너는 어렸을 때부터 그렇게 수줍음을 잘 탔니?
君は小さい時から、そんなに恥ずかしがり屋だったの。

68
태도

[태도] 명사 態度

【活用表現】 태도가 좋다 態度がいい
태도가 바르다 態度が正しい
태도가 변하다 態度が変わる、変化する
태도가 바뀌다 態度が変わる

【例文】 다른 사람에게 부탁할 때는 예의바른 태도로 해야 한다.
他人に頼む時は、礼儀正しい態度でしなくてはならない。

남을 배려하는 태도에 마음이 끌려 남편과 결혼하게 되었어요.
他人を気遣う態度に心を惹かれて、夫と結婚しました。

69
특징

[특찡] 명사 特徴

【活用表現】 특징이 있다 特徴がある
특징이 없다 特徴が無い
특징이 나타나다 特徴が表れる
특징을 나타내다 特徴を表す

【関連語】 특성 特性

【例文】 이 핸드폰의 특징이 무엇인가요?
この携帯電話の特徴は何ですか。

성공한 사람들의 특징은 항상 모든 일을 긍정적으로 본다는 것이다.
成功した人たちの特徴は、いつもすべての物事を肯定的に見るところだ。

70
판단하다

[판단하다] 동사 判断する

【活用構文】 名 을/를 名 으로/로 판단하다
名 을/를 名 이라고/라고 판단하다
動 / 形 는다고/ㄴ다고/다고 판단하다

【例文】 한쪽 이야기만 듣지 말고 양쪽의 이야기를 다 들어보고 판단해야지요.
片方の話だけを聞かないで、両方の話を全部聞いて、判断するべきでしょう。

실력보다는 외모로 사람을 판단하는 외모지상주의가 심해져서 무리하게 성형 수술을 하는 사례가 늘고 있습니다.
実力よりも外見で人を判断する、外見至上主義がひどくて、無理して整形手術をする事例が増えている。

71
평범하다

[평범하다] 형용사 平凡だ

【活用構文】 名 이/가 평범하다
평범한 名

【反意語】 비범하다 非凡だ

【例文】 어제 본 연극 공연 내용은 평범한 남자와 여자의 사랑 이야기였다.
昨日見た演劇の内容は、平凡な男と女の愛の物語だった。

평범한 주부로 생활하던 김영선 씨는 뒤늦게 작가의 길에 들어서게 되었다.
平凡な主婦として生活してきたキム・ヨンソンさんは、一足遅れて作家の道に進むことになった。

72
표정

[표정] 명사 表情

【活用表現】 무표정하다 無表情だ
표정이 없다 表情がない

표정이 어둡다 表情が暗い

표정이 변하다 表情が変わる

표정을 짓다 表情をする

[例文] 표정이 어두운 걸 보니까 무슨 걱정거리가 있는 것 같다.
表情が暗いところを見ると､何か心配ごとがあるようだ｡

두 사람의 표정이 안 좋은데다가 서로 말도 하지 않는 걸 보니 어제 싸운 게 틀림없어요.
ふたりの表情がよくない上に､お互い言葉を交わさないところを見ると､昨日けんかしたに違いありません｡

73
활발하다

[활발하다] 형용사 活発だ

[活用構文] **名** 이/가 활발하다

활발한 **名**

활발하게 **動**

[活用表現] 활발한 교류 活発な交流

활발한 움직임 活発な動き

[関連語] 활달하다 闊達だ

[例文] 우리 누나는 활발해서 동아리에서 회장으로 뽑혔어요.
私のお姉さんは活発なのでサークルで会長に選ばれました｡

요즘은 미혼 여성들도 많지만 기혼 여성들도 활발한 활동을 하고 있습니다.
最近は未婚女性たちも多いですが､既婚女性たちも活発に活動をしています｡

01 연습문제

[1-16] **다음 단어를 한국어로 바꿔 쓰십시오.**
次の単語を韓国語で書きなさい。

1. 仮病 (　　　)
2. 個人 (　　　)
3. 勇気 (　　　)
4. 表情 (　　　)
5. 意地 (　　　)
6. 忍耐力 (　　　)
7. 正しい (　　　)
8. 純粋だ (　　　)
9. 寛大だ (　　　)
10. 凛々しい (　　　)
11. おとなしい (　　　)
12. 平凡だ (　　　)
13. 完璧だ (　　　)
14. 単純だ (　　　)
15. 無表情だ (　　　)
16. 悲観的だ (　　　)

[17-28] **[보기]에서 알맞은 단어를 골라 (　　) 안에 쓰십시오.**
(　　　)に当てはまる単語を､下の語群から選んで書きなさい。

[보기]

겁	감정	짜증	밉다
느끼다	부럽다	떨리다	심술궂다
쑥스럽다	우울하다	이상하다	사랑스럽다

17. 평소에 언어 교환을 하면서 말하기 연습을 하면 외국인을 만났을 때 (　　　　　)는/은/ㄴ 두려움을 없앨 수 있다.

18. 이번 시험이 너무 중요한 시험이라서 많이 (　　　　　)고 긴장이 된다.

19. 제 친구 선아는 좋으면 좋다, 싫으면 싫다고 자신의 (　　　　　)을/를 숨기지 않고 솔직하게 말하는 편이에요.

20. 저는 (　　　　　　)이/가 많아서 무서운 영화를 못 봐요.

21. 버스 정류장에서 30분이나 기다렸는데 버스가 안 와서 (　　　　　　)이/가 났어요.

22. 아무리 예쁜 아기라도 자꾸 울면 (　　　　　　)어요/아요/여요.

23. 나는 제주도에 한 번도 못 가 봤는데 친한 친구가 이번에 제주도로 가족 여행을 간다는 이야기를 듣고 아주 (　　　　　　)었다/았다/였다.

24. 동성끼리 손을 잡고 다니면 사람들이 (　　　　　　)게 생각할 수 있어요.

25. 얼굴도 예쁘고 웃는 모습도 귀여운 내 동생이 (　　　　　　)어요/아요/여요.

26. 어렸을 때는 이유 없이 친구들에게 장난을 치고 때리기도 하는 등 (　　　　　　)게 행동했어요.

27. 당연히 해야 할 일을 했는데 이렇게 칭찬을 받으니까 (　　　　　　)습니다/ㅂ니다.

28. 날씨도 흐리고 슬픈 음악까지 들으니까 기분이 더 (　　　　　　)어/아/여 지는 것 같다.

[29-35] 다음 밑줄 친 부분과 의미가 비슷한 것을 고르십시오.

下線を引いた部分と意味が近いものを選びなさい。

29. 처음 만나는 사람 앞에서는 수줍어서 얘기를 잘 못 해요.

❶ 부럽다　　❷ 어색하다　　❸ 당황하다　　❹ 부끄럽다

30. 그 동안 정들었는데 이렇게 헤어지다니 정말 서운하네요.

❶ 아깝다　　❷ 섭섭하다　　❸ 염려하다　　❹ 걱정하다

31. 10년 동안 사귄 여자 친구와 헤어진 후 너무 힘들었어요.

❶ 괴롭다　　❷ 불행하다　　❸ 편안하다　　❹ 불안하다

32. 부모는 외국에서 혼자 생활하고 있는 자식을 항상 걱정한다.

❶ 고려하다　　❷ 생각하다　　❸ 판단하다　　❹ 염려하다

33. 그 회사에서 월급을 더 준다고 하니까 회사 옮기는 것을 한번 생각해 보세요.

❶ 의논하다 ❷ 주장하다 ❸ 고려하다 ❹ 상상하다

34. 김 과장님은 영어 실력도 좋은 데다가 중국어 실력도 훌륭해서 회사에서 인정받고 있어요.

❶ 여전하다 ❷ 뛰어나다 ❸ 익숙하다 ❹ 매력적이다

35. 오늘 처음 만난 사람인데 왜 그런지 친근하게 느껴진다.

❶ 왠지 ❷ 뭔지 ❸ 언젠지 ❹ 누군지

[36-41] [보기]에서 알맞은 말을 찾아 빈칸에 넣으십시오.

(　　)に当てはまる単語を､下の語群から選んで書きなさい。

[보기]

소심하다	꼼꼼하다	솔직하다
무뚝뚝하다	변덕스럽다	성격이 급하다

36. 너무 조심하는 것이 많고 작은 일에도 걱정을 많이 해요.

(　　　　　　　　)

37. 다른 사람에게 말을 별로 하지 않아요. 말을 해도 친절하지 않아서 화가 난 사람 같아요.

(　　　　　　　　)

38. 무슨 일이든지 아주 빨리 하려고 해요. 다른 사람을 별로 기다려 주지 않아요.

(　　　　　　　　)

39. 이거 하고 싶어하다가 저거 하고 싶어해요. 마음이 금방 바뀌어요.

(　　　　　　　　)

40. 작은 일까지 신경을 많이 써서 실수가 별로 없어요.

( )

41. 좋으면 좋다, 싫으면 싫다고 말해요. 감정을 숨기지 않는 편이에요.

( )

[42-47] [보기]에서 알맞은 말을 찾아 대화를 완성하십시오.

下の語群から( )に当てはまる単語を選び､会話を完成させなさい。

[보기]

겁이 많다	고집이 세다	짜증이 나다
욕심이 많다	용기를 내다	엄살이 심하다

42. 가 : 이번 주에 놀이동산에 가는데 같이 가지 않을래?

나 : 미안해. 내가 ( )어서/아서/여서 놀이기구 타는 것을 좋아하지 않아.

43. 가 : 어제 눈길을 걷다가 넘어져서 무릎을 다쳤는데 너무 아파서 죽을 것 같아.

나 : 야, 너 정말 ( )구나. 아무리 무릎이 아프다고 어떻게 죽을 수 있니?

44. 가 : 내가 어제 약속 시간보다 2시간쯤 늦게 갔는데 남자친구가 화를 많이 냈어.

나 : 당연하지. 내가 남자친구여도 2시간 넘게 기다리면 ( )었을/았을/였을 것 같아.

남자친구한테 미안하다고 사과해.

45. 가 : 어제 어머니께서 케이크를 사 오셨는데 내 동생이 내 케이크까지 다 먹어버렸어.

나 : 네 동생이 먹을 것에 ( )는/은/ㄴ 것 같다.

46. 가 : 나는 외국에서 혼자 생활할 자신이 없어.

나 : 그게 무슨 말이야. 너는 잘 할 수 있어. ( )어/아/여.

47. 가 : 우리 아버지는 가족들의 의견을 별로 듣지 않고 늘 아버지 생각대로만 하시려고 해.

나 : 너도 네 아버님을 닮아서 그렇게 ( )구나.

[48-62] [보기]에서 알맞은 단어를 골라 (　　) 안에 쓰십시오.

(　　)に当てはまる単語を、下の語群から選んで書きなさい。

[보기]

특징	자신	매력	태도	심리
버릇	오직	사생활	당황하다	상상하다
자유롭다	불쌍하다	판단하다	주장하다	고민하다

48. 수업시간에 잠깐 졸았는데 선생님이 갑자기 어려운 질문을 하셔서 (　　　　　　)었어요/았어요/였어요.

49. 사람들은 왜 그렇게 연예인들의 (　　　　　　)에 관심이 많은지 모르겠어요.

50. 인터넷상에서 다른 사람이 쓴 글을 읽고 (　　　　　　)의 생각이나 느낌을 적은 글을 댓글이라고 한다.

51. 한국어의 (　　　　　　) 중에 하나는 다른 언어에 비해서 높임말이 많이 발달했다는 점이다.

52. 그 남자는 키도 작고 얼굴도 잘 생기지 않았지만 표현할 수 없는 그 사람만의 (　　　　　　)을/를 가지고 있다.

53. 어려서 부모님을 잃고 힘들게 살아가는 (　　　　　　)은/ㄴ 아이 때문에 그녀는 마음이 아팠다.

54. 대학교를 졸업하고 대학원에 갈지 회사에 취직할지 (　　　　　　)고 있어요.

55. 우리 회사는 자기가 출퇴근하고 싶은 시간을 (　　　　　　)게 정할 수 있어서 좋아요.

56. 50년 후의 한국의 모습이 어떻게 변할지 (　　　　　　)어/아/여 봤어요.

57. 사람의 성격이 태어날 때부터 결정된다고 (　　　　　　)는 사람들도 있습니다.

58. 학생들이 싸웠을 때는 한 학생의 말만 듣는 것보다 두 학생의 말을 모두 듣고 누가 더 잘못했는지 (　　　　　　)는 것이 좋습니다.

59. 저는 긴장을 하면 손톱을 물어뜯는 나쁜 (　　　　　　)이/가 있어요.

60. 대학교에서 사람의 마음을 연구하는 (　　　　　　)학을 전공하는 것이 제 꿈이에요.

61. 학생들의 예의 없는 (　　　　　　)에 선생님이 화를 내셨다.

62. 영수 씨는 일 년 동안 다른 일은 아무 것도 하지 않고 (　　　　　　) 한국어 공부만 했다.

[63-67] 다음 밑줄 친 부분과 반대되는 뜻을 가진 것을 고르십시오.
下線を引いた部分と意味が反対のものを選びなさい。

63. 언어 교환의 가장 큰 장점은 무료로 언어를 배울 수 있다는 것이다.

❶ 맹점 ❷ 종점 ❸ 단점 ❹ 헛점

64. 중고등학교 시절의 독서는 평생 그 사람에게 긍정적인 영향을 미칠 것이다.

❶ 비판적이다 ❷ 부정적이다 ❸ 보수적이다 ❹ 소극적이다

65. 자신의 생활에 만족하지 못하고 항상 남과 비교하면서 사는 것은 불행하게 사는 것이다.

❶ 우수하다 ❷ 화창하다 ❸ 훌륭하다 ❹ 행복하다

66. 내 친구 경희는 화장하는 것도 좋아하지 않고 색깔이 있는 옷보다는 흰색이나 검은색 같은 수수한 옷차림을 좋아해요.

❶ 순수하다 ❷ 단순하다 ❸ 화려하다 ❹ 솔직하다

67. 혼자 있는 것을 좋아하고 자신의 성격을 사람들 앞에서 잘 표현하지 않는 사람을 내성적인 사람이라고 한다.

❶ 외향적이다 ❷ 개성적이다 ❸ 가식적이다 ❹ 긍정적이다

[68-73] 이야기를 읽고 밑줄 친 표현과 바꿔서 쓸 수 있는 단어를 [보기]에서 찾아 바꿔 쓰십시오.
次の文章を読み､下線部の意味と同じ表現を下の語群から選んで書きなさい。

[보기]

활발하다	개성적이다	소극적이다
가식적이다	덜렁거리다	독립적이다

안녕하십니까? 저는 32살의 회사에 다니고 있는 남자입니다. 여자 친구가 없기 때문에 저와 어울리는 멋진 여성을 만나고 싶습니다. 저는 68. 보통 사람들과 좀 다른 생각과

행동을 하는 편이에요. 그리고 제 성격이 좀 69. 소심하고 내성적인 편이기 때문에 70. 밝고 적극적인 성격의 여성을 소개 받고 싶습니다. 또 사람들이 71. 있을 때와 없을 때의 행동이 다르거나 솔직하지 않은 성격을 가진 여성을 좋아하지 않습니다. 제가 꼼꼼한 성격이기 때문에 72. 실수가 많고 꼼꼼하지 못한 여성보다는 저처럼 꼼꼼한 사람이면 좋겠습니다. 또한 73. 자신의 일은 스스로 해결할 수 있는 여성이었으면 좋겠습니다. 이런 여성을 소개해 주시면 감사하겠습니다.

68. (　　　　　　　　　　)

69. (　　　　　　　　　　)

70. (　　　　　　　　　　)

71. (　　　　　　　　　　)

72. (　　　　　　　　　　)

73. (　　　　　　　　　　)

[74-76] 다음 (　　　)에 공통적으로 들어갈 단어의 기본형을 쓰십시오.

次の(　　　)に共通して当てはまる単語の基本形を書きなさい。

74.

❶ 제가 말실수를 해서 부장님의 기분을 (　　　　)하게 한 것 같아 죄송스럽네요.

❷ 아들이 공부도 안 하고 놀기만 해서 너무 속이 (　　　　)어요/아요/여요.

(　　　　　　　　　　)

75.

❶ (　　　　)은/ㄴ 사람과 일하는 것은 쉬운 일은 아니지요.

❷ 아버지는 식성이 (　　　　)으셔서/셔서 어머니가 힘들어하세요.

❸ 지난 번 사건 때문에 입국 수속이 더 (　　　　)어졌어요/아졌어요/여졌어요.

(　　　　　　　　　　)

76. ❶ 제 방은 지하에 있는데 햇빛도 안 들어오고 창문도 없어서 좀 ( )어요/아요/여요.

❷ 저는 영어를 못해서 외국인과 대화할 때 너무 ( )어요/아요/여요.

❸ 오늘 날씨도 좋은데 ( )게 실내에만 있지 말고 밖으로 나가서 산책할까요?

( )

[77] 단어 설명을 읽고, 다음 [보기]에서 알맞은 말을 골라 빈칸에 쓰십시오.

単語の説明を読み､その説明に合った単語を下の語群から選んで空欄を埋めなさい。

[보기]

감정	개인	고민	상상	심리
욕심	표정	참을성	개성적	내성적
부럽다	심하다	떨리다	고려하다	부끄럽다
불안하다	불행하다	소심하다	이상하다	

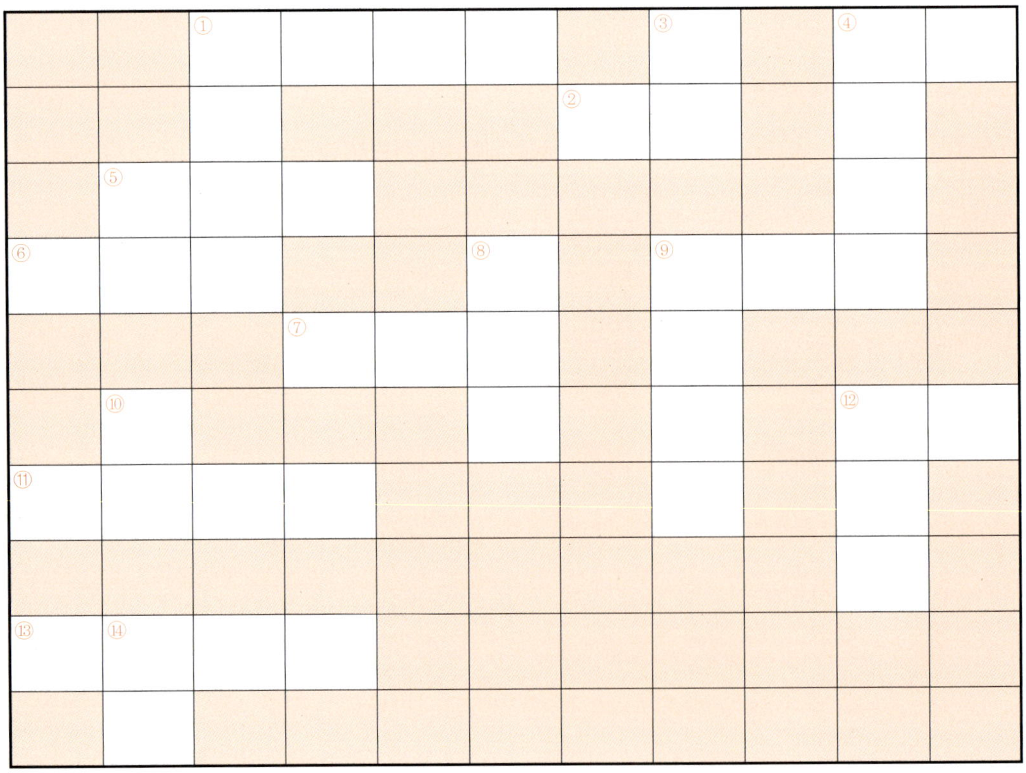

[가로]

① 마음이 편하지 않고 조마조마해요.

② 이것을 보면 그 사람의 기분, 느낌을 알 수 있어요.

④ 걱정이나 문제가 있어서 괴로워하는 것.

⑤ 약을 먹어도 감기가 낫지 않아요. 예) 감기가 □□□

⑥ 많이 추워하거나 두려워하다. 예) 시험 때문에 많이 □□□

⑦ 아프고 힘든 것을 잘 참는 성격.

⑨ 다른 사람에게 있는 좋은 일이나 물건을 보고 나도 그것을 가졌으면 좋겠다고 바라고 생각하다.

⑪ 작은 일에도 걱정을 많이 하고 모든 일을 할 때 조심스럽게 행동하다.

⑫ 국가나 사회, 단체 등을 구성하는 각각의 사람. 예) □□ 택시, □□ 적인 문제

⑬ 보통과 다르다.

[세로]

① 행복하지 않다.

③ 어떤 일에 대하여 일어나는 마음이나 느끼는 기분.

④ 어떤 일에 대해서 더 생각해 보다.

⑤ 인간의 마음 상태.

⑧ 다른 사람들에게 이야기를 하는 것을 좋아하지 않고 마음속으로 혼자 생각하는 성격을 나타내는 것.

⑨ 다른 사람들 앞에 서는 것을 싫어하고 수줍어하다.

⑩ 자기가 가지고 있는 것보다 더 많이 가지고 싶어하는 마음.

⑫ 다른 사람들과 구별되는 특별한 성격을 나타내는 것.

⑭ 실제로 경험하지 않은 일 또는 미래의 일을 생각해 보는 것.

일상생활

02

日常生活

02 일상생활

01
가까이

[가까이] 부사 1. 近く 2. ~近く 3. 近くに

1. ひとつの点から距離が少し離れている状態。

[活用構文] 名 가까이

[活用表現] 가까이에 두다 近くに置く

[例文] 행사가 곧 시작될 테니까 멀리 가지 말고 가까이에서 기다리세요.
行事がすぐに始まるはずだから、遠くに行かずに近くでお待ちください。

2. 一定の時を基準にして、その時よりは少し少ない状態。

[活用構文] 名 가까이

[例文] 두 시간 가까이 친구를 기다렸지만 만나지 못했다.
2時間近く友達を待ったけれど、会えなかった。

3. 人と人の間柄が親密な状態。

[活用表現] 가까이 하다 仲よくつきあう、親しむ

[反意語] 멀리하다 遠ざける、避ける

[例文] 성호 씨는 좋은 사람이 아닌 것 같으니까 가능하면 가까이 하지 마세요.
ソンホさんはいい人ではないようだから、できるなら近づかないで下さい。

02
가득

[가득] 부사 いっぱい、満ちている

[活用表現] 가득하다 いっぱいだ
가득 담다 いっぱいに詰める
가득 차다 いっぱいになる
가득 따르다 いっぱいに注ぐ

[例文] 과일 가게 아주머니가 바구니에 과일을 가득 담아 주셨어요.
果物屋のおばさんが、かごに果物をいっぱい入れてくれました。

꽤 오랫동안 청소를 안 했는지 방에는 먼지가 가득 쌓여 있었다.
かなり長い間、掃除をしなかったかのか、部屋には埃がたくさん積もっていました。

03
가만히

[가만히] 부사 1.静かに、じっと 2. ひっそり、こっそり

1. 動かずに何も言わず。

[例文] 너무 더워서 가만히 있어도 땀이 줄줄 흘러요.
あまりにも暑くて、じっとしていても汗がだらだら流れます。

2. 人知れず、こっそりと。

[例文] 영수는 주무시는 어머니가 깨시지 않도록 가만히 집을 나왔다.
ヨンスは寝ている母親が起きないように、そっとに家を出た。

04
결국 [결국] 부사 結局

[類義語] 마침내 ついに

[例文] 그는 최선을 다해 노력했지만 결국 실패했어요.
彼は最善をつくし努力したが、結局失敗しました。

아이가 새로 나온 게임기를 사 달라고 계속 조르는 바람에 결국 사 주고 말았다.
子供が新しく出たゲーム機を買ってくれと、ずっとねだるので結局買ってやってしまった。

05
결심하다 [결씸하다] 동사 決心する

[活用構文] 名 을/를 결심하다

[類義語] 마음먹다 その気になる、決心する、決める

[関連語] 결정하다 決定する

[例文] 영수는 열심히 공부해야겠다고 결심했다.
ヨンスは一生懸命勉強しなくては、と決心した。

교수님의 말씀에 용기를 얻어 유학을 결심하게 되었어요.
教授の言葉に勇気を得て、留学を決心しました。

06
고치다 [고치다] 동사 1. 直す 2. 治す 3. 直す 4. 変える

1. 故障したり、使えなくなったものを手入れして使えるようにする。

[活用構文] 名 을/를 고치다

[活用表現] 기계를 고치다 機械を直す
자동차를 고치다 自動車を直す

[類義語] 수리하다 修理する

[例文] 집을 다 고치려면 돈이 많이 들 거예요.
家をすべて直そうと思ったら、お金がかなりかかるでしょう。

2. 病を治す。

[活用構文] 名 을/를 고치다

[活用表現] 병을 고치다 病気を治す

[類義語] 치료하다 治療する

[例文] 우울증은 환자의 의지만으로는 고치기 어려운 병이에요.
うつ病は患者の意思だけでは治すのが難しい病気です。

3. 正しくする。

[活用構文] 名 을/를 고치다

[活用表現] 답을 고치다 答えを直す
버릇을 고치다 癖を直す

틀린 문장을 고치다 間違った文章を直す

[類義語] 바로잡다 正す、立て直す

수정하다 修正する

[例文] 잘못된 버릇은 고치기가 힘들어요.

悪い癖はなおすのが大変です。

4. 違うように変える。

[活用構文] 名 을/를 고치다

[類義語] 바꾸다 変える

[例文] 이름이 너무 촌스러워서 다른 이름으로 고치고 싶어요.

名前があまりにもダサいので、他の名前に変えたいです。

07
괜히

[괜히] 부사 無駄に

特別な理由なく、無用に。

[類義語] 공연히 無駄に、なんとなく

[例文] 오늘은 괜히 기분이 나쁘군요.

今日は無用に気分が悪いです。

가게 주인이 저에게 잘 어울린다고 해서 옷을 샀는데 괜히 산 것 같아요.

店の主人が私によく似合うと言うから服を買いましたが、無駄に買ったような気がします。

08
그냥

[그냥] 부사 1. そのまま 2. ただずっと 3. 何となく

1. これ以上の変化なしく、その状態そのまま。

[類義語] 그대로 そのまま

[例文] 가게에 들어갔다가 그냥 나왔다.

店に入ったが、そのまま出てきた。

2. 同じ姿でずっと。

[例文] 하루 종일 그냥 자기만 하면 어떻게 하니?

1日中、ただ寝てばかりでどうするの。

3. なんとなく、条件なしに。

[例文] 아까 그 말은 그냥 해 본 말이 아니야.

さっき言ったことは、何となく言ってみたってわけじゃないよ。

09
깜짝

[깜짝] 부사 ビックリ

[活用表現] 깜짝 놀라다 ビックリする

[例文] 민수 씨가 교통사고를 냈다면서요? 그 얘기를 듣고 깜짝 놀랐어요.

ミンスさんが交通事故を起こしたんですって? その話を聞いてビックリしました。

20년 동안 떡볶이를 팔아서 번 돈을 모두 학교에 기부했다는 어느 할머니의 이야기를 듣고 깜짝 놀랐어.
20年間、トッポッキを売って稼いだお金をすべて学校に寄付したという、あるおばあさんの話を聞いて、驚きました。

10
꺼내다

[꺼내다] 동사 1. 取り出す　2. 出す

1. 中に入っているものなどを、手や道具を使って外に出す。

[活用構文] 名 에서 名 을/를 꺼내다

[活用表現] 물건을 꺼내다 ものを取り出す

[例文] 옷장에서 옷을 꺼내 입었어요.
たんすから服を出して着ました。

2. (話すのを)始める。

[活用構文] 名 을/를 꺼내다

[活用表現] 말을 꺼내다 言葉を出す
이야기를 꺼내다 話を出す

[例文] 영수 씨 이야기라면 한마디도 꺼내지 마세요.
ヨンスさんの話なら、一言も持ち出さない。

11
꽤

[꽤] 부사 かなり

[類義語] 아주 とても

[関連語] 제법 案外、なかなか

[例文] 요즘 날씨가 꽤 쌀쌀해 졌어요.
最近(天気が)かなり冷え込んできました。

꽤 큰 교통 사고였는데도 다치지 않으셔서 다행이에요.
かなり大きな交通事故だったのに、怪我をしなくてよかったです。

12
낡다

[낙따] 형용사 古い

[活用構文] 名 이/가 낡다

[活用表現] 물건이 낡다 ものが古くなる

[関連語] 오래되다 古くなる

[例文] 집이 낡아서 수리해야겠어요.
家が古くなったので、修理しなくてはなりません。

내 자동차는 너무 낡아서 운전할 때 이상한 소리가 난다.
私の車は古すぎて、運転するときに変な音がする。

13
낫다

[낟따] 형용사 勝る、良い

【活用構文】 名 이/가 낫다

【反意語】 못하다 劣る、悪い

【例文】 감기에 걸리면 약을 먹는 것보다 쉬는 게 더 나아요.
風邪を引いたのなら、薬を飲むよりゆっくり休んだ方がいいです。

우리 집의 경제 사정은 10년 전에 비해 나아진 것이 없어요.
わが家の経済事情は10年前に比べて、良くなったところがありません。

14
내내

[내내] 부사 始終

【類義語】 줄곧 ずっと

【関連語】 항상 いつも

언제나 いつでも

【例文】 영화의 내용을 알고 봐서 그런지 보는 내내 지루했다.
映画の内容を知っていて見たからか、見ている間ずっと退屈だった。

설악산은 서울에서 고속버스로 3시간 정도면 갈 수 있어서 사계절 내내 인기가 많아요.
雪嶽山はソウルから高速バスで3時間くらいで行けるので、1年中人気があります。

15
넘어지다

[너머지다] 동사 倒れる、転ぶ

【活用構文】 名 이/가 넘어지다

名 에서 넘어지다

【例文】 계단에서 넘어지는 바람에 다리를 다쳤어요.
階段で転んでしまって、足を怪我しました。

길이 미끄러워서 넘어질까 봐 조심조심 걸어요.
道がすべりやすいので、転ぶんじゃないかと注意しながら歩きます。

16
다듬다

[다듬따] 동사 1. 手入れする 2. 練る

1. 身なりを整えたり、正しく手入れする。

【活用構文】 名 을/를 다듬다

【活用表現】 머리를 다듬다 髪を整える

손톱을 다듬다 爪を整える

【関連語】 손질하다 手入れする

정리하다 整理する

【例文】 머리를 많이 자르지 마시고 끝만 조금 다듬어 주세요.
髪の毛をたくさん切らずに、毛先だけ少し整えてください。

2. 必要ない部分を取り除いて、使い勝手のいいようにする。

【活用構文】 名 을/를 다듬다

【活用表現】 양파를 다듬다 たまねぎの皮をむいて綺麗な状態にする

채소를 다듬다 野菜の不必要なところを取り除いて食べやすくする

【例文】 나물 반찬은 채소를 하나하나 깨끗하게 다듬어야 해서 귀찮아요.
ナムルは野菜をひとつずつ綺麗に取り除かなければいけないので、面倒くさいです。

17
당장

[당장] 명사 すぐに

この場所でただちに。

【例文】 내일 당장 운동을 시작하겠어요. 明日すぐにでも運動を始めます。

저녁에는 시간이 없으니까 지금 당장 전화해 봅시다.
夜は時間がないので、今すぐ電話してみましょう。

18
더구나

[더구나] 부사 おまけに、その上

【類義語】 게다가 その上

더군다나 その上に

【例文】 비가 오는데 더구나 전기까지 안 들어와서 무서운 밤을 보냈다.
雨が降っていた上に、停電になり、怖い夜を過ごした。

어려운 집안 사정에 더구나 건강까지 좋지 않다니 너무 불쌍하다.
困難な家庭事情に加えて、体まで悪いなんて、あまりにもかわいそうだ。

19
들르다

[들르다] 동사 立ち寄る

【活用構文】 名 에 들르다

【関連語】 거치다 経由する、立ち寄る

【例文】 퇴근하는 길에 술집에 들러 한잔했다.
退勤途中、居酒屋に寄って一杯した。

친구 집에 들렀다가 와서 좀 늦었어요.
友達の家に寄ってきたので、少し遅れました。

20
때때로

[때때로] 부사 ときたま

【類義語】 가끔 時々

이따금 ちょこちょこ

【例文】 인생을 살다 보면 때때로 거짓말을 해야 할 때가 있다.
人生、生きていると時々嘘をつかなくてはならない時がある。

나는 때때로 중학교 시절로 돌아가고 싶다는 생각이 든다.
私は時々中学校時代に戻りたいという気持ちになる。

21
떠오르다

[떠오르다] 동사 1. 浮かぶ　2. 昇る

1. 記憶が蘇ったり、整理できていなかった考えが形になる。

[活用構文] 名 이/가 떠오르다

[活用表現] 생각이 떠오르다 考えが浮かぶ

아이디어가 떠오르다 アイデアが浮かぶ

[関連語] 생각나다 思い出す

[例文] 고등학교 시절을 회상할 때 가장 먼저 떠오르는 선생님은 3학년 때 수학 선생님이다.

高校時代をふりかえる時一番最初に思い浮かぶ先生は、3年生の時の数学の先生だ。

2. 昇ってきて上に上がる。

[活用構文] 名 이/가 떠오르다

[活用表現] 해가 떠오르다 太陽が昇る

[類義語] 솟다 昇る

[例文] 새해 아침 바닷가에서 떠오르는 태양을 보기 위해 새벽에 출발했어요.

元日の朝、海から昇る太陽を見るために、夜明け前に出発しました。

22
떨어뜨리다

[떠러뜨리다] 동사 落とす

[活用構文] 名 을/를 떨어뜨리다

[活用表現] 물건을 떨어뜨리다 ものを落っことす

[類義語] 떨어트리다 落っことす

[例文] 밥을 먹다가 젓가락을 떨어뜨렸어요.

ごはんを食べていたら、お箸を落としてしまいました。

필통을 어디에 떨어뜨렸는지 가방 안을 아무리 뒤져도 없네요.

筆箱をどこに落としたのか、かばんの中をどれだけ探してもありません。

23
또한

[또한] 부사 また

その上にもっと、またはそこにもっと。

[関連語] 역시 やっぱり

[例文] 우리 하숙집은 교통이 아주 편리합니다. 또한 방마다 모든 가구가 구비되어 있어 따로 구입할 필요가 없습니다.

私の下宿は交通の便がいいです。また部屋ごとにすべての家具がそろっていて、別途に購入する必要がありません。

광고는 독자들에게 상품 및 시장에 대한 정보를 제공해 준다. 또한 기업인들에게는 그들의 상품을 일반인에게 알려주는 기능을 한다.
広告は読者たちに商品や市場についての情報を提供してくれる。また企業の人たちにとっては、彼らの商品を一般の人に知らせる機能を担う。

24
마침

[마침] 부사 ちょうど

【反意語】 하필 よりによって

【例文】 맛있는 만두가 먹고 싶었는데 마침 어머니께서 사 오셨다.
おいしいぎょうざが食べたかったのだが、ちょうど母親が買ってきてくれた。

친구한테 전화를 하려고 하는데 마침 그 친구한테서 전화가 왔다.
友達に電話をしようと思ったら、ちょうどその友達から電話が来た。

25
만족하다

[만조카다] 형용사 満足する

【活用構文】 名 을/를 만족하다

【反意語】 불만족하다 不満だ

【例文】 이번 시험 성적에 만족해요.
今回の試験の成績に満足しています。

지금의 상태에 만족하지 말고 더 나아지도록 노력하세요.
今の状態に満足せず、もっとよくなるように努力をしてください。

26
맞벌이

[맏뻐리] 명사 共稼ぎ、共働き

【活用表現】 맞벌이 부부 共稼ぎの夫婦

【例文】 민수와 영희는 맞벌이 부부여서 경제적으로 넉넉한 것 같았다.
ミンスとヨンヒは共稼ぎなので、経済的に余裕があるようだった。

저는 요즘 맞벌이 부부의 아이들에게 무료로 영어를 가르쳐 주고 있어요.
私は最近共稼ぎ夫婦の子供たちに無料で英語を教えてあげています。

27
모습

[모습] 명사 姿

【活用表現】 모습이 변하다 姿が変わる

모습으로 돌아오다 元の姿に戻る

【関連語】 모양 様子

【例文】 이번 전시회에는 화가들이 자신들의 모습을 그린 초상화가 많았다.
今回の展示会には画家たちが自分たちの姿を描いた肖像画が多かった。

28
모으다

[모으다] 동사 集める

[活用構文] 名 을/를 모으다

[活用表現] 돈을 모으다 お金を集める

우표를 모으다 切符を集める

[関連語] 모이다 集まる

[例文] 여기저기 돈을 쓰다가 보니 돈 모으기가 어렵네요.
あちこちお金を使ったら､お金を集めるのは大変ですね。

여러 나라를 여행하면서 동전을 모으는 것을 좋아해요.
いろいろな国を旅行しながら､コインを集めるのが好きです。

29
몰다

[몰다] 동사 自分の車で移動する､運転する

[活用構文] 名 을/를 몰다

[活用表現] 차를 몰다 車を運転する

[類義語] 운전하다 運転する

[例文] 요즘은 왜 차를 안 몰고 다니세요?
最近はなぜ車に乗らないのですか。

지난 토요일에 차를 몰고 나갔다가 사고를 냈다.
先週の土曜日､車を運転して出かけて事故を起こした。

30
몰래

[몰래] 부사 こっそり

[関連語] 슬쩍 こっそり

[例文] 쓰레기를 몰래 버리는 행위는 철저하게 단속해야 합니다.
ゴミをこっそり捨てる行為は徹底して取りしまわなければなりません。

그 남자는 마약을 몰래 감춰서 들어오다가 공항 경찰에 붙잡혔다.
その男は麻薬をこっそり隠して入国しようとして､空港の警察に捕まった。

31
무조건

[무조껀] 부사 絶対､わけもなしに
あれこれ考慮せずに､おかまいなく。

[例文] 동생하고 내가 싸우면 엄마는 무조건 나만 혼내셔.
弟と私がけんかすると､お母さんは必ず私のことだけをしかる。

저는 백화점에 가면 세일하는 물품들을 무조건 구매하는 습관이 있어요.
私はデパートに行くと､セール品を何でもかんでも､買うクセがあります。

32
묶다

[묵따] 동사 1. 結ぶ 2. 結ぶ

1. 紐や綱などを結ぶ。

[活用構文] 名 을/를 묶다

[活用表現] 끈을 묶다 紐を結ぶ

[例文] 신발 끈이 풀리지 않도록 꽉 묶어.
靴の紐がほどけないように、きつく結んで。

2. 紐や綱などをものや人にきつくつなげる。

[活用構文] 名 을/를 名 으로/로 묶다

[活用表現] 머리를 묶다 髪の毛を結ぶ

[例文] 아침마다 딸아이가 머리를 묶어 달라고 졸라요.
毎朝娘が髪の毛を結んでくれとねだります。

33
묻다

[묻따] 동사 1. 埋める 2. くっつく

1. (何かを土や物の中に)入れて、見えなくなるようにする。

[活用構文] 名 을/를 名 에 묻다

[活用表現] 땅에 묻다 地面に埋める

[例文] 김치 항아리를 마당에 묻었어요.
キムチの壷を庭に埋めました。

2. (埃、垢、粉、液体などが何かに)つく。

[活用構文] 名 이/가 묻다

[活用表現] 때가 묻다 垢がつく
얼룩이 묻다 しみがつく

[例文] 코트에 얼룩이 묻어서 세탁소에 맡겼어요.
コートにしみがついたので、クリーニングに預けました。

34
밀다

[밀다] 동사 押す

[活用構文] 名 을/를 밀다

[反意語] 당기다 引く

[例文] 교실 창문은 손잡이를 잡고 오른쪽으로 밀면 열려요.
教室の窓は、取っ手をつかんで右に押せば開きます。

만원 지하철 안에서는 본의 아니게 사람들이 서로 밀게 된다.
満員の地下鉄の中では、嫌でもお互い押し合いになる。

35
밟다

[밥따] 동사 踏む

[活用構文] 名 을/를 밟다

[活用表現] 발을 밟다 足を踏む

[関連語] 디디다 踏み入れる

[例文] 얼마 전에 지하철을 탔는데 옆에 있는 사람이 내 발을 밟았다.
少し前に地下鉄に乗ったのだが、横にいた人が私の足を踏んだ。

제가 조금만 늦게 브레이크를 밟았으면 큰 사고가 날 뻔했어요.
私が少しだけ遅くブレーキを踏んでいたら、大きな事故になるところでした。

36
방금

[방금] 부사 たった今

[類義語] 금방 いまさっき、すぐ

[例文] 방금 점심을 먹었어요.
たった今、昼食を食べました。

오래 기다리기는요. 저도 방금 전에 왔는걸요.
長く待ってなんかいませんよ。私も今さっき来たところです。

37
방문하다

[방문하다] 동사 訪問する

[活用構文] 名 을/를 방문하다

[例文] 서울을 방문하는 외국 관광객의 수가 점차 늘고 있다.
ソウルを訪問する外国人観光客の数が少しずつ増えている。

택배기사에게서 오후 2시에 방문하겠다는 메시지를 받았다.
宅配のおじさんから午後2時に訪問するというメールをもらった。

38
변경하다

[변경하다] 동사 変更する

[活用構文] 名 을/를 변경하다

[活用表現] 계획을 변경하다 計画を変更する

[類義語] 바꾸다 変える

[例文] 병원 예약날짜를 변경하려고 전화 드렸습니다.
病院の予約日付を変更しようと、電話をしました。

갑자기 급한 일이 생겨서 약속 시간을 변경해야 할 것 같아요.
突然急用ができたので、約束の時間を変更しなければならないと思います。

39
변하다

[변하다] 동사 変わる

[活用構文] 名 이/가 변하다

[活用表現] 색깔이 변하다 色が変わる

마음이 변하다 心が変わる

[関連語] 변화하다 変化する

[例文] 소나무는 잎 색깔이 변하지 않아요.
松の木は葉の色が変わりません。

외국 생활을 오래 하더니 많이 변했어요.
外国生活が長くなって、いろいろ変わりました。

40
봉사하다

[봉사하다] 동사 奉仕する、ボランティアをする

[活用構文] 名 에서 봉사하다

[活用表現] 자원 봉사를 하다 ボランティアをする

[関連語] 돕다 助ける

[例文] 저는 서울 올림픽 때 통역 자원 봉사를 했어요.
私はソウルオリンピックの時、通訳のボランティアをしました。

외국에 가서 한국어를 가르치는 자원 봉사를 하셨다면서요?
外国に行って韓国語を教えるボランティアをなさったんですって。

41
비교하다

[비교하다] 동사 比較する

[活用構文] 名 을/를 비교하다

[活用表現] 가격을 비교하다 価格を比較する

[例文] 두 가게의 가격을 비교해 봤더니 별로 차이가 없었어요.
二店の価格を比較してみたら、あまり差がありませんでした。

하숙집과 기숙사 생활을 비교했을 때 어디가 더 좋습니까?
下宿と寮の生活を比較したとき、どちらの方がいいですか。

42
서늘하다

[서늘하다] 형용사 涼しい

[活用構文] 名 이/가 서늘하다

[活用表現] 바람이 서늘하다 風が涼しい

[関連語] 시원하다 涼しい
선선하다 涼しい
쌀쌀하다 肌寒い

[例文] 포도주는 서늘한 곳에 보관하세요.
ぶどう酒はすずしいところで保管してください。

9월이 되면 서늘한 바람이 불기 시작한다.
9月になれば、すずしい風が吹き始めます。

43
슬슬

[슬슬] 부사 そろそろ

[例文] 이제 슬슬 정리들 하시지요.
ではそろそろ整理をしてください。

약속 시간이 되어 가는데 슬슬 출발할까요?
約束の時間が近づいてきたし、そろそろ出発しますか。

44
아까

[아까] 부사 さっき

[例文] 아까 친구한테서 전화가 왔었어.
さっき友達から電話がかかってきてたよ。

아까 봤던 영화가 정말 감동적이지 않니?
さっき見た映画、本当に感動的じゃなかった。

45
아무래도

[아무래도] 부사 やっぱり

[例文] 자동차가 또 고장 났어요. 아무래도 새 자동차를 사야겠어요.
車がまた故障しました。やっぱり新しい車を買わなくては。

아무래도 다른 곳에 투자하기 보다는 은행에 저축하는 게 좋겠어요.
やはり他のところに投資するよりかは、銀行に貯蓄するのがいいでしょう。

46
알리다

[알리다] 동사 知らせる

[活用構文] 名 을/를 알리다

[活用表現] 소식을 알리다 消息(近況)を知らせる

[関連語] 알다 知る

[例文] 신제품을 알리기 위해서 회사가 광고비를 얼마나 쓸 것 같아요?
新製品を知らせるために、会社が広告費をどれくらい使うでしょうか。

우리 연극 동아리를 알리려고 점심시간마다 식당 근처에서 여러 번 공연을 했어요.
私の演劇サークルを知らせるために、昼休みのたびに食堂の近くで、何回か公演をしました。

47
약간

[약간] 부사 若干、少々

[類義語] 다소 多少

조금 少し

[例文] 오늘 발표 준비 때문에 약간 긴장한 것 같아요.
今日の発表の準備のために、少々緊張しているみたいです。

이 옷은 제게 약간 크니까 좀 작은 사이즈로 바꿔 주세요.
この服は私には少々大きいので、少し小さいサイズに変えてください。

48
어쩌면

[어쩌면] 부사 1. どうにかしたら　2. どうしたら

1. 確かではないが予想だと。

[類義語] 어쩜 どうかしたら

[例文] 우리는 어쩌면 다시는 못 볼 지도 몰라.
私達、もしかしたら2度と会えないかもしれない。

2. いったいどうして。

[活用表現] 어쩌면 그렇게 どうしたらそんなに
어쩌면 이렇게 どうしたらこんなに
어쩌면 저렇게 どうしたらあんなに

[例文] 영희는 어쩌면 그렇게 바이올린을 잘 켜지?
ヨンヒはどうしてそんなにバイオリンが上手なの。

49
어쩐지

[어쩐지] 부사 なんだか、どうりで

[類義語] 왠지 なぜか

[例文] 처음 보는 사람인데 어쩐지 낯이 익어요.
初めて会う人なのに、なんだか親しみがある。

오늘은 어쩐지 좋은 일이 생길 것 같아요.
今日はなんだかいいことがあるような気がする。

50
외출하다

[외출하다] 동사 外出する

[活用構文] 名 이/가 외출하다

[関連語] 나가다 出かける

[例文] 우리 언니는 외출하기 전에 꼭 화장을 해요.
私のお姉さんは外出する前に、必ず化粧をします。

봄에는 황사가 심하니까 외출할 때 마스크를 쓰세요.
春には黄砂がひどいので、外出する時はマスクをしてください。

51
우연히

[우연히] 부사 偶然に

[例文] 우연히 옛 친구를 만나면 너무 반가울 것 같아요.
偶然に昔の友達に会ったら、すごく嬉しいと思う。

사흘 전에 지하철 안에서 우연히 첫사랑을 만났는데 아는 척을 안 했어.
4日前に地下鉄の中で偶然に初恋の人に会ったのだけど、知らない振りをしました。

52
이르다[1]

[이르다] 형용사 早い
大衆や基準が思っていた時より前もって早い。

[活用構文] 名 이/가 이르다
[活用表現] 시간이 이르다 時間が早い
[類義語] 빠르다 速い
[反意語] 늦다 遅い
[例文] 아직 포기하기엔 이르니까 좀 더 노력해봐.
まだ諦めるには早いので、もう少し努力してみろよ。

이른 아침이나 밤늦은 시간에는 꼭 필요한 일이 아니면 전화를 걸지 않는다.
朝早くや夜遅い時間には、どうしても必要な用事でなければ、電話をかけない。

53
이르다[2]

[이르다] 동사 至る

[活用構文] 名 에 이르다
[例文] 오후 3시쯤에야 산 정상에 이르렀어요.
午後3時ごろにやった、山の頂上に到着しました。

자정에 이르러서야 집에 돌아올 수 있었어요.
夜の12時に至って家に帰ることができました。

54
이용하다

[이용하다] 동사 利用する

[活用構文] 名 을/를 이용하다
[関連語] 사용하다 利用する
[例文] 택배를 이용해서 물건을 보냈어요.
配達を利用して、ものを送りました。

출퇴근할 때 주로 지하철을 이용해요.
出退帰宅するとき、主に地下鉄を利用します。

55
자르다

[자르다] 동사 切る

[活用構文] 名 을/를 자르다
名 으로/로 자르다
[活用表現] 머리를 자르다 髪の毛を切る
가위로 자르다 はさみで切る
[関連語] 깎다 刈る
[例文] 냉면을 좀 잘라 주세요.
ちょっと冷麺を切ってください。

머리를 잘랐는데 잘 안 어울리는 것 같아요.
髪を切ったのですが,あまりよく似合ってないみたいです。

56
잔뜩

[잔뜩] 부사 1. たくさん　2. ひどく

1. 限度に至るまで,たくさん。

[活用表現] 잔뜩 먹다 腹いっぱいに食べる
일이 잔뜩 밀리다 仕事がひどく滞る
일이 잔뜩 쌓이다 仕事がたくさん溜まる

[例文] 음식을 잔뜩 먹었더니 소화가 잘 안 되네요.
食べ物を限界まで食べたら,消化不良になりました。

2. これ以上できないほど,ひどく。

[活用表現] 잔뜩 화가 나다 極限に腹が立つ
잔뜩 겁을 먹다 怯えきる

[例文] 동생이 잔뜩 화가 나서 저하고 말도 안하려고 해요.
弟がひどく腹を立てて,私と言葉も交わしてくれません。

57
점점

[점점] 부사 少しずつ

[類義語] 점차 だんだん
차차 次第に
차츰 だんだん

[例文] 오늘 아침 뉴스에서 이혼율이 점점 높아지고 있다고 했어요.
今朝のニュースで離婚率が少しずつ高くなってきていると言っていました。

초보자의 경우는 하루에 30분 정도 가벼운 운동을 하다가 점점 시간을 늘리는 것이 좋습니다.
初心者の場合は1日に30分程度,軽い運動をして少しずつ時間を増やしていくのがよいです。

58
정거장

[정거장] 명사 停留所

[活用表現] 정거장을 지나다 停留所を過ぎる
정거장에 내리다 停留所で降りる
정거장에 도착하다 停留所に到着する

[関連語] 역 駅
공항 空港
정류장 停留所

[例文] 버스 정거장이 여기에서 멀어요?
バスの停留所はここから遠いですか。

매일 정거장에서 친구를 만나 같이 학교에 가요.
毎日停留所で友達に会って、一緒に学校に行きます。

59
줍다

[줍따] 동사 拾う

[活用構文] 名 을/를 줍다

[活用表現] 쓰레기를 줍다 ゴミを拾う

[関連語] 버리다 捨てる

[例文] 어떤 사람은 쓰레기를 버리는가 하면 어떤 사람은 쓰레기를 줍는다.
ある人はゴミを捨てるかと思えば、ある人はゴミを拾う。

지하철에서 내리다가 볼펜을 떨어뜨렸는데, 다시 탈 수도 없고 해서 줍지 못했어요.
地下鉄で降りる際、ボールペンを落としたのですが、また乗ることもできないので拾いませんでした。

60
즐기다

[즐기다] 동사 1. 楽しむ 2. 楽しむ 3. 楽しむ

1. (ある時間を)送りながら、楽しみを感じる。

[活用構文] 名 을/를 즐기다

[活用表現] 여유를 즐기다 余裕を楽しむ
인생을 즐기다 人生を楽しむ
주말을 즐기다 週末を楽しむ

[例文] 공원에는 공휴일을 즐기러 나온 사람들이 많았다.
公園には休日を楽しみに来た人達がいっぱいだった。

2. (あることを)好きでよくしたり、そのことに興味を感じる。

[活用構文] 名 을/를 즐기다

[活用表現] 축구를 즐기다 サッカーを楽しむ
낚시를 즐기다 釣りを楽しむ

[例文] 겨울에는 스키를 즐기고, 여름에는 수영을 즐겨요.
冬にはスキーを楽しみ、夏には水泳を楽しみます。

3. (食べたり飲んだりすることを)楽しみよく食べたり飲む。

[活用構文] 名 을/를 즐기다

[活用表現] 술을 즐기다 お酒を楽しむ
커피를 즐기다 コーヒーを楽しむ

[例文] 한국에서 10년 동안 살다 보니까 매운 음식을 좋아하게 됐어요.
韓国で10年間暮らしていたから、辛い食べ物が好きになりました。

61
진하다 [진하다] 형용사 1. 濃い　2. 強い

1. 光彩が濃い。

【活用構文】 名 이/가 진하다

【活用表現】 색이 진하다 色が濃い

【反意語】 옅다 薄い

연하다 薄い

【例文】 진한 색깔보다는 밝은 색으로 염색해 보세요.

濃い色よりも、明るい色に染めてください。

2. 味や匂いが強い。

【活用構文】 名 이/가 진하다

【活用表現】 커피가 진하다 コーヒーが濃い

향이 진하다 香りが強い

【反意語】 연하다 薄い

【例文】 커피 향이 너무 진한 것 같아요.

コーヒーの香りがとても濃いようです。

62
짜다 [짜다] 동사 1. 立てる、組む　2. しぼる、潰す、出す

1. 計画や日程などをたてる。

【活用構文】 名 을/를 짜다

【活用表現】 계획을 짜다 計画を立てる

일정표를 짜다 日程表を組む

【類義語】 세우다 立てる

【例文】 일주일 동안의 일정을 잘 짜두는 것이 좋을 거예요.

一週間の日程をきちんと組んで置くのがいいと思います。

2. (何かを押したりして)中にあるものを外に出す。

【活用構文】 名 을/를 짜다

【活用表現】 빨래를 짜다 洗濯物をしぼる

치약을 짜다 歯磨き粉を出す

여드름을 짜다 にきびを潰す

【例文】 걸레에 물기가 없도록 꽉 짜서 닦으세요.

ぞうきんに水気がなくなるまで、ぎゅっと絞って拭いてください。

63
차례 [차례] 명사 順番

【活用表現】 차례가 오다 順番が来る

차례가 되다 順番になる

차례를 지키다 順番を守る

차례를 기다리다 順番を待つ

[類義語] 순서 順序

[例文] 이번은 내 차례야. 今度は私の番だ。

먼저 번호표를 뽑은 후에 차례가 되면 창구로 가세요.
まず番号札を引いた後に、順番になったら窓口へ行って下さい。

64
충고하다

[충고하다] 동사 忠告する

[活用構文] 名 을/를 名 에/에게 충고하다

[関連語] 조언하다 助言する

[例文] 자신의 성격을 고치려면 친구들의 충고에 귀 기울여야 한다.
自分の性格を直そうと思うなら友達の忠告に耳を傾けなければならない。

제가 여러 번 충고를 했는데도 친구는 제 말을 무시하더라고요.
私が何度も忠告をしたのに、友達は私の言葉を無視するんです。

65
타다[2]

[타다] 동사 1. 燃える 2. 日焼けする

1. 火種や高い熱によって火がつき、焼けたり火花が散る。

[活用構文] 名 이/가 타다

[活用表現] 밥이 타다 ご飯が焦げる

불에 타다 (火に)焼ける

[例文] 산불이 나서 수천 그루의 나무가 불에 탔습니다.
山火事が起きて数千本の木が焼けました。

2. 皮膚が日光などに長い間さらされることで、黒く変わる。

[活用構文] 名 이/가 타다

[活用表現] 피부가 타다 肌が焼ける

[例文] 햇볕에 얼굴이 새까맣게 탔어요.
日差しで顔が真っ黒に焼けました。

66
특기

[특끼] 명사 特技

[活用表現] 특기가 있다 特技がある

특기가 없다 特技がない

특기를 살리다 特技を生かす

[例文] 제 특기는 태권도예요. 私の特技はテコンドーです。

자신만의 특기가 있다면 한번 얘기해 보세요.
自分だけの特技があったら、一度話してみてください。

67
펴다

[펴다] 동사 1. 伸ばす　2. 開く　3. 伸ばす

1. 曲がっているものを、まっすぐにする。またはすくんでいるものをまっすぐにする。

【活用構文】 名 을/를 펴다

【活用表現】 주먹을 펴다 こぶしをひらく
허리를 펴다 腰を伸ばす
다리를 펴다 足を伸ばす
어깨를 펴다 肩を張る

【例文】 허리를 펴고 똑바로 앉으세요.
腰を伸ばして、まっすぐ座ってください。

2. とじられて、折りたたまれているものを広げる。

【活用構文】 名 을/를 펴다

【活用表現】 책을 펴다 本を開く
우산을 펴다 傘を開く

【反意語】 접다 閉じる
개다 折りたたむ

【例文】 교과서 26쪽을 펴세요.
教科書の26ページを開いてください。

3. くちゃくちゃのシワなどをなくして、滑らかにする。

【活用構文】 名 을/를 펴다

【活用表現】 주름을 펴다 シワをのばす

【反意語】 말다 巻く
구기다 くちゃくちゃにする

【例文】 머리가 곱슬거려서 스트레이트 파마로 머리를 펴고 싶어요.
髪の毛がくせ毛なので、ストレートパーマで髪の毛をまっすぐにしたいです。

68
평소

[평소] 명사 普段

【類義語】 평상시

【例文】 평소에 수다스럽던 미선이가 오늘따라 말이 없네.
普段はおしゃべりなミソンが、今日に限って静かだね。

쓰기 시험을 잘 보려면 평소에 숙제를 잘 해야지요.
筆記試験でいい点を獲るには、普段から宿題をちゃんとしなくちゃいけません。

69
푹

[푹] 부사 じっくり、ぐっすり

深く眠り込んだり、疲れた体をとても十分に休ませる様子。

【活用表現】 푹 자다 ぐっすり寝る

푹 쉬다 ぐっすり休む

[例文] 이번 주말에는 푹 쉴 거예요.
今週末にはゆっくり休みます。

요즘 인터넷 쇼핑에 푹 빠졌어요.
最近インターネットショッピングにどっぷりはまりました。

70
향기

[향기] 명사 香り

[活用表現] 향기가 좋다 香りがいい
향기가 나다 香りがする
향기가 진하다 香りが強い
향기를 맡다 香りをかぐ

[関連語] 냄새 匂い

[例文] 장미꽃 향기가 참 좋네요.
バラの花の香りがすごくいいですね。

방안에서 은은한 향기가 나네요.
部屋の中に、かすかな香りがしますね。

71
혹은

[호근] 부사 もしくは

[類義語] 또는 または

[例文] 한국에서는 지방마다 혹은 가정마다 특별한 건강식이 있습니다.
韓国には地方ごとに、または家庭ごとに特別な健康食があります。

교실 혹은 여러분의 집 앞에 무인 감시 카메라가 있다면 어떨 것 같습니까?
教室、または皆さんの家の前に、無人監視カメラがあったらどうでしょうか。

72
활용하다

[화룡하다] 동사 活用する

[活用構文] 名 을/를 활용하다

[活用表現] 시간을 활용하다 時間を活用する
문법을 활용하다 文法を活用する

[関連語] 이용하다 利用する
사용하다 使用する

[例文] 시간을 효율적으로 활용하기 위해 계획을 세우는 편이다.
時間を効率的に活用するために、計画をたてる方だ。

여가 활동이란 일을 하고 남는 시간을 활용하여 하는 활동을 말합니다.
余暇活動とは、仕事をして残った時間を活かしてする活動のことを言います。

73
흔히

[흔히] 부사 よく

普通よりよくあったり､起ったりして､簡単に接することができるようす。

【類義語】 보통 普通

자주 しきりに

【例文】 봄이 되면 여기저기 활짝 핀 개나리를 흔히 볼 수 있어요.

春になると､あちこちに咲くケナリの花をよく見ます。

요즘은 인터넷이나 신문 등에서 호기심을 자극하는 광고나 기사를 흔히 볼 수 있다.

最近はインターネットや新聞などで好奇心を刺激する広告や記事をよく見かけます。

02 연습문제

[1-12] **다음 단어를 한국어로 바꿔 쓰십시오.**
次の単語を韓国語で書きなさい。

1. 姿 (　　　)
2. 絶対 (　　　)
3. 結ぶ (　　　)
4. 押す (　　　)
5. 停留所 (　　　)
6. 順番 (　　　)
7. 特に (　　　)
8. 伸ばす (　　　)
9. 活用する (　　　)
10. よく (　　　)
11. どうにかすると (　　　)
12. 拾う (　　　)

[13-23] **[보기]에서 알맞은 단어를 골라 (　　) 안에 쓰십시오.**
(　　　)に当てはまる単語を、下の語群から選んで書きなさい。

[보기]

푹	괜히	깜짝	맞벌이	변하다	향기
만족하다	이용하다	중고하다	비교하다	외출하다	

13. 얼마 전에 산 중고차가 자주 고장이 나서 불편해요. (　　　　) 중고차를 샀어요.
14. 대부분의 젊은 부부들은 부부가 함께 직장 생활을 하는 (　　　　)을/를 선호하는 것으로 나타났다.
15. 중국 사람들은 교통수단으로 자전거를 많이 (　　　　)는다고/ㄴ다고/다고 합니다.
16. 새벽에 갑자기 천둥이 쳐서 (　　　　) 놀랐어요.
17. 자기 일을 즐겁게 하고 그 일에 (　　　　)어/아/여 하는 사람이 가장 행복한 사람이라고 생각해요.
18. 10년 만에 고향에 가 보니 많이 (　　　　)어/아/여 있었어요.

19. 친구가 돈을 너무 함부로 써서 아껴 쓰라고 (   )었어요/았어요/였어요.

20. 감기약을 드시고 (   ) 쉬시면 좀 괜찮아지실 거예요.

21. 장미는 아름다울 뿐만 아니라 (   )도 좋아요.

22. (   )기 전에 문을 잘 닫았는지 집안을 잘 살펴보고 나가세요.

23. 중국과 한국의 음식 문화를 직접 (   )어/아/여 보니까 다른 점이 많네요.

[24-30] 다음 밑줄 친 부분과 의미가 비슷한 것을 고르십시오.

下線を引いた部分と意味が近いものを選びなさい。

24. 오늘 데이트가 있어서 동생 <u>모르게</u> 동생이 아끼는 원피스를 입고 나왔어요.

① 미리 ② 몰래 ③ 바삐 ④ 살짝

25. 구름이 잔뜩 끼어서 날씨가 흐리고 <u>게다가</u> 바람까지 분다.

① 더구나 ② 오히려 ③ 다행히 ④ 나날이

26. 선생님이 한국어를 잘한다고 칭찬해 주셔서 기분이 <u>아주</u> 좋았다.

① 곧 ② 늘 ③ 덜 ④ 꽤

27. 운동을 하겠다고 <u>마음을 먹었는데</u> 일주일도 안 돼서 그만두고 말았다.

① 변경하다 ② 비교하다 ③ 결심하다 ④ 활용하다

28. 회원카드가 있으면 할인이 된다고 하니까 지금 <u>바로</u> 카드를 신청해야 겠어요.

① 보통 ② 당장 ③ 훨씬 ④ 특히

29. 할아버지께서는 30년이 지난 <u>오래된</u> 책상에서 책을 읽고 계셨다.

① 늙다 ② 낳다 ③ 늘다 ④ 낡다

30. 트럭을 <u>운전할</u> 줄 아세요?

❶ 밀다 ❷ 묻다 ❸ 들다 ❹ 몰다

[31-40] [보기]에서 알맞은 단어를 골라 대화를 완성하십시오.

下の語群から(　　　　)に当てはまる単語を選び､会話を完成させなさい｡

[보기]

방금	마침	자르다	또한	줍다
들르다	어쩐지	넘어지다	변경하다	아무래도

31. 가 : 계속 비가 오네요. 어떻게 하죠?

나 : 그러게요. 여행 일정을 좀 (　　　　　)어야/아야/여야 할 것 같아요.

32. 가 : 여행을 자주 하시나 봐요.

나 : 여행을 하면 새로운 경험을 할 수 있어요. (　　　　　) 휴식도 취할 수 있고요.

33. 가 : 왜 그렇게 기분이 좋으세요?

나 : 학교에 오는 길에 횡단보도 앞에서 오만 원짜리를 (　　　　　)었어요/았어요/였어요.

34. 가 : 오늘 미선 씨가 데이트가 있대요.

나 : 아, (　　　　　) 그래서 미선 씨가 오늘 원피스를 입고 왔군요.

35. 가 : 어쩌다가 다리를 다치셨어요?

나 : 계단에서 급하게 내려오다가 (　　　　　)어서/아서/여서 다리를 다쳤어요.

36. 가 : 왜 이렇게 늦었어요?

나 : 집에 오는 길에 잠깐 서점에 (　　　　　)어서/아서/여서 오느라고요.

37. 가 : 오늘 제가 점심을 살게요.

나 : 이를 어쩌죠? (　　　　　　) 전에 점심을 먹었는데요.

38. 가 : 죄송해요. 차가 너무 밀려서 (　　　　　　) 약속시간까지 못 갈 것 같아서요.

나 : 괜찮아요. 천천히 오세요.

39. 가 : 저녁을 먹으러 가는데 같이 갈래요?

나 : (　　　　　　) 잘 됐군요. 저도 저녁을 먹으러 가려던 참이었어요.

40. 가 : 날씨가 너무 더워서 긴 머리를 짧게 (　　　　　　)고 갈색으로 염색도 했어요.

나 : 아주 예쁜데요.

[41-47] 다음 밑줄 친 부분과 의미가 비슷한 것을 고르십시오.

下線を引いた部分と意味が近いものを選びなさい。

41. 머리가 조금 아프네요. 약을 먹는 게 좋겠어요.

❶ 약간　❷ 아까　❸ 슬슬　❹ 설마

42. 요즘 외국인과 결혼하는 사람들이 많아지면서 다문화 가정도 점차 늘고 있다.

❶ 마침　❷ 점점　❸ 깜짝　❹ 흔히

43. 저는 고등학교 3년 동안 계속 우등생이었어요.

❶ 미리　❷ 혹은　❸ 내내　❹ 그냥

44. 회사 일이 힘들 때는 <u>가끔</u> 대학교 시절로 돌아가고 싶을 때가 있다.

❶ 때때로 ❷ 더구나 ❸ 단순히 ❹ 다행히

45. <u>조금 전에</u> 점심을 먹었는데 이상하게도 또 배가 고프네요.

❶ 또한 ❷ 설마 ❸ 살짝 ❹ 아까

46. 자, 식사들 다 하셨으면 이제 <u>천천히</u> 일어날까요?

❶ 아까 ❷ 슬슬 ❸ 약간 ❹ 얼른

47. 여러분은 한국에서 <u>또는</u> 여러분 나라에서 이사한 경험이 있습니까?

❶ 혹은 ❷ 흔히 ❸ 훨씬 ❹ 한참

[48-51] 다음 (　　　)에 공통적으로 들어갈 단어를 쓰십시오.

次の(　　　)に共通して当てはまる単語を書きなさい。

48.
❶ 수업 중이어서 (　　　　　) 문을 열고 교실에 들어갔다.
❷ 모임에 가서 아무 말도 안 하고 (　　　　　) 앉아 있다가 왔어.

(　　　　　　　　　　)

49.
❶ 한국에서 생활한 지가 3년 (　　　　　) 된 것 같아요.
❷ 텔레비전을 그렇게 (　　　　　)에서 보면 눈이 나빠져.
❸ 영철 씨는 소문이 안 좋으니까 (　　　　　) 하지 마세요.

(　　　　　　　　　　)

50. ❶ 회사 일이 ( ) 쌓여 있어요.
❷ 어제 늦게 들어와서 아내가 ( ) 화가 났어요.
❸ 주말에 친구 생일 파티에서 음식을 ( ) 먹고 배탈이 났어요.

( )

51. ❶ 숙제도 안 하고 ( ) 놀기만 했어요
❷ 국이 싱거웠지만 소금을 넣지 않고 ( ) 먹었어요.
❸ 화장품 가게에서 물건을 사지 않아도 팩을 ( ) 주던데요.

( )

[52-62] **[보기]에서 알맞은 단어를 골라 ( ) 안에 쓰십시오.**
( )に当てはまる単語を、下の語群から選んで書きなさい。

[보기]

가득	결국	평소	밟다	모으다	알리다
우연히	방문하다	봉사하다	서늘하다	떨어뜨리다	

52. 두 사람은 서로 사랑했지만 부모님의 반대로 ( ) 헤어졌대요.
53. 가게에서 거스름돈을 받다가 잘못해서 동전을 바닥에 ( )었어요/았어요/였어요.
54. 오늘 식당에서 어떤 사람이 제 발을 ( )고도 사과를 하지 않았어요.
55. 다른 사람의 집을 ( )을/ㄹ 때는 미리 전화를 걸어보고 가는 것이 예의예요.
56. 매달 고아원이나 양로원에 가서 아이들과 노인들을 돌보며 ( )고 있어요.
57. 얼마 전까지 날씨가 더웠는데 비가 온 후에 날씨가 좀 ( )어진/아진/여진 것 같아요.
58. 대학교 합격 소식을 부모님께 첫 번째로 ( )어/아/여 드리고 싶어서 고향에 전화했어요.
59. 어제 명동에서 쇼핑할 때 ( ) 중학교 동창을 만났는데 너무 반가웠어요.

60. 아버지께서 제 술잔에 맥주를 (   ) 따라 주셨어요.

61. 친구가 유럽 여행을 하기 위해서 아르바이트를 하면서 돈을 (   )고 있어요.

62. 백화점에 들어갔는데 세일기간이어서 그런지 (   )보다 사람이 많았다.

[63-73] 다음 (   )에 공통적으로 들어갈 단어의 기본형을 쓰십시오.

次の(   )に共通して当てはまる単語の基本形を書きなさい。

63.
❶ 길이 막히지 않아서 생각보다 빨리 목적지에 (   )었어요/았어요/였어요.
❷ 16살에 결혼을 하셨다면 정말 (   )는/은/ㄴ 나이에 결혼을 하셨네요.

(   )

64.
❶ 음식이 좀 (   )네요. 소금을 너무 많이 넣었나 봐요.
❷ 다음 주에 여행을 가신다던데 여행 일정은 다 (   )었어요/았어요/였어요?

(   )

65.
❶ 미선이가 어렵게 이야기를 (   )었다/았다/였다.
❷ 학생들이 학교에 도착하자마자 가방에서 책을 (   )었다/았다/였다.

(   )

66.
❶ 주말에 감기약을 먹고 푹 쉬었더니 감기가 다 (   )었어요/았어요/였어요.
❷ 예전에 쓰던 휴대전화의 디자인이 새로 나온 휴대전화보다 더 (   )는/은/ㄴ 것 같아요.

(   )

67. ❶ 너무 ( )는/은/ㄴ 화장을 하면 자연스러워 보이지 않아요.

❷ 커피가 너무 ( )는/은/ㄴ 것 같으면 물을 조금 넣으세요.

( )

68. ❶ 머리를 조금 ( )으니까/니까 훨씬 깔끔해 보이네요.

❷ 바쁜 현대인들을 위해 마트에서 채소를 깨끗하게 ( )어서/아서/여서 팔기도 해요.

( )

69. ❶ 휴대전화가 고장 나서 ( )어야겠어요/아야겠어요/여야겠어요.

❷ 그 병은 쉽게 ( )을/ㄹ 수 없다고 의사 선생님이 말씀하셨어요.

❸ 선생님께서 제 숙제 공책에 있는 틀린 문장을 맞게 ( )어/아/여 주셨어요.

( )

70. ❶ 키우던 고양이가 죽어서 근처 산에 ( )어/아/여 주었어요.

❷ 가끔 한국 사람들이 외국 사람인 저에게 길을 ( )기도 해요.

❸ 옷에 기름이 ( )어서/아서/여서 세탁소에 맡겼어요.

( )

71. ❶ 서울역에 가려면 몇 번 버스를 ( )어야/아야/여야 해요?

❷ 오랫동안 햇볕 아래에서 일을 했더니 피부가 많이 ( )었어요/았어요/였어요.

❸ 김치찌개를 가스레인지에 올려놓고는 정신없이 드라마를 보는 바람에 김치찌개가 다 ( )어/아/여 버렸어요.

( )

72. ❶ 영화를 보면서 주말을 ( )는/은/ㄴ 연인들이 많네요.

❷ 어머니는 빨간색을 좋아하셔서 빨간색 옷을 ( )어/아/여 입으세요.

❸ 한국인이 여가 활동으로 가장 ( )어/아/여 하는 취미는 등산이래요.

( )

73. ❶ 저에게 아주 좋은 아이디어가 ( )었어요/았어요/였어요.

❷ 아침 해가 ( )는/은/ㄴ 모습을 보면서 하루를 시작했어요.

❸ 한국 전통 음식하면 머릿 속에 제일 먼저 ( )는/은/ㄴ 음식이 김치예요.

( )

건강

03

健康

03 건강

01
간

[간] 명사 肝臓

[活用表現] 간염 肝炎

간암 肝臓癌

[例文] 술을 많이 마시면 간이 나빠져요.

お酒をたくさん飲むと、肝臓が悪くなります。

간이 나빠지면 눈동자와 얼굴이 유난히 다른 사람들에 비해 노랗습니다.

肝臓が悪くなると、瞳と顔が他の人に比べて特に黄色くなります。

02
건강식

[건강식] 명사 健康食

[活用表現] 건강식을 먹다 健康食を食べる

[例文] 김치라든가 된장 같은 음식은 대표적인 건강식이죠.

キムチとか味噌のような食べ物は代表的な健康食です。

신선한 야채를 넣어서 만든 샐러드는 좋은 건강식이에요.

新鮮な野菜を入れて作ったサラダは、良い健康食です。

03
고통

[고통] 명사 苦痛

[活用表現] 고통스럽다 苦しい

고통이 심하다 苦痛がひどい

고통을 견디다 苦痛に耐える

고통을 나누다 苦しみを分かち合う

고통을 느끼다 苦痛を感じる

[関連語] 아픔 痛み

통증 痛み

[例文] 환자는 고통이 심해서 소리를 지르고 말았다.

患者は痛みがひどくて、声をあげてしまった。

고통 없이 10분 만에 끝나는 간단한 수술이니까 걱정하지 마세요.

痛みがなく10分で終わる簡単な手術だから心配しないでください。

04
과로사

[과로사] 명사 過労死

[活用表現] 과로사하다 過労死する

[例文] 직장에서의 과도한 업무로 점점 과로사가 증가하고 있습니다.

職場での過剰な業務によって、少しずつ過労死が増えてきています。

우리나라 40대 직장인의 과로사 비율이 OECD국가 중 가장 높은 것으로 나타났다.
わが国の40代のサラリーマンの過労死比率はOECD国家の中で一番高いという結果が出た。

05
과식

[과식] 명사 過食

[活用表現] 과식을 하다 過食する

[反意語] 소식 小食

[関連語] 폭식 暴食

[例文] 연말에는 모임이 많아서 자주 과식을 하게 돼요.
年末には集まりが多いので、頻繁に過食をするようになります。

과식이나 폭식 같은 식습관은 건강에 해롭습니다.
過食や暴食のような食習慣は健康に悪いです。

도움말

과음 飲みすぎ　　과로 過労

06
구급차

[구급차] 명사 救急車

[活用表現] 구급차를 부르다 救急車を呼ぶ

구급차에 실려 가다 救急車で運ばれる

[例文] 교통사고가 난 곳에 구급차가 여러 대 왔어요.
交通事故が起きたところに、救急車が何台も来ました。

주말 교통 정체로 구급차가 1시간 후에 도착하는 바람에 아이의 부상 상태가 심해져서 수술까지 하게 되었다.
週末の交通渋滞で救急車が1時間後に到着したせいで、子供の怪我の状態が悪化し、手術まですることになった。

07
규칙적

[규칙쩍] 명사 規則的

[活用構文] 규칙적인 名

규칙적으로 動

[活用表現] 규칙적인 운동 規則的な運動

규칙적인 훈련 規則的な訓練

규칙적인 생활습관 規則的な生活習慣

[反意語] 불규칙적 不規則的

[例文] 평소에 규칙적으로 일정한 시간에 주무십니까?
普段、規則的に同じ時間に就寝しますか。

아주 가벼운 운동이라도 오랫동안 규칙적으로 하면 효과적으로 체중을 줄일 수 있습니다.
たいへん軽い運動でも長い間、規則的にすれば、効果的に体重を減らすことができます。

08
근육

[그뉵] 명사 筋肉

[活用表現] 근육이 생기다 筋肉がつく
근육을 풀다 筋肉をほぐす
근육을 움직이다 筋肉を動かす

[関連語] 살 肉
뼈 骨
지방 脂肪

[例文] 어떤 운동을 하면 근육이 생길까요?
どんな運動をすれば、筋肉がつきますか。

매일 아침 한 시간씩 달리기를 하니까 다리에 근육이 생겼다.
毎朝1時間ずつ、ジョギングをしたから、足に筋肉がついた。

09
기운

[기운] 명사 元気

[活用表現] 기운이 나다 元気がでる
기운이 없다 元気がない
기운을 얻다 元気を得る
기운을 차리다 元気を出す

[類義語] 힘 力

[例文] 더운 여름날 기운이 없을 때 한국 사람들은 삼계탕을 먹습니다.
暑い夏に元気がない時、韓国人は参鶏湯を食べます。

친구의 부탁을 거절하자 친구는 기운이 없는 목소리로 짧게 인사를 하고는 전화를 끊었다.
友達の頼みを断ると、友達は元気のない声で短く挨拶をして電話を切った。

10
긴급

[긴급] 명사 緊急

[活用表現] 긴급 구조 緊急救助
긴급 뉴스 緊急ニュース
긴급 출동 緊急出動
긴급 지원하다 緊急支援する

[関連語] 위급 危急

[例文] 가스 폭발 사고로 주민들이 긴급 대피했다.
ガスの爆発事故で住民たちは緊急避難した。

119 신고를 받은 구조대원들은 사고 지역으로 긴급 출동하였다.
119番通報を受けた救助隊員たちは事故があった地域に緊急出動した。

11
낳다

[나타] 동사 1. 産む 2. 生む

1. おなかの中の子供や卵を体の外に出す。

[活用構文] 名 을/를 낳다

[活用表現] 알을 낳다 たまごを産む

아이를 낳다 子供を産む

새끼를 낳다 子供を産む

자식을 낳다 子供を産む

[類義語] 출산하다 出産する

[例文] 아이를 12명이나 낳았다니 정말 대단하네요.
子供を12人も産んだなんて、本当にすごいです。

2. 何かの結果を出す。

[活用構文] 名 을/를 낳다

[活用表現] 결과를 낳다 結果を生む

문제를 낳다 問題を生む

부작용을 낳다 副作用を生む

[例文] 미움은 미움을 낳고 사랑은 사랑을 낳는다.
憎しみは憎しみを生み、愛は愛を生む。

12
뇌

[뇌] 명사 脳

[関連語] 뇌혈관 脳血管

뇌졸중 脳卒中

뇌종양 脳腫瘍

뇌신경 脳神経

뇌출혈 脳出血

[例文] 천재의 뇌는 보통 사람의 뇌와 다를까요?
天才の脳は、普通の人の脳と違うでしょうか。

머리가 계속 아프면 한번 뇌 사진을 찍어 보세요.
頭がずっと痛いなら、一度脳の写真を撮ってみてください。

13
눈곱

[눈꼽] 명사 目ヤニ

[活用表現] 눈곱이 끼다 目ヤニが付いている

눈곱을 떼다 目ヤニをとる

[例文] 남편은 항상 아침에 일어나서 눈곱을 떼요.
夫はいつも朝起きて、目ヤニをとります。

자다 일어났는지 눈에 눈곱이 가득 끼어 있었다.
寝て起きたところなのか、目に目ヤニがたくさんついていた。

14
눈썹

[눈썹] 명사 眉毛

[活用表現] 속눈썹 まつげ
짙은 눈썹 濃い眉毛
눈썹이 짙다 眉毛が濃い
눈썹이 하얗게 세다 眉毛が白くなる

[例文] 속눈썹이 자꾸 눈을 찔러서 아파요.
まつげがやたらと目に入って痛いです。

영화배우 송승원은 눈썹이 참 진해요.
映画俳優ソン·スンウォンはまゆげが本当に濃いです。

15
늙다

[늑따] 동사 老いる

[活用構文] 名 이/가 늙다
늙은 名

[反意語] 젊다 若い

[例文] 젊었을 때 건강관리를 잘 해야 늙어서 고생을 안 해요.
若い時、健康管理をしっかりすれば、老いてから苦労しません。

오랜만에 고등학교 때 선생님을 만났는데 많이 늙으셨더군요.
久しぶりに高校の時の先生に会ったのですが、すごく老けたようでした。

16
당뇨병

[당뇨뼝] 명사 糖尿病

[活用表現] 당뇨병에 걸리다 糖尿病にかかる

[関連語] 인슐린 インシュリン

[例文] 당뇨병 환자들은 인슐린 치료를 해야 한다.
糖尿病患者たちは、インシュリン治療をしなければなりません。

당뇨병에 걸린 사람들은 항상 음식을 조심해서 먹어야 해요.
糖尿病にかかった人達は、いつも食べ物に気をつけて食べなければなりません。

17
동맥경화

[동맥경화] 명사 動脈硬化

[活用表現] 동맥경화증 動脈硬化症

[例文] 아버지께서 갑자기 동맥경화로 쓰러지셨어요.
父が突然動脈硬化で倒れました。

동맥경화는 고혈압, 당뇨병 등이 주요 원인이 되어 생긴다.
動脈硬化は高血圧、糖尿病などが主な原因になって発症する。

18
떨다

[떨다] 동사 震える

[活用構文] 名 을/를 떨다

[活用表現] 몸을 떨다 体を震わす
다리를 떨다 貧乏ゆすりをする
덜덜 떨다 ブルブル震える

[例文] 어린 고양이가 추워서 밖에서 떨고 있어요.
幼い猫が寒くて外で震えています。

몸살이 나서 온몸이 떨리고 식은땀이 나요.
風邪を引いて、体中が震えて冷や汗が出ます。

19
뚱뚱하다

[뚱뚱하다] 형용사 太っている

[活用構文] 名 이/가 뚱뚱하다
뚱뚱한 名

[活用表現] 뚱뚱한 몸매 太った体型
뚱뚱한 몸집 太った体
몸이 뚱뚱하다 体が太っている

[反意語] 마르다 やせている

[関連語] 살찌다 太る
통통하다 太っている
날씬하다 痩せている

[例文] 제 누나는 고등학교 때는 뚱뚱했는데 지금은 날씬해졌어요.
私の姉は高校の時は太っていたのに、今は痩せています。

아주 옛날에는 뚱뚱한 여자가 미인이었지만 현대 사회에서는 날씬한 여자가 미인이다.
昔は太っている女性が美人でしたが、現代社会では痩せている女性が美人です。

20
뜨다

[뜨다] 동사 開ける

[活用構文] 名 을/를 뜨다

[活用表現] 눈을 뜨다 目を開ける

[反意語] 감다 閉める

[例文] 눈을 뜨니까 벌써 9시였다.
目が覚めたらすでに9時だった。

아침에 눈을 뜨면 물부터 한 잔 마신다.
朝､目を開けたら水を一杯飲む。

21
막

[막] 부사 1. すごく 2. やたらに 3. まさに今

1. すごく力強く､またはすごくひどく。

[類義語] 마구 勢いよく

[例文] 갑자기 코피가 막 나서 너무 당황했어요.
急に鼻血がドッと出て､すごく慌てました。

2. むやみやたらに。

[類義語] 함부로 やたらに

[例文] 아무거나 막 사지 말고 필요한 것만 사라.
何でもかんでも買わないで､必要なものだけ買いなさい。

3. まさに今。

[例文] 수술이 조금 전에 막 시작됐어요.
手術が少し前に､始まったところです。

22
몸무게

[몸무게] 명사 体重

[活用表現] 몸무게가 늘다 体重が増える
몸무게가 줄다 体重が減る
몸무게가 많이 나가다 体重がかなりある
몸무게가 적게 나가다 体重があまりない
몸무게를 재다 体重を測る

[類義語] 체중 体重

[例文] 요즘 몸무게가 자꾸 늘어서 고민이에요.
最近体重がやたらと増えて悩んでいます。

키에 비해서 몸무게가 너무 많이 나갑니다.
背丈に比べて体重がありすぎます。

23
민간요법

[민간뇨뻡] 명사 民間療法

[関連語] 식이요법 食事療法

[例文] 시골에서는 벌에 쏘이면 민간요법으로 된장을 발랐어요.
田舎では蜂に刺されたら､民間療法で韓国味噌を塗りました。

여러분 나라에서는 감기에 걸렸을 때 하는 민간요법이 있나요?
みなさんの国では風邪を引いたときにする民間療法がありますか。

24
배꼽

[배꼽] 명사 へそ

【関連語】 배 お腹

복부 腹部

【例文】 짧은 티셔츠를 입어서 배꼽이 다 보여요.
短いティーシャツを着ると、おへそが全部見えます。

배보다 배꼽이 크다는 말을 들어본 적이 있어요?
お腹よりおへそが大きいということわざを聞いたことがありますか。

25
병들다

[병들다] 동사 病む

【活用構文】 名 이/가 병들다

【活用表現】 몸이 병들다 体が病む

【例文】 아이는 병든 할머니와 같이 살고 있었다.
子供は病気のおばあちゃんと一緒に住んでいた。

전쟁이 끝난 길거리는 병들고 굶주린 사람으로 가득했다.
戦争が終わった後の通りには、病んで飢えた人でいっぱいだった。

26
보약

[보약] 명사 補薬、強壮剤

【活用表現】 보약을 먹다 強壮剤を飲む

보약을 짓다 強壮剤を煎じる

【関連語】 한약 韓方薬(韓国式漢方薬)

한의원 韓方医院

한의사 韓方医

【例文】 뭐니 뭐니 해도 밥이 보약이에요.
何と言っても、ごはんが強壮剤です。

몸이 약한 아이들에게는 몸을 보호하고 튼튼하게 하는 보약을 먹이는 것이 좋습니다.
体が弱い子供たちには体を保護し、丈夫にする強壮剤を飲ますのがいいです。

27
부상

[부상] 명사 負傷、怪我

【活用表現】 부상자 負傷者

심한 부상 ひどい怪我

부상이 가볍다 怪我が軽い

부상을 입다 傷を負う

부상을 당하다 傷を負う

【関連語】 경상 軽傷

중상 重傷

[例文] 이번 태풍으로 인해 30명이 숨지고 100여명이 부상을 입었다.
今回の台風によって30名が死亡し、100人余りが負傷した。

교통사고가 났지만 다행히 안전벨트를 매고 있어서 큰 부상은 당하지 않았다.
交通事故が起きたが、幸いにもシートベルトをしていて、大きな傷は負わなかった。

28
부작용

[부자굥] 명사 副作用

[活用表現] 부작용이 있다 副作用がある
부작용이 없다 副作用がない
부작용이 생기다 副作用が起きる
부작용이 나타나다 副作用が現れる
부작용을 낳다 副作用をうむ

[関連語] 합병증 合併症

[例文] 부작용이 있을 수 있으니까 약을 먹을 때 설명서를 잘 읽어 보세요.
副作用があるかもしれないので、薬を飲む時は説明書をよく読んでください。

성형수술은 수술 후 부작용이 있을 수 있으므로 안 하는 것이 좋다고 생각해요.
形成手術は手術後、副作用があるかもしれないので、しない方がいいと思います。

29
부족하다

[부조카다] 형용사 不足だ

[活用構文] 名 이/가 부족하다

[活用表現] 영양이 부족하다 栄養が不足する
운동이 부족하다 運動が不足する

[反意語] 충분하다 十分だ

[例文] 평소 운동이 부족하여 집에서 운동하려고 운동 기구를 샀어요.
普段運動が不足しているので、家で運動しようと運動器具を買いました。

회사의 육아 시설이 부족해 맞벌이 부부들이 어린 자녀를 키우는 데 어려움이 많아요.
会社の育児施設が不足していて、共働きの夫婦が幼い子供を育てるのがとても大変です。

30
불면증

[불면쯩] 명사 不眠症

[活用表現] 불면증 환자 不眠症患者
불면증이 생기다 不眠症になる
불면증이 심하다 不眠症がひどい
불면증으로 고생하다 不眠症で苦労する

[例文] 요즘 불면증 때문에 수면제를 먹고 있어요.
最近不眠症のせいで、睡眠薬を飲んでいます。

불면증이 심하면 어떻게 하는 것이 좋아요?
不眠症がひどいなら、どうするのがいいですか。

31
붓다

[붇따] 동사 腫れる

[活用構文] 名 이/가 붓다

[活用表現] 붓기 腫れ

눈이 붓다 目が腫れる

퉁퉁 붓다 ブクブクに腫れる

[関連語] 부풀다 膨れる

[例文] 오래 서 있어서 다리가 부었어요.
長い間立っていたので、足がむくみました。

목이 부었을 때는 소금물 양치가 제일 빠르고 효과적인 방법입니다.
のどが腫れた時は、塩水でうがいをするのが1番早くて効果的な方法です。

32
비결

[비결] 명사 秘訣

[活用表現] 비결을 묻다 秘訣を聞く

[関連語] 비밀 秘密

[例文] 이 마을 노인들의 장수 비결이 무엇이라고 생각하세요?
この村の老人たちの長寿の秘訣はなんだと思いますか。

영수야, 학교 친구들한테서 인기가 많던데 그 비결 좀 가르쳐 줘.
ヨンス、学校の友達たちに人気があるけどその秘訣を教えてくれよ。

33
비만

[비만] 명사 肥満

[活用表現] 비만 아동 肥満児

비만을 치료하다. 肥満を治療する

[例文] 요즘 비만 아동들이 많아지고 있어요.
最近肥満児が増えています。

무릎이 아픈 이유는 바로 운동 부족과 비만 때문입니다.
ひざが痛い理由は、まさに運動不足と肥満のせいです。

34
비상약

[비상약] 명사 常備薬

[活用表現] 비상약을 준비하다 常備薬を準備する

비상약을 구비하다 常備薬を揃える

[類義語] 구급약 救急薬

[例文] 만일을 대비하여 비상약을 챙기도록 하세요.
万が一に備えて常備薬を用意するようにしてください。

아이가 다쳐서 그런데 비상약 상자를 어디에 두셨어요?
子供が怪我をしたのですが,常備薬の箱はどこに置いてあるのですか。

도움말

비상구 非常口	비상벨 非常ベル
비상용 非常用	비상금 非常用のお金
비상계단 非常階段	

35
비위생적

[비위생적] 명사 非衛生的

[活用構文] 비위생적인 名
비위생적으로 動

[反意語] 위생적 衛生的

[例文] 한 그릇에 있는 찌개를 같이 먹는 것이 비위생적이라고 생각했어요.
ひとつの器でチゲを一緒に食べるのは,非衛生的だと思います。

어제 친구와 같이 간 음식점은 더럽고 비위생적이서 다시는 가고 싶지 않아요.
きのう友達を一緒に行った飲食店は,汚くて非衛生的なので,2度と行きたくありません。

36
뺨

[뺨] 명사 頬,ほっぺた

[活用表現] 뺨따귀 ほっぺ
뺨이 빨개지다 頬が赤くなる
뺨을 맞다 頬を叩かれる
뺨을 치다 頬を叩く
뺨을 때리다 頬をたたく

[類義語] 볼 頬,ほっぺた

[例文] 부끄러워서 뺨이 빨개졌어요. 恥ずかしくて頬が赤くなりました。
제 친구는 웃을 때 양쪽 뺨에 보조개가 생겨요.
私の友達は笑うと両方の頬にえくぼができます。

37
사망

[사망] 명사 死亡

[活用表現] 사망률 死亡率
사망자 死亡者

사망 소식 死亡の知らせ
사망 확인 死亡確認
사망하다 死亡する

[類義語] 죽음 死

[例文] 한국인의 사망 원인 1위는 암이라고 한다.
韓国人の死亡原因で一番多いのは癌だそうです。

아들의 사망 소식을 듣고 어머니는 충격으로 쓰러지셨다.
息子の死亡の知らせを聞き,母親はショックで倒れた。

38
성인병 [성인뼝] 명사 成人病

[活用表現] 성인병 예방 成人病予防
성인병에 걸리다 成人病にかかる

[例文] 나이가 들면 여러 가지 성인병으로 고생할 가능성이 커진다.
歳をとるといろいろな成人病で苦労する可能性が高くなる。

불규칙한 식생활과 스트레스로 인해 당뇨, 고혈압 등 성인병에 걸릴 위험이 있습니다.
不規則な食生活とストレスによって,糖尿や高血圧などの成人病にかかる危険があります。

도움말

성인 成人　　성인남성 成人男性
성인여성 成人女性　　성인영화 成人映画

39
세다[1] [세다] 형용사 強い

[活用構文] 名 이/가 세다

[活用表現] 힘이 세다 力が強い
기운이 세다 運が強い

[反意語] 약하다 弱い

[例文] 우리 큰 형은 키도 크고 힘도 세요.
私の上の兄は背も高く,力も強い。

힘이 세다고 항상 싸움에서 이길 수 있는 것은 아니에요.
力が強いからと言って,いつもけんかに勝てるわけではありません。

40
소모하다 [소모하다] 동사 消耗する

[活用構文] 名 을/를 소모하다

【活用表現】 열량을 소모하다 熱量を消耗する

【例文】 똑같은 운동을 해도 사람마다 열량을 소모하는 정도는 차이가 있어요.
同じ運動をしても人によってカロリーを消費する量には差があります。

공부를 하면 열량이 빨리 소모되니까 가능하면 아침 식사를 하는 것이 좋다.
勉強をするとカロリーを早く消費するので、できるだけ朝ごはんを食べると良いです。

41
소화불량

[소화불량] 명사 消化不良

【活用表現】 소화불량을 일으키다 消化不良を起こす

【例文】 긴장된 분위기에서 식사를 했더니 소화불량이 되었다.
緊張した雰囲気の中で食事をしたから、消化不良になった。

밀가루 음식을 많이 먹으면 소화불량이 되기 쉽습니다.
小麦粉の料理をたくさん食べると消化不良になりやすいです。

42
손등

[손뜽] 명사 手の甲

【関連語】 발등 足の甲

손바닥 手のひら

발바닥 足の裏

【例文】 제 손등에는 작은 흉터가 있어요.
私の手の甲には小さな傷跡があります。

아이가 손등으로 이마에 흐르는 땀을 닦았다.
子供が手の甲で額に流れる汗を拭いた。

43
손목

[손목] 명사 手首

【活用表現】 손목시계 腕時計

손목에 차다 手首にはめる

【関連語】 발목 足首

【例文】 컴퓨터를 오래 해서 손목이 아파요.
パソコンを長くしていて、手首が痛いです。

손목에 비싼 시계를 찬 걸 보니까 부자인가 봐요.
手首に高い時計をしているのを見るに、金持ちのようです。

44
수염

[수염] 명사 髭

【活用表現】 콧수염 口ひげ

턱수염 あごひげ

수염이 나다 髭が生える

수염을 깎다 髭を剃る

수염을 기르다 髭を伸ばす

[例文] 전기면도기로 수염을 깎아요.
電気かみそりで髭を剃ります。

요즘은 수염을 기르는 사람들이 부쩍 늘었어요.
最近は髭を伸ばす人達がすごく増えました。

45
숙면 [숙면] 명사 熟睡

[活用表現] 숙면하다 熟睡する

숙면을 취하다 熟睡する

[例文] 너무 환하게 불을 켜고 자면 숙면할 수 없다고 합니다.
明るく電気をつけて寝ると、熟睡できないといいます。

자기 전에 따뜻한 물로 샤워하거나 따뜻한 우유를 마시면 숙면을 취할 수 있어요.
寝る前に、温かいお湯でシャワーしたり、温かい牛乳を飲むと熟睡できます。

46
숨 [숨] 명사 息

[活用表現] 한숨 ため息

숨이 차다 息が切れる

숨이 막히다 息がつまる

숨을 쉬다 息を吸う

숨을 헐떡이다 息を切らす

[例文] 오늘 날씨는 정말 숨이 막힐 정도로 더웠다.
今日の天気は本当に息がつまるくらい暑かった。

그 아이는 너무 빨리 뛰어와서 숨을 헐떡였다.
その子供はとても早く走ってきたので、息が切れていた。

47
식사량 [식싸량] 명사 食事量

[活用表現] 규칙적인 식사량 規則的な食事量

식사량이 많다 食べる量が多い

식사량이 적다 食べる量が少ない

식사량을 줄이다 食べる量を減らす

식사량을 조절하다 食べる量を調節する

[例文] 장수와 식사량에는 어떤 관계가 있습니까?
長寿と食事量にはどんな関係がありますか。

살을 빼려면 운동뿐만 아니라 과식하지 않고 늘 정해진 식사량을 지키는 것도 중요합니다.
ダイエットするなら、運動するだけでなく食べ過ぎないようにいつも決められた食事量を守ることも重要です。

48
식습관 [식씁꽌] 명사 食習慣

[活用表現] 건강한 식습관 健康な食習慣
잘못된 식습관 間違った食習慣
식습관이 불규칙하다 食習慣が不規則だ
식습관을 고치다 食習慣を直す
식습관을 바꾸다 食習慣を変える

[例文] 건강을 위한 식습관으로는 어떤 것이 있을까요?
健康のための食習慣として、どのようなものがありますか。

건강한 사람들은 대체로 매일 정해진 시간에 밥을 꼭 챙겨 먹는 식습관이 있다.
健康な人達はだいたい毎日決められた時間に食事をとる習慣があります。

49
식욕 [시곡] 명사 食欲

[活用表現] 식욕이 있다 食欲がある
식욕이 없다 食欲がない
식욕이 생기다 食欲が出る
식욕이 왕성하다 食欲が旺盛だ
식욕을 잃다 食欲を失う

[例文] 아침마다 운동을 했더니 기분도 상쾌하고 식욕도 생기네요.
毎朝運動をしたら、気分もさわやかだし食欲も出ますね。

회사일 때문에 신경을 많이 쓰니까 머리도 아프고 식욕도 없어요.
会社の仕事のためにすごく神経を使うので、頭も痛いし食欲もありません。

50
신장 [신장] 명사 1. 腎臓 2. 身長

[活用表現] 신장염 腎臓炎
신장결석 腎臓結石
신장 기능 腎臓機能
신장이 나쁘다 腎臓が悪い

[類義語] 콩팥 腎臓

[例文] 신장이 나쁜 사람은 아침에 몸이 많이 부어요.
腎臓が悪い人は朝、体がとてもむくみます。

2. 人や動物がまっすぐ立ったときに、足の裏から頭の先までの体の長さ。

[活用表現] 신장이 크다 身長が高い

신장을 늘이다 身長を伸ばす

[類義語] 키 背

[例文] 진료를 받기 전에 여기에 본인의 신장과 체중을 적으세요.

診察を受ける前に、ここにご本人の身長と体重を書いてください。

51
심장병

[심장뼝] 명사 心臓病

[例文] 성격이 급하면 심장병에 더 잘 걸릴까요?

せっかちな性格だと、心臓病にもっとかかりやすいでしょうか。

운동이 부족하면 비만이 되거나 고혈압, 심장병 등 여러 가지 질병에 걸리기 쉽습니다.

運動不足だと肥満になったり高血圧、心臓病など、いろいろな病気にかかりやすいです。

도움말

인공심장 人工心臓

심장 마비 心臓麻痺

심장이 약하다 心臓が弱い

심장 질환 心臓疾患

심장이 뛰다 心臓がどきどきする

심장이 떨리다 心臓が震える

52
앓다

[알타] 동사 患う

[活用構文] 名 을/를 앓다

[活用表現] 병을 앓다 病を患う

감기를 앓다 風邪を患う

몸살을 앓다 ひどい風邪で苦しむ

끙끙 앓다 うんうん唸るほど病気で苦しむ

[類義語] 아프다 病気だ

[例文] 몸살감기로 일주일 동안 앓았어요.

極度の疲労から来る風邪で、一週間ずっと苦しみました。

아버지는 자주 사고를 치는 동생 때문에 두통을 앓고 계시다.

父はよく問題を起こす弟のせいで頭痛を患っています。

53
암

[암] 명사 癌

[活用表現] 암이 낫다 癌が治る

암을 고치다 癌を治す

암을 치료하다 癌を治療する

암에 걸리다 癌にかかる

【例文】 폐암에 걸린 사람이 많아졌다면서요?
肺癌にかかる人が多くなったそうですね。

암이 생기는 가장 큰 원인 중 하나가 스트레스라고 합니다.
癌ができる､大きな原因のうちのひとつがストレスだそうです。

도움말

위암 胃癌　　간암 肝臓癌
폐암 肺癌　　피부암 皮膚癌
대장암 大腸癌

54
약하다

[야카다] 형용사 弱い

【活用構文】 名 이/가 약하다

【活用表現】 몸이 약하다 体が弱い

위가 약하다 胃が弱い

【反意語】 튼튼하다 たくましい

【例文】 몸이 약해서 감기에 잘 걸려요.
体が弱くて風邪によくかかります。

어렸을 때 몸이 약해서 자주 아팠어요.
幼いとき､体が弱くてよく病気になりました。

55
어리다

[어리다] 형용사 幼い

【活用構文】 名 이/가 어리다

어린 名

【活用表現】 어렸을 때 幼い時

어릴 적 幼少期､幼いとき

【例文】 그 아이는 나이는 어리지만 생각이 깊어요.
その子供は歳は幼いけれど､思慮深いです。

어린 나이에 저런 연주를 하다니 놀랍네요.
幼い歳であんな演奏をするなんて､驚きです。

56
염증

[염쯩] 명사 炎症

[活用表現] 염증이 심하다 炎症がひどい

염증이 생기다 炎症が起る

염증을 일으키다 炎症を起こす

[関連語] 고름 うみ

[例文] 다친 손을 치료하지 않았더니 염증이 생겼다.
怪我した手を治療しなかったら、炎症が起きました。

자극적인 음식과 불규칙한 식사로 인해 위에 염증이 생겼다.
刺激的な食べ物と不規則な食事によって、胃に炎症が起きた。

57
영양

[영양] 명사 栄養

[活用表現] 영양가 栄養価

영양제 栄養剤

영양실조 栄養失調

영양 부족 栄養不足

영양이 풍부하다 栄養が豊富だ

[例文] 비빔밥에는 다양한 나물과 고기 등이 들어 있어서 영양 면에서도 매우 좋다고 합니다.
ビビンパにはいろいろなナムルと肉などが入っていて栄養面でも優れていると言われています。

평소 인스턴트 음식을 자주 먹는 편이라서 부족한 영양을 보충하기 위해 매일 영양제를 복용해요.
普段インスタント食品をよく食べる方なので、不足している栄養を補うために毎日栄養剤を飲んでいます。

58
예방하다

[예방하다] 동사 予防する

[活用構文] 名 을/를 예방하다

動 / 形 게/도록 예방하다

[例文] 병은 치료보다 예방하는 것이 더 중요하다.
病は治療よりも予防することがもっと重要です。

양치질만으로는 충치를 완전히 예방할 수 없어요.
歯磨きだけでは虫歯を完全に予防することはできません。

59
옮다

[옴따] 동사 うつる

[活用構文] 名 이/가 옮다

[活用表現] 병이 옮다 病気がうつる

감기가 옮다 風邪がうつる

[類義語] 전염되다 伝染する

[例文] 대중목욕탕에서 피부병이 옮을 수 있으니 조심해야 합니다.
大衆浴場で皮膚病がうつることがあるので、気をつけなければいけません。

큰아버지 병문안을 갔을 때 병원에서 감기가 옮은 것 같아요.
おじさんのお見舞いに行ったときに、病院で風邪をうつされたみたいです。

60
우울증

[우울쯩] 명사 うつ病

[活用表現] 우울증이 심하다 うつ病がひどい

우울증에 걸리다 うつ病にかかる

[例文] 조사 결과 그 사람의 죽음은 우울증으로 인한 자살로 밝혀졌다.
調査の結果、その人の死はうつ病による自殺だということが明らかになった。

회사에서 심한경쟁을 하다 보니까 항상 스트레스가 쌓이고 심한 경우에는 우울증에 걸리기도 한다.
会社でひどい競争にさらされると、常にストレスが溜まり、ひどい場合にはうつ病にかかることもある。

61
움직이다

[움지기다] 동사 動く

[活用構文] 名 이/가 움직이다

名 을/를 움직이다

[例文] 저는 시간이 있을 때마다 몸을 가볍게 움직입니다.
私はちょっと時間ができるたびに、体を軽く動かします。

지하철에 사람들이 어찌나 많은지 움직일 수가 없었어요.
地下鉄に人がどんだけ多いのか、動くことができませんでした。

62
위

[위] 명사 胃

[活用表現] 위염 胃炎

위경련 胃痙攣

위가 약하다 胃が弱い

위가 거북하다 胃が悪い

위가 튼튼하다 胃が丈夫だ

[例文] 저는 위가 튼튼해서 무슨 음식이든지 잘 소화시켜요.
私は胃が丈夫なので、どんな食べ物でもちゃんと消化します。

술이나 커피 같은 자극적인 음식을 많이 먹으면 위가 아플 수 있어요.
お酒やコーヒーのような刺激的なものをたくさん飲むと、胃が痛くなることがあります。

63
응급실

[응급씰] 명사 応急室,エマージェンシールーム

【活用表現】 응급실에 가다 応急室に行く
응급실에 실려 가다 応急室に運ばれる

【関連語】 진료실 診療室
주사실 注射室
입원실 入院室

【例文】 새벽에 갑자기 배가 아파서 응급실에 갔어요.
明け方に突然お腹が痛くなって,応急室に行きました。

환자의 건강 상태가 좋지 않아서 응급실로 옮겼습니다.
患者の健康状態がよくないので,応急室に移しました。

도움말

응급환자 救急患者　　응급치료 緊急治療
응급상황 応急状況

64
장

[장] 명사 腸

【活用表現】 소장 小腸
대장 大腸
장염 腸炎
장이 나쁘다 腸が悪い
장이 약하다 腸が弱い

【例文】 갑자기 장이 꼬여서 병원 응급실에 갔어요.
突然腸が詰まって,病院の応急室に行きました。

장에 가스가 가득 찼는지 자꾸 이상한 소리가 나요.
腸にガスがいっぱいたまったのか,しきりに変な音がします。

65
전염병

[저념뼝] 명사 伝染病

【活用表現】 전염병이 돌다 伝染病が広がる
전염병이 발생하다 伝染病が発生する
전염병이 유행하다 伝染病が流行る
전염병을 예방하다 伝染病を予防する
전염병에 걸리다 伝染病にかかる

【例文】 여름은 습하고 더워서 전염병이 발병하기 쉽다.
夏は湿気が多く暑いので伝染病が発生しやすい

전염병을 예방하기 위해서는 자주 손을 씻는 게 좋아요.
伝染病を予防するためには,こまめに手を洗うと良いです。

66
주먹

[주먹] 명사 こぶし

[活用表現] 주먹이 세다 こぶしが強い
주먹을 쥐다 こぶしを握る
주먹을 펴다 手を広げる
주먹으로 맞다 こぶしで殴られる
주먹으로 치다 こぶしで叩く

[例文] 얼굴이 주먹만 해요.
顔がこぶしくらいの大きさです。

어린 아이의 주먹이 너무 작아서 귀여웠다.
幼い子供のこぶしが,すごく小さくてかわいかった。

67
줄다

[줄다] 동사 縮む

[活用構文] 名 이/가 줄다

[活用表現] 옷이 줄다 服が縮む
길이가 줄다 長さが縮む
체중이 줄다 体重が減る

[反意語] 늘다 のびる

[例文] 빨래를 잘못해서 옷이 줄었어요.
洗濯に失敗して洋服が縮みました。

오랫동안 운동과 식이요법을 같이 해서 체중이 많이 줄었다.
長い間,運動と食事療法を合わせてしていたら,体重が随分減りました。

68
증상

[증상] 명사 症状

[活用表現] 증상이 가볍다 症状が軽い
증상이 생기다 症状が出る
증상이 나타나다 症状が現れる
증상이 발생하다 症状が発生する

[類義語] 증세 病状

[例文] 위암에 걸리면 보통 어떤 증상이 나타납니까?
胃癌にかかると,普通はどんな症状が現れますか。

증상이 가벼우니까 입원하실 필요는 없을 것 같습니다.
症状が軽いので,入院する必要はないと思います。

69
지치다

[지치다] 동사 疲れる

[活用構文] 名 이/가 지치다

名 에 지치다

[活用表現] 몸이 지치다 体が疲れる

[関連語] 힘들다 辛い

피로하다 疲れている

[例文] 오늘 이사하느라고 많이 지쳤을 텐데 푹 쉬어.

今日は引越しをして､すごく疲れたでしょうから､ゆっくり休んでください。

지금 몸이 너무 지쳐서 아무 것도 하고 싶지 않아.

今は体がすごく疲れているので､何もしなくない。

70
참다

[참따] 동사 耐える

[活用構文] 名 을/를 참다

[活用表現] 눈물을 참다 涙を堪える

아픔을 참다 痛みに耐える

웃음을 참다 笑いを耐える

꾹 참다 押しころす､耐え忍ぶ

[類義語] 견디다 耐える

[例文] 친구가 심한 말을 해서 화가 났지만 꾹 참았어요.

友達がひどいことを言い､腹が立ったがグッと堪えました。

상처가 심해서 많이 아팠을 텐데 아이가 잘 참네요.

傷がひどくて､すごく痛かったでしょうに子供がよく我慢していますね。

71
채식

[채식] 명사 菜食

[活用表現] 채식주의자 菜食主義者

채식을 하다 菜食をする

[関連語] 육식 肉食

[例文] 장수하는 사람들은 보통 채식을 많이 한다고 합니다.

長生きする人達は普通野菜中心の食事を多く取っているといいます。

앞으로는 운동을 규칙적으로 하고 육식보다는 비타민이 풍부한 채식 중심의 식사를 해야겠다.

これからは運動を規則的にして肉よりはビタミンが豊富な野菜中心の食事をしなければ。

72
취하다

[취하다] 동사 1. 酔う 2. 陶酔する 3. とる

1. 何かの原因で正気でなくなり､体が思い通りにならない状態。

[活用構文] 名 에 취하다

[活用表現] 술에 취하다 お酒に酔う

약에 취하다 薬に酔う

잠에 취하다 ぐっすり寝込む

냄새에 취하다 匂いに酔う

[例文] 저는 소주 한 잔만 마셔도 금방 취해요.
私は焼酎一杯だけ飲んでもすぐに酔います。

2. 何かにすごく深くはまって熱中する。

[活用構文] 名 에 취하다

[活用表現] 흥에 취하다 興趣に酔う

음악에 취하다 音楽に陶酔する

분위기에 취하다 雰囲気に酔う

[例文] 그는 노래에 취해서 다른 사람들의 말이 들리지 않았다.
彼は歌に陶酔して他の人の言葉が聞こえなかった。

3. 自分のものにする。

[活用構文] 名 을/를 취하다

[活用表現] 휴식을 취하다 休憩をとる

숙면을 취하다 睡眠をとる

영양을 취하다 栄養を摂る

[例文] 매일 8시간 이상 자니까 수면을 충분히 취하는 편이다.
毎日8時間以上寝るから､睡眠は十分にとっている方だ。

73
치과

[치꽈] 명사 歯科､歯科医

[活用表現] 치과 대학 歯科大学

치과 치료 歯の治療

치과에 다니다 歯医者に通う

[関連語] 잇몸 歯茎

충치 虫歯

치아 歯

틀니 入れ歯

[例文] 치과에 가서 충치를 치료했어요.
歯医者に行って､虫歯を治療しました。

우리 아이는 치과 가는 것을 제일 무서워해요.
私の子供は歯医者に行くのを一番怖がります。

도움말

외과 外科
내과 内科
안과 眼科
피부과 皮膚科
소아과 小児科
성형외과 形成外科
정형외과 整形外科
산부인과 産婦人科
이비인후과 耳鼻咽喉科

74
치료하다

[치료하다] 동사 治療する

[活用構文] 名 을/를 치료하다

[活用表現] 병을 치료하다 病を治療する
상처를 치료하다 傷を治療する

[類義語] 고치다 治す

[反意語] 치료받다 治療を受ける

[関連語] 진료하다 診療する

[例文] 암은 치료하기 힘든 병 중에 하나이다.
癌は治療が難しい病気のうちのひとつです。

과학의 발달로 고통없이 치료하는 방법이 개발되고 있다.
化学の発達で痛みなく治療する方法が開発されている。

75
치매

[치매] 명사 痴呆

[活用表現] 치매 환자 痴呆患者
치매 치료 痴呆の治療
치매에 걸리다 痴呆にかかる

[類義語] 중풍 中風

[例文] 치매 예방에 좋은 음식이 있으면 좀 알려 주세요.
痴呆予防に良い食べ物があれば、教えてください。

가족 중에 한 명이 치매에 걸리면 환자는 물론 가족들도 모두 힘든 생활을 하게 된다.
家族の中でひとりが痴呆にかかると患者はもちろん、家族たちもみんな辛い生活を送るようになる。

76
턱

[턱] 명사 顎

[活用表現] 턱선 顎の線
턱이 뾰족하다 顎が尖っている

턱에 수염이 나다
顎に髭が生える

[例文] 그녀는 얼굴이 아주 작고 턱이 뾰족했다.
彼女は顔がとても小さく、顎が尖っている。

그 사람은 며칠 동안 면도를 하지 않았는지 턱에 수염이 거칠게 나 있었다.
その人は何日かの間、髭剃りをしなかったのか、顎に髭が粗々しく生えていた。

77
털

[털] 명사 毛

[活用表現] 깃털 羽

털보 毛深い人

털이 나다 毛が生える

털을 깎다 毛を剃る

털을 기르다 毛を生やす

[例文] 우리 아빠는 다리에 털이 많이 났어요.
私のお父さんは足に毛がたくさん生えています。

그 개의 하얀색 털이 길고 부드러웠다.
その犬の白い毛は、長くて柔らかかった。

78
통

[통] 부사 ぜんぜん、さっぱり、全く

(主に後ろにくる'않다', '못하다', '없다', '모르다'などの否定語と呼応して)ぜんぜん、さっぱり、全くなどの意味を表す言葉。

[類義語] 전혀 ぜんぜん

도무지 全く

[例文] 감기에 걸려서 그런지 통 입맛이 없네요.
風邪を引いてそうなのかぜんぜん食欲がありません。

너 무슨 일이 있니? 오늘은 통 말이 없구나.
お前、何かあったのか。今日は全く話さないな。

79
편식

[편식] 명사 偏食

[活用表現] 편식을 하다 偏食をする

[例文] 요즘 편식을 하는 아이들이 많던데 따님은 어때요?
最近偏食する子供たちが多いと言いますけれど、娘さんはどうですか。

편식이 심하면 잘 자랄 수 없으니까 여러 가지 음식을 골고루 먹어야 한다.
偏食がひどいとしっかり育たないので、いろいろな食べ物をきちんと食べさせなければいけない。

80
폐

[폐] 명사 肺

[活用表現] 폐암 肺癌

폐렴 肺炎

[類義語] 허파 肺臓

[例文] 폐에 물이 들어가면 매우 위험하다.
肺に水が入ると、とても危険です。

담배를 많이 피워서 폐에 염증이 생겼습니다.
たばこをたくさん吸って、肺に炎症が起きました。

81
피로

[피로] 명사 疲労

[活用表現] 만성피로 慢性疲労

피로가 심하다 疲労が激しい

피로가 쌓이다 疲れが溜まる

피로가 풀리다 疲れがとれる

피로를 풀다 疲れをほぐす

[関連語] 피곤 疲れ

[例文] 피로 회복에는 충분한 휴식이 최고다.
疲労回復には十分な休息が一番です。

충분한 휴식을 취하지 않으면 피로가 쌓여 건강을 해칠 수 있어요.
十分な休息をとらないと、疲れが溜まって健康に害を及ぼすことがあります。

82
하품

[하품] 명사 あくび

[活用表現] 하품이 나오다 あくびがでる

하품을 하다 あくびをする

[例文] 하품을 하면 왜 눈물이 나올까요?
あくびをするとなぜ涙がでるのでしょうか。

죄송합니다. 어제 잠을 잘 못 잤더니 자꾸 하품이 나오네요.
すみません。昨日よく眠れなくて、しきりにあくびがでます。

도움말

트림을 하다 げっぷをする
방귀를 뀌다 おならをする
재채기를 하다 くしゃみをする

83
합병증

[합뼝쯩] 명사 合併症

[活用表現] 합병증이 생기다 合併症が起きる

합병증을 예방하다 合併症を予防する

[関連語] 부작용 副作用

[例文] 그 사람은 당뇨병에 합병증까지 겹쳐서 목숨을 잃었다.

その人は糖尿病に合併症まで重なって、命を失った。

할아버지께서 수술 후 합병증으로 아직도 고생을 하고 계세요.

おじいさんは手術後の合併症で未だに苦しんでいます。

84
항암제

[항암제] 명사 抗がん剤

[活用表現] 항암제 부작용 抗がん剤の副作用

항암제를 맞다 抗がん剤を打つ

항암제를 투여하다 抗がん剤を投与する

[関連語] 암세포 癌細胞

[例文] 항암제 부작용으로 자꾸 머리카락이 빠져서 고민이에요.

抗がん剤の副作用で、どんどん髪の毛が抜けるので悩んでいます。

여러 번의 실험 끝에 드디어 새로운 항암제가 개발되었다.

何回もの実験の末、ついに新しい抗がん剤が開発された。

도움말

소화제	消化剤	진통제	鎮痛剤
영양제	栄養剤	마취제	麻酔

85
혀

[혀] 명사 舌

[活用表現] 혀를 차다 舌打ちをする

혀를 내밀다 舌を出す

혀를 깨물다 舌を噛む

[関連語] 혓바닥 べろ

[例文] 밥을 먹다가 혀를 깨물었어요.

ごはんを食べていたら、舌を噛みました。

사람들이 언제 혀를 내밉니까?

人々はいつ、舌を出しますか。

86
혈관

[혈관] 명사 血管

[活用表現] 뇌혈관 脳血管
혈관 질환 血管疾患
혈관 주사 血管注射

[関連語] 혈액 血液

[例文] 피는 혈관을 통해 몸의 이곳저곳을 다닙니다.
血は血管を通って体のあちこちを巡ります。

스트레스를 많이 받는 직업을 가진 사람들이 혈관 질환의 위험이 더 높다고 해요.
ストレスをたくさん受ける職業を持った人達は､血管疾患になるの危険性が高いそうです。

87
혈압

[혀랍] 명사 血圧

[活用表現] 혈압이 낮다 血圧が低い
혈압이 높다 血圧が高い
혈압이 올라가다 血圧が上がる
혈압이 정상이다 血圧が正常だ
혈압을 재다 血圧をはかる

[関連語] 고혈압 高血圧
저혈압 低血圧
정상혈압 正常な血圧

[例文] 혈압이 높은 사람은 짜게 먹으면 안 돼요.
血圧が高い人は､塩分をたくさん摂ってはいけません。

건강 검진 결과 어머니 혈압이 높다고 나왔습니다.
健康診断の結果､母の血圧が高いという結果がでました。

88
회복하다

[회보카다] 동사 回復する

[活用構文] 名 을/를 회복하다

[活用表現] 건강을 회복하다 健康を回復する

[類義語] 낫다 治る

한 달 전에 수술하신 할아버지께서 이제 거의 회복 하셨어요.
一ヶ月前に手術したおじいさんは､ようやくほぼ回復しました。

건강식이란 건강을 유지하거나 회복하기 위하여 만든 식사를 말합니다.
健康食とは健康を維持したり､回復させるために作られた食事のことをいいます。

89
효과

[효꽈] 명사 効果

【活用表現】
효과가 있다 効果がある
효과가 없다 効果がない
효과가 좋다 効果が良い
효과가 나타나다 効果が現れる
효과가 떨어지다 効果が落ちる

【例文】
이 약은 한 알만 먹어도 효과가 있어요.
この薬は、一錠だけ飲んでも効果があります。

유산소 운동이든 근력 운동이든 꾸준히 30분 이상 하시는 게 가장 효과적이에요.
有酸素運動だろうが、筋力トレーニングだろうが、じっくり30分以上するのが、一番効果的です。

90
흡연

[흐변] 명사 喫煙

【活用表現】
흡연실 喫煙室
간접흡연 間接喫煙
흡연 구역 喫煙区域
흡연 금지 喫煙禁止
흡연 습관 喫煙習慣

【反意語】
금연 禁煙

【例文】
담배 값을 올리면 흡연율이 낮아질 거라고 봐요.
たばこの価格を上げたら、喫煙率が低くなると思います。

지나친 흡연은 본인뿐만 아니라 주위 사람에게도 피해를 주게 됩니다.
たばこの吸い過ぎは本人だけでなく、周囲の人にも被害を及ぼします。

03 연습문제

[1~9] 그림을 보고 신체부위를 나타내는 단어를 한국어로 쓰십시오.
絵を見て、身体の部位を表す単語を書きなさい。

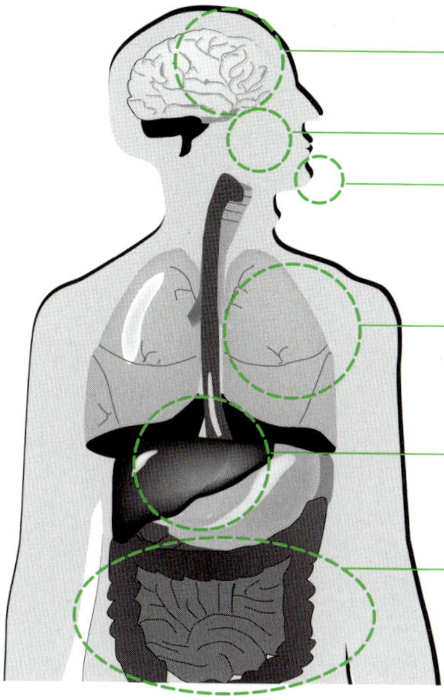

1. (　　　　　　　　　　)
2. (　　　　　　　　　　)
3. (　　　　　　　　　　)
4. (　　　　　　　　　　)
5. (　　　　　　　　　　)
6. (　　　　　　　　　　)

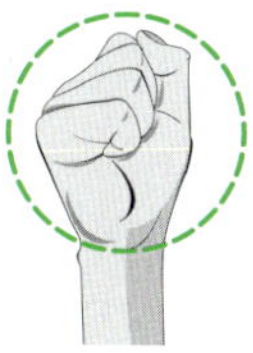

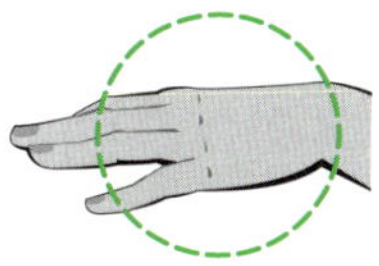

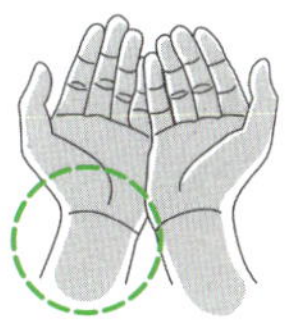

7. (　　　　　)　8. (　　　　　)　9. (　　　　　)

[10-22] 다음 단어를 한국어로 바꿔 쓰십시오.
次の単語を韓国語で書きなさい。

10. 筋肉 (　　　　　　　　)
11. 緊急 (　　　　　　　　)
12. 目ヤニ (　　　　　　　　)
13. まゆげ (　　　　　　　　)
14. 老いる (　　　　　　　　)
15. (目を)開ける (　　　　　　　　)
16. 病む (　　　　　　　　)
17. 息 (　　　　　　　　)
18. 腸 (　　　　　　　　)
19. 毛 (　　　　　　　　)
20. 舌 (　　　　　　　　)
21. 血管 (　　　　　　　　)
22. 血圧 (　　　　　　　　)

[23-34] [보기]에서 알맞은 단어를 골라 (　　　　) 안에 쓰십시오.

(　　　　)に当てはまる単語を、下の語群から選んで書きなさい。

[보기]

보약	비결	기운	숙면	식사량	민간요법
떨다	약하다	규칙적이다	비위생적이다	소모하다	움직이다

23. 날씨도 쌀쌀하고 비도 많이 오는데 밖에서 강아지 한 마리가 추워서 (　　　　　　)고 있어요.

24. 중국에서는 감기에 걸렸을 때 (　　　　　　)으로/로 파, 생강, 흑설탕을 함께 끓여서 마신다고 해요.

25. 수술한 곳이 아프다고 침대에 계속 누워 계시기만 하면 회복이 느리니까 조금씩이라도 (　　　　　　)으셔야/셔야 해요.

26. (　　　　　　)인 생활을 해야 건강해질 수 있습니다.

27. 독감에 걸려서 입맛이 없었는데 하숙집 아주머니께서 끓여주신 죽을 먹으니까 (　　　　　　)이/가 좀 나는 것 같아요.

28. 요즘 부모님 건강이 안 좋아지신 것 같아서 한의원에서 (　　　　　　)을/를 지어 드렸어요.

29. 미선 씨는 항상 날씬한 몸을 유지하는데 그 (　　　　　　)이/가 뭐예요?

30. 파리나 바퀴벌레가 많은 (　　　　　　)인 환경에서 전염병이 생길 위험이 커요.

31. 다이어트를 하고 싶다면 운동으로 열량을 많이 (　　　　　　)어야/아야/여야 한다.

32. 깨끗한 피부를 유지하기 위해서는 물을 많이 마시고, (　　　　　　)을/를 취하고, 일찍 자야 합니다.

33. 살을 빼고 싶다면 무조건 운동만 하기보다는 (　　　　　　)도 같이 조절하면 더 효과적이다.

34. 제가 어렸을 때 자주 아프고 몸이 (　　　　　　)어서/아서/여서 부모님이 항상 걱정하셨어요.

[35-40] [보기]에서 알맞은 말을 찾아 빈칸에 넣으십시오.

(　　)に当てはまる単語を、下の語群から選んで書きなさい。

[보기]

건강식	과식	소식	채식	편식	육식

35. 음식을 적게 먹어요. (　　　　　　)	38. 음식을 지나치게 많이 먹어요. (　　　　　　)
36. 건강을 유지하거나 회복하기 위하여 먹어요. (　　　　　　)	39. 고기는 전혀 먹지 않고 채소나 과일만 먹어요. (　　　　　　)
37. 채소나 과일은 먹지 않고 고기만 먹어요. (　　　　　　)	40. 음식을 골고루 먹지 않고 좋아하는 음식만 먹어요. (　　　　　　)

[41-44] 다음 밑줄 친 부분과 반대되는 뜻을 가진 것을 고르십시오.

下線を引いた部分と意味が近いものを選びなさい。

41. 매일 하루 1시간 씩, 한 달 동안 운동을 했더니 살이 2kg이나 <u>줄었어요</u>.

❶ 많다　❷ 빼다　❸ 늘다　❹ 마르다

42. 저는 고등학교 때 체중이 100kg으로 아주 <u>뚱뚱했었어요</u>.

❶ 살찌다　❷ 마르다　❸ 튼튼하다　❹ 통통하다

43. 소고기나 닭고기 같은 육식을 즐기면 비타민이 <u>부족하니까</u> 채소와 과일도 드셔야 해요.

❶ 충분하다　❷ 모자라다　❸ 만족하다　❹ 분명하다

44. 건강을 위해서 오늘부터 <u>금연</u>하기로 결심했어요.

❶ 연기　　❷ 흡연　　❸ 흡수　　❹ 연장

[45-55] [보기]에서 알맞은 단어를 골라 (　　　) 안에 쓰십시오.

(　　)に当てはまる単語を、下の語群から選んで書きなさい。

[보기]

부상	치과	식욕	피로	영양	당뇨병
부작용	식습관	구급차	참다	지치다	

45. 키가 작아서 걱정인 아이들에게는 우유나 계란같이 (　　　　　　　　)이/가 풍부한 음식이 좋을 것 같아요.

46. 채소와 과일은 먹지 않고 소고기, 닭고기 같은 육류만 먹는 (　　　　　　　　)은/는 건강에 좋지 않다.

47. 다이어트 중이었는데 갈비 굽는 냄새 때문에 (　　　　　　　　)을/를 참지 못하고 결국 먹고 말았어요.

48. 푹 자고 일어나니까 이제 좀 (　　　　　　　　)이/가 풀린 것 같아요.

49. 여기요, 사람이 쓰러졌어요. 빨리 (　　　　　　　　) 좀 불러 주세요.

50. 발목의 통증이 (　　　　　　　　)기 힘들 정도로 심해서 걸을 수가 없어요.

51. 지난번 경기에서 박지섭 선수가 무릎 (　　　　　　　　)을/를 당하는 바람에 이번 경기는 뛰지 못할 것 같아요.

52. 지난주에 이가 아프다고 했는데 (　　　　　　　　)에 갔다 왔어요?

53. 아버님이 (　　　　　　　　)에 걸리셔서 특히 케이크, 초콜릿, 아이스크림 등 설탕이 많이 들어 있는 음식을 조심해야 해요.

54. 이 약은 효과는 좋지만 가끔 설사 또는 소화가 안 되는 (　　　　　　　　)이/가 있을 수 있어요.

55. 날씨도 더운데 밖에서 계속 일을 해서 너무 (　　　　　　　　)었어요/았어요/였어요.

[56-65] [보기]에서 알맞은 말을 찾아 빈칸에 넣으십시오.
(　　)に当てはまる単語を、下の語群から選んで書きなさい。

[보기]

암	염증	불면증	성인병	심장병
우울증	전염병	합병증	소화불량	동맥경화

56. 동맥이 딱딱해져서 문제가 생기는 병
(　　　　　　　　　　　　　　　　)

57. 우리 몸에 나쁜 세포가 계속 자라서 종양이 되는 병
(　　　　　　　　　　　　　　　　)

58. 심장에 생기는 여러 가지 병
(　　　　　　　　　　　　　　　　)

59. 당뇨, 비만, 고혈압 등 성인들에게 자주 생기는 병
(　　　　　　　　　　　　　　　　)

60. 다른 사람에게 옮길 수 있는 병
(　　　　　　　　　　　　　　　　)

61. 밤에 잠을 자지 못하는 증상
(　　　　　　　　　　　　　　　　)

62. 이유가 없이 기분이 좋지 않고 우울해지는 증상
(　　　　　　　　　　　　　　　　)

63. 어떤 병에 함께 생기는 또 다른 병
(　　　　　　　　　　　　　　　　)

64. 음식을 먹으면 소화가 안 되고 속이 편하지 않은 증상
(　　　　　　　　　　　　　　　　)

65. 다치거나 상처가 난 곳을 잘 치료하지 않아서 생기는 증상

( )

[66-71] 다음 밑줄 친 부분과 의미가 비슷한 것을 고르십시오.

下線を引いた部分と意味が近いものを選びなさい。

66. 요즘 항암 치료를 받고 있어서 고통이 심할 거예요.

❶ 부담 ❷ 수고 ❸ 사정 ❹ 통증

67. 요즘 날마다 야식을 먹었더니 몸무게가 많이 늘었어요.

❶ 신장 ❷ 비만 ❸ 체중 ❹ 영양

68. 식중독에 걸렸을 때는 복통이나 설사 증상이 있어요.

❶ 염증 ❷ 증세 ❸ 짜증 ❹ 불면증

69. 이번에 연세 제약회사에서 암을 치료할 수 있는 약을 만들었어요.

❶ 그치다 ❷ 지치다 ❸ 고치다 ❹ 수리하다

70. 어머니께서 이제 거의 회복하셔서 다음 주에는 퇴원하실 거예요.

❶ 낫다 ❷ 옮다 ❸ 앓다 ❹ 붓다

71. 약을 먹어도 감기가 전혀 낫질 않아요.

❶ 덜 ❷ 약 ❸ 좀 ❹ 통

[72-73] **다음 (　　　)에 공통적으로 들어갈 단어를 쓰십시오.**
次の(　　)に共通して当てはまる単語を書きなさい。

72. ❶ 저는 (　　　　)이/가 안 좋아서 조금만 피곤해도 몸도 붓고 다리도 많이 부어요.
❷ 그 농구 선수는 178cm로 다른 선수들에 비해 (　　　　)이/가 작은데도 실력은 뛰어나요.

(　　　　　　　　　　　　　　)

73. ❶ 밖으로 나오자마자 갑자기 비가 (　　　　) 쏟아졌어요.
❷ 버스 정류장에 도착하니까 버스가 (　　　　) 떠나고 있었어요.
❸ 쓰레기는 아무 데나 (　　　　) 버리지 말고 꼭 쓰레기통에 버리세요.

(　　　　　　　　　　　　　　)

[74-76] **다음 (　　　)에 공통적으로 들어갈 단어의 기본형을 쓰십시오.**
次の(　　)に共通して当てはまる単語の基本形を書きなさい。

74. ❶ 그 남자는 라디오에서 흘러나오는 흥겨운 음악에 (　　　　) 어서/아서/여서 춤을 추고 있었다.
❷ 저녁도 먹지 않고 술을 마셔서 그런지 빨리 (　　　　) 네요.
❸ 건강을 위해서 과로하지 마시고 충분한 휴식을 (　　　　) 으시는/시는 게 좋을 것 같아요.

(　　　　　　　　　　　　　　)

75. ❶ 컵라면에 뜨거운 물을 좀 (　　　　) 어/아/여 주세요.
❷ 축구를 하다가 다친 발목이 퉁퉁 (　　　　) 었어요/았어요/였어요.
❸ 슬픈 영화를 보고 울었더니 눈이 많이 (　　　　) 었어요/았어요/였어요.

(　　　　　　　　　　　　　　)

76. ❶ 우리 집 강아지가 새끼를 다섯 마리나 ( )었어요/았어요/였어요.

❷ 김 선생님 사모님이 지난주에 따님을 ( )으셨대요/셨대요.

❸ 좀 더 깊이 생각하지 않고 너무 급하게 결정했던 것이 이런 결과를 ( )은/ㄴ 것 같다.

( )

[77-87] 다음 [보기]에서 알맞은 단어를 골라 ( ) 안에 쓰십시오.

( )に当てはまる単語を、下の語群から選んで書きなさい。

[보기]

비만	치매	하품	효과	항암제	
비상약	응급실	앓다	옮다	어리다	사망하다

77. 눈이 빨갛게 됐어요. 아마 어제 수영장에서 눈병이 ( )은/ㄴ 것 같아요.

78. 이렇게 계속 살이 찌면 ( )이/가 될 수 있으니까 식사량을 조절하도록 하세요.

79. 우리 전통 음식들이 암을 예방하는데 ( )이/가 있다고 뉴스에서 들었어요.

80. 여행을 갈 때는 혹시 아플지도 모르니까 ( )을/를 가지고 가는 게 좋아요.

81. 일주일 동안 독감을 ( )았더니/었더니/였더니 기운도 없고 입맛도 없어요.

82. 어제 새벽에 갑자기 배가 아파서 병원 ( )에서 치료를 받았어요.

83. 이번 지진으로 8,000명 이상이 부상을 당하고 400명 이상이 ( )었습니다/았습니다/였습니다.

84. 할머니께서 ( )에 걸리셔서 가족들을 못 알아보세요.

85. 제 조카인 유리는 초등학교 2학년인데 나이는 ( )지만 생각이 깊어요.

86. 김 부장님은 암 치료 때문에 요즘 ( )을/를 맞고 계신데 부작용으로 머리카락이 많이 빠져서 고민이시래요.

87. 어제 한 시간밖에 못 잤더니 졸려서 계속 ( )이/가 나오네요.

음식

04

食べ物

04 음식

01
가지

[가지] 명사 なす

【活用表現】 가지나물 なすのナムル

【例文】 나물 중에서 가지나물을 제일 좋아해요.
ナムルの中で、なすのナムルが一番好きです。

가지를 너무 오래 삶으면 맛이 없으니까 삶을 때 조심하세요.
なすを長くゆで過ぎるとおいしくなくなるので、ゆでる時、注意してください。

02
갈다[1]

[갈다] 동사 磨ぐ、ひく

刃物を鋭くしたり、表面をすべすべにするために、他の物にあててこすったり小さくすりつぶすために、硬いものの間でこすったりする。

【活用構文】 名 을/를 갈다
名 에 갈다

【活用表現】 이를 갈다 歯を磨ぐ
칼을 갈다 包丁を磨ぐ

【例文】 잘 때 이를 갈아서 아침엔 이가 아파요.
寝ている時、歯ぎしりするので、朝に歯が痛いです。

날씨가 더운 여름에는 콩을 믹서에 갈아서 콩국수를 만들어 먹어요.
天気が暑い夏には、豆をミキサーにかけてコングクスを作って食べます。

03
고구마

[고구마] 명사 さつまいも

【活用表現】 고구마 밭 さつまいも畑
고구마를 깎다 さつまいもをむく
고구마를 찌다 さつまいもを蒸す

【関連語】 감자 じゃがいも

【例文】 저는 아침밥으로 고구마를 먹어요.
私は朝ごはんとしてさつまいもを食べます。

어렸을 때 시골에 가면 할머니께서 고구마를 쪄 주시곤 했어요.
幼い時、田舎に行くとおばあさんがさつまいもを蒸してくれたりしました。

04
고소하다

[고소하다] 형용사 香ばしい

【類義語】 구수하다 香ばしい

【例文】 나물에 참기름을 넣으면 고소해져요.
ナムルにごま油を入れると、香ばしくなります。

이번에 새로 나온 과자는 씹으면 씹을수록 고소한 맛이 나요.
今回新しく発売されたお菓子は、噛めば噛むほど香ばしい味がします。

05
고춧가루

[고추까루], [고춛까루] 명사 唐辛子の粉

[活用表現] 고춧가루가 끼다 唐辛子の粉が挟まる
고춧가루를 넣다 唐辛子の粉を入れる
고춧가루를 풀다 唐辛子の粉を撒く

[関連語] 고추 唐辛子
고추장 コチュジャン(唐辛子味噌)

[例文] 김치를 먹은 후에는 이에 고춧가루가 끼었는지 확인하는 것이 좋아요.
キムチを食べた後には歯に唐辛子の粉が挟まっているかどうか確認するといいです。

설렁탕에 고춧가루를 조금 넣어 드시면 매콤한 맛을 느끼실 수 있습니다.
ソルロンタンに唐辛子の粉を少し入れて食べると、ピリ辛さを感じることができます。

도움말

후춧가루 こしょう　　미숫가루 穀物の炒り粉

06
곡류

[공뉴] 명사 穀類、穀物

[関連語] 쌀 米
밀 小麦
보리 麦
곡식 穀物

[例文] 시골 시장에서는 곡류를 가지고 나와서 파는 노인들을 쉽게 볼 수 있다.
田舎の市場では穀類を運んできて売っている老人たちをよく見かけます。

큰 대형마트에서는 곡류, 육류, 생선류, 주류 코너가 각각 나누어져 있다.
大型スーパーでは穀類、肉類、魚介類、酒類コーナーにそれぞれ分かれている。

도움말

육류 肉類　　주류 酒類　　생선류 魚介類

07
국물

[궁물] 명사 汁物,お汁

[活用表現] 국물 맛 汁の味
국물 한 모금 お汁一口
국물이 뜨겁다 汁が熱い
국물을 흘리다 汁をこぼす
국물에 말다 汁に混ぜる、入れる

[例文] 옷에 국물을 흘려서 얼룩이 생겼어요.
服に汁をこぼして、しみが出来ました。

어머니는 입맛이 없을 때마다 국물에 밥을 말아서 드시곤 했어요.
母は食欲がない時は、汁物にごはんを入れて食べていました。

08
기름

[기름] 명사 油

[活用表現] 참기름 ごま油
기름 덩어리 油の塊
기름지다 油っこい
기름에 볶다 油で炒める
기름에 튀기다 油で揚げる

[類義語] 식용유 食用油

[例文] 물과 기름은 절대로 섞이지 않는다.
水と油は絶対に混ざらない。

기름을 너무 많이 먹으면 비만이 되기 쉽습니다.
油ものをたくさん食べすぎると肥満になりやすいです。

09
김장

[김장] 동사 キムチ漬け
冬の間食べるためのキムチをいっぺんにたくさんつけること。

[活用表現] 김장독 キムチを漬け込んだ壷
김장철 キムチを漬ける時期
김장 김치 越冬用のキムチ
김장하다 キムチを漬ける

[例文] 김장철에는 배추 값이 많이 올라가요.
キムチを漬ける時期には、白菜の価格がすごく上がります。

보통 11월 말부터 12월 초 사이에 김장을 해요.
普通11月末から12月始めの間にキムチを漬けます。

10
깎다

[깍따] 동사 1. 剝く、削る 2. 切る

1. (何かの外側を)薄く切る。

[活用構文] 名 을/를 깎다

[活用表現] 과일을 깎다 果物を剝く

연필을 깎다 鉛筆を削る

[例文] 연필을 깎다가 손가락을 베었어요.

鉛筆を削っていたら、指を切りました。

2. 必要ない部分を切って、短くする。

[活用構文] 名 을/를 깎다

[活用表現] 머리를 깎다 髪の毛を切る

손톱을 깎다 爪を切る

수염을 깎다 髭を剃る

[関連語] 자르다 切る

[例文] 날씨가 더워져서 머리를 짧게 깎았어요.

天気が暑くて髪の毛を短く切りました。

11
껌

[껌] 명사 ガム

[活用構文] 껌이 名 에 붙다

[活用表現] 풍선껌 風船ガム

껌 한 통 ガム1箱

껌을 뱉다 ガムを吐き出す

껌을 씹다 ガムを噛む

[例文] 수업시간에는 껌을 씹지 않도록 하세요.

授業時間には、ガムを噛まないようにしてください。

껌을 다 씹은 후에는 종이에 싸서 버려야 합니다.

ガムを食べた後は、紙に包んで捨てなくてはいけません。

12
껍질

[껍질] 명사 皮

[活用表現] 껍질을 까다 皮を剝く

껍질을 벗기다 皮をはがす

[類義語] 껍데기 殻

[例文] 과일 껍질은 음식물 쓰레기로 분리해서 버려야 해요.

果物の皮は生ごみに分別して捨てなければなりません。

사과 껍질에는 좋은 영양소가 많으니까 가능하면 깎지 말고 그냥 드세요.

りんごの皮には良い栄養素が豊富だからできるだけ剝かないでそのまま食べてください。

13
꿀

[꿀] 명사 蜂蜜

[活用表現] 꿀물 はちみつ水

꿀을 넣다 はちみつを入れる

[関連語] 벌 蜂

벌집 蜂の巣

[例文] 기침할 때는 배와 꿀을 먹으면 좋아요.

咳が出る時は,梨と蜂蜜を食べるといいです。

설탕보다는 꿀을 사용해서 단맛을 내는 것이 몸에 더 좋다고 한다.

砂糖よりは蜂蜜を使用して甘みを出すと,体に良いそうだ。

14
나물

[나물] 명사 ナムル

[活用表現] 나물을 무치다 ナムルを和える

[例文] 손으로 직접 나물을 무쳐야 제 맛이 나요.

手で直接ナムルを和えると,おいしくなります。

나물에는 참기름이 들어가야 고소한 맛이 나고 좋다.

ナムルにはごま油を入れると香ばしい味になっていいです。

15
남다

[남따] 동사 残る

[活用構文] 名 이/가 남다

[活用表現] 음식이 남다 食べ物が残る

[例文] 남은 음식은 싸 가지고 가세요.

残った食べ物を包んで持って帰って下さい。

이번 달 용돈을 하나도 남기지 않고 다 써 버렸어요.

今月のおこずかいを少しも残さず,すべて使ってしまいました。

16
넘치다

[넘치다] 동사 溢れる

[活用構文] 名 이/가 넘치다

[例文] 국이 넘쳐서 가스레인지가 더러워졌어요.

スープが溢れてガスレンジが汚くなりました。

정보가 넘쳐 나는 사회에서 바쁜 현대인들이 모든 신문과 뉴스를 다 볼 수는 없지요.

情報が溢れている社会では,忙しい現代人たちがすべての新聞とニュースをすべて見つくすことはできません。

17
느끼하다

[느끼하다] 형용사 脂っこい

[活用構文] 名 이/가 느끼하다

[関連語] 담백하다 淡白だ、さっぱりしている

[例文] 저는 느끼한 음식보다는 담백한 음식을 더 좋아합니다.
私は脂っこい食べ物よりはさっぱりした食べ物の方が好きです。

기름진 음식을 많이 먹어서 그런지 속이 느끼하고 편하지 않아요.
油気の多い食べ物をたくさん食べたからそうなのか、胸焼けして気分が悪いです。

18
달콤하다

[달콤하다] 형용사 甘い

[活用構文] 名 이/가 달콤하다

[関連語] 매콤하다 ちょうど良い具合に辛い、やや辛い
새콤하다 ちょうど良い具合にすっぱい、やや酸っぱい

[例文] 오늘은 후식으로 달콤한 케이크를 준비해 봤어요.
今日はデザートに甘いケーキを準備して見ました。

초콜릿의 달콤함보다는 사탕의 달콤함을 더 좋아해요.
チョコレートの甘さよりは、飴の甘さの方が好きです。

19
담그다

[담그다] 동사 1. 漬ける 2. 浸ける

1. 食べ物を熟成させるために材料を混ぜて、器に入れて置く。

[活用構文] 名 을/를 담그다

[活用表現] 술을 담그다 お酒を漬ける
김치를 담그다 キムチを漬ける

[例文] 어머니는 아버지를 위해 매년 술을 담그세요.
お母さんはお父さんのために毎年お酒を漬けます。

2.(何かを液体の中に)入れて置く。

[活用構文] 名 에 名 을/를 담그다

[例文] 여름에 계곡 물에 발을 담그면 너무 시원해요.
夏に、渓谷の水に足を浸けるとすごく涼しいです。

20
담다

[담따] 동사 盛る、よそう、入れる

[活用構文] 名 을/를 담다
名 에 담다

[例文] 먹을 만큼 그릇에 담아서 드세요.
食べるだけ、器に盛って食べてください。

등산하면서 마실 물을 물병에 가득 담았다.
登山をしながら飲む水を、水筒いっぱいに入れた。

21
데치다

[데치다] 동사 湯がく、あくを抜く

[活用構文] 名 을/를 데치다

[活用表現] 시금치를 데치다 ほうれん草のあくを抜く

오징어를 데치다 いかを湯がく

[関連語] 삶다 ゆでる

끓이다 沸かす

[例文] 오징어를 너무 오래 삶으면 질겨서 먹을 수 없으니까 살짝만 데치세요.
いかをゆで過ぎると固くなって食べられないから、さっと湯がいてください。

시금치를 데쳐서 물기를 없앤 후에 양념을 넣어서 무치면 시금치나물이 됩니다.
ほうれん草を湯がいて水気を取った後に、調味料を入れて混ぜれば、ほうれん草のナムルになります。

22
도시락

[도시락] 명사 弁当

[活用表現] 도시락을 먹다 弁当を食べる

도시락을 싸다 弁当を作る、(弁当箱に入れる)

[例文] 도시락을 싸 가지고 가까운 공원으로 소풍을 갑시다.
弁当を作って、近くの公園にピクニックに行きましょう。

학창시절에 친구들과 같이 먹던 도시락이 너무 그립다.
学生時代に友達たちと一緒に食べたお弁当がすごく懐かしい。

23
뒤집다

[뒤집따] 동사 裏返す

[活用構文] 名 을/를 뒤집다

[活用表現] 전을 뒤집다 チヂミを裏返す

[例文] 빈대떡을 뒤집는 일이 생각보다 쉽지 않네요.
ピンデトックを裏返すのは、思ったより簡単ではありませんね。

문제를 다 푼 학생은 시험지를 뒤집어 놓으세요.
問題をすべて解いた学生は試験用紙を裏返しておいてください。

24
땅콩

[땅콩] 명사 ピーナッツ

[活用表現] 땅콩이 고소하다 ピーナッツが香ばしい

땅콩을 까먹다 ピーナッツを剝いて食べる

[例文] 맥주 안주로 땅콩이 좋아요.
ビールのおつまみに、ピーナッツがいいです。

오빠는 영화를 볼 때 땅콩을 까먹는 버릇이 있어요.
お兄さんは映画を見る時、ピーナッツを剝いて食べる癖があります。

25
떫다

[떨따] 형용사 渋い

[活用表現] 떫은맛 渋い味

[例文] 과일이 덜 익으면 떫은맛이 난다.
果物が熟していないと、渋い味がします。

감이 너무 떫어서 한 입도 먹을 수 없어요.
柿がすごく渋くて、ひと口も食べられません。

26
레몬

[레몬] 명사 レモン

[活用表現] 레몬차 レモンティー

레몬즙 レモン汁

레몬주스 レモンジュース

[例文] 식초대신 레몬을 넣는 것도 좋아요.
お酢の代わりにレモンを入れるのもいいですよ。

샤워 후에 레몬차를 마시면 피로가 잘 풀리는 것 같아요.
シャワーの後にレモンティーを飲むと疲れが取れるような気がします。

27
막걸리

[막껄리] 명사 マッコリ

韓国固有のお酒のうちのひとつ。濾して澄んだ部分だけをとるのではないため、色が濁っており、すっきりした味ではない。

[活用表現] 막걸리 한 사발 マッコリ1鉢

막걸리를 마시다 マッコリを飲む

[類義語] 탁주 にごり酒

[関連語] 소주 焼酎

동동주 ろ過しないそのままのお酒

[例文] 막걸리는 한국의 대표적인 전통술 중에 하나이다.
マッコリは韓国の代表的な伝統酒の中のひとつだ。

요즘 막걸리가 세계적으로 주목을 받으며 높은 인기를 얻고 있습니다.
最近マッコリが世界的に注目を受けていて、すごく人気を博しています。

28
맛보다

[맏뽀다] 동사 味をみる

[活用構文] 名 을/를 맛보다

[活用表現] 음식을 맛보다 食べ物を味見する

[類義語] 시식하다 試食する

[例文] 맛을 본 후에 간을 맞추세요.
味見した後に、味を整えてください。

제가 만든 음식이에요. 한번 맛보세요.
私が作った食べ物です。一度味見してみてください。

29
맡다[1]

[맏따] 동사 嗅ぐ

[活用構文] 名 을/를 맡다

[活用表現] 냄새를 맡다 匂いを嗅ぐ

[例文] 꽃향기를 맡으면서 화원을 구경했어요.
花の香りを嗅ぎながら、花園を見物しました。

코가 막혀서 음식 냄새를 맡을 수 없어요.
鼻がつまって、食べ物の匂いを嗅ぐ事ができません。

30
무

[무] 명사 大根

[活用表現] 무를 뽑다 大根を抜く

[関連語] 당근 にんじん

[例文] 깍두기는 무로 만들어요. カクテギは、大根で作ります。

무를 뽑는 일이 쉬워 보였는데 직접 해 보니 생각보다 쉽지 않네요.
大根を剝くのは、簡単に見えたけど、直接やってみると、思ったより簡単ではありません。

31
무농약

[무농약] 명사 無農薬

[活用表現] 무농약 식품 無農薬食品

[類義語] 유기농 有気農

[関連語] 친환경 식품 スローフード

[例文] 무농약 식품은 보통 다른 것들보다 값이 좀 비싸다.
無農薬食品は普通、他のものより価格が少し高い。

요즘엔 많은 사람들이 건강을 위해 무농약 식품을 많이 찾는다.
最近は多くの人達が健康のために無農薬食品を求める。

32
미지근하다

[미지근하다] 형용사 ぬるい

[関連語] 뜨겁다 熱い

따뜻하다 温かい、暖かい

[例文] 국이 식어서 미지근해졌어요.
スープが冷めて、ぬるくなりました。

상처 부위에 자극을 주면 안 되니까 미지근한 물로 씻으세요.
傷の部分に刺激を与えるといけないので、生ぬるいお湯で洗ってください。

33
밀가루

[밀까루] 명사 小麦粉

[活用表現] 밀가루 반죽 小麦粉をこねること
밀가루로 반죽하다 小麦粉をこねる

[例文] 식빵의 재료는 밀가루와 우유, 달걀입니다.
食パンの材料は､小麦粉と牛乳と卵です。

나는 밀가루 음식을 먹으면 소화가 안 된다.
私は小麦粉で作った食べ物を食べると､消化がよくない。

도움말

빵가루 パン粉　　부침가루 お好み焼き粉　　튀김가루 てんぷら粉

34
밥맛

[밤맏] 명사 ご飯の味､食欲

[活用表現] 밥맛이 있다 食欲がある
밥맛이 없다 食欲がない
밥맛이 좋다 ごはんがおいしい
밥맛이 떨어지다 食欲がなくなる
밥맛을 잃다 食欲を失う

[関連語] 입맛 食欲

[例文] 감기에 걸려서 밥맛이 별로 없어요.
風邪を引いて､食欲があまりありません。

청정지역에서 나온 쌀로 만든 밥은 밥맛이 좋다.
きれいな環境の地域で出来たお米で炊いたご飯は､おいしいです。

35
배추

[배추] 명사 白菜

[活用表現] 양배추 キャベツ
배추김치 白菜キムチ
배추를 절이다 白菜を(塩に)漬ける

[例文] 배추뿐만 아니라 무로도 김치를 만들 수 있어요.
白菜だけでなく､大根でもキムチを作ることができます。

김치 만들 때 가장 어려운 것이 배추를 알맞게 절이는 거예요.
キムチを作る時一番難しいのが､白菜を適度に(塩に)漬けることです。

36
버섯

[버섣] 명사 きのこ

【活用表現】 독버섯 毒きのこ
송이버섯 松茸
목이버섯 キクラゲ
표고버섯 椎茸
버섯을 따다 きのこを狩る

【例文】 삼촌 댁에서 버섯을 재배하고 계세요.
おじさんの家ではきのこを栽培しています。
보통 예쁜 버섯 중에 독버섯이 많아요.
普通、きれいなきのこに毒きのこが多いです。

37
버터

[버터] 명사 バター

【活用表現】 버터를 바르다 バターを塗る

【関連語】 크림 クリーム
마가린 マーガリン

【例文】 빵에 버터와 잼을 발라서 먹으면 맛있어요.
パンにバターとジャムを塗って食べるとおいしいです。
버터가 많이 들어간 음식을 먹으면 쉽게 뚱뚱해질 거예요.
バターがたくさん入った食べ物を食べると、太りやすいです。

38
번거롭다

[번거롭따] 동사 わずらわしい

【活用構文】 名 이/가 번거롭다
動 기가 번거롭다

【関連語】 복잡하다 複雑だ

【例文】 번거로운 일을 부탁드려서 죄송합니다.
わずらわしいことを頼んでしまい申し訳ありません。
한국 요리는 만들기가 좀 번거로운 것 같아요.
韓国料理は作るのにちょっと手間がかかると思います。

39
벗기다

[벋끼다] 동사 剝く

【活用構文】 名 으로/로 名 을/를 벗기다

【類義語】 까다 剝く

【例文】 먼저 칼로 감자 껍질을 벗기세요.
まずは包丁でじゃがいもの皮を剝いてください。

바나나 껍질을 벗긴 후에 아무데나 버리면 안 됩니다.
バナナの皮を剝いた後、その辺に捨ててはいけません。

40
보관하다

[보관하다] 동사 保管する

[活用構文] 名 을/를 보관하다
名 에 보관하다

[例文] 많은 문화재들이 박물관에 잘 보관되어 있습니다.
多くの文化財が博物館できちんと保管されています。

고기는 냉동실에 보관하고 채소는 냉장실에 보관하세요.
肉は冷凍庫で保管し、野菜は冷蔵庫で保管してください。

41
부드럽다

[부드럽따] 형용사 柔らかい

[活用構文] 名 이/가 부드럽다

[活用表現] 고기가 부드럽다 肉が柔らかい
피부가 부드럽다 皮膚が柔らかい

[例文] 아기의 피부는 하얗고 부드러워요.
子供の肌は白くて柔らかいです。

이 고기는 연하고 부드러워서 이가 약한 노인들도 쉽게 드실 수 있을 거예요.
この肉は固くなくやわらかいので歯が弱いお年寄りも、楽に食べることができるでしょう。

42
비리다

[비리다] 형용사 生臭い、青臭い

[活用構文] 名 이/가 비리다

[活用表現] 생선이 비리다 魚が生臭い

[例文] 저는 비린 음식을 잘 먹지 못해요.
私は生臭い食べ物が苦手です。

신선하지 않은 생선에서는 비린 냄새가 심하게 나요.
新鮮ではない魚介類からはひどい生臭い匂いがします。

43
빈대떡

[빈대떡] 명사 緑豆のお好み焼き、ピンデトック

[活用表現] 빈대떡을 부치다 ピンデトックを焼く

[関連語] 전 ジョン、チヂミ

[例文] 한국에서는 명절 때 빈대떡을 만들어서 먹어요.
韓国では伝統的な祝日にピンデトックを作って食べます。

비가 올 때는 빈대떡에 막걸리를 같이 먹으면 좋아요.
雨が降る日にはピンデトックをマッコリと一緒に食べると最高です。

44
상하다2

[상하다] 형용사 腐る

【活用構文】 名 이/가 상하다

【活用表現】 음식이 상하다 食べ物が腐る

【類義語】 부패하다 腐敗する

【例文】 냄새를 맡으면 음식이 상했는지 알 수 있지요.
匂いを嗅げば、食べ物が腐ったのかどうかわかりますよ。

상한 음식을 먹으면 식중독에 걸릴 수 있으니까 빨리 버리세요.
傷んだ食べ物を食べると、食中毒にかかることがあるので、早く捨ててください。

45
생강

[생강] 명사 生姜

【活用表現】 생강차 生姜茶

【関連語】 마늘 にんにく

【例文】 감기에 걸렸을 때 생강차를 한번 드셔보세요.
風邪を引いた時は、生姜茶を一度飲んで見て下さい。

김치를 만들 때는 양념으로 마늘과 생강이 기본으로 들어가요.
キムチを作る時は、調味料としてにんにくと生姜が基本で入ります。

46
섞다

[석따] 동사 混ぜる

【活用構文】 名 과/와 名 을/를 섞다

【類義語】 혼합하다 混合する

【例文】 건강을 위해 쌀에 여러 가지 잡곡을 섞어서 밥을 지었어요.
健康のために、お米にいろいろな雑穀を混ぜてご飯を炊きました。

마지막으로 고기에 준비한 양념을 잘 섞어서 구우면 맛있는 불고기가 완성됩니다.
最後に肉に準備しておいた調味料をよく混ぜて焼けば、おいしいプルコギが完成します。

47
소시지

[소시지] 명사 ソーセージ

【関連語】 햄 ハム

【例文】 길거리에서 소시지 구이를 파는 모습을 많이 봤어요.
道端で焼いたソーセージを売っているのを、よく見ました。

도시락 반찬 중에서 저는 소시지 반찬을 제일 좋아해요.
弁当のおかずの中で、私はソーセージのおかずが一番好きです。

48
솜씨

[솜씨] 명사 腕前

【活用表現】 말솜씨 話術

요리 솜씨 料理の腕

솜씨가 있다 腕がいい

솜씨가 없다 腕が悪い

솜씨가 좋다 腕がいい

[類義語] 소질 素質

재주 才能

[例文] 저는 말솜씨가 없어서 제 의견을 정확하게 전달하지 못할 때도 있어요.
私は話が下手なので自分の意見を正確に伝えることができない時もあります。

제 아내는 요리 솜씨가 뛰어나서 다양한 요리를 맛있게 만들 수 있어요.
私の妻は料理の腕がすごくいいので、いろいろな料理をおいしく作ることができます。

49
송편

[송편] 명사 ソンピョン
もち米をこねて、小豆、豆、栗、なつめ、胡麻などにあんこを入れて半月形や貝の形にし、松葉を添えたお餅。お盆の時によく作る。

[活用表現] 송편을 빚다 ソンピョンをこしらえる

[関連語] 떡국 韓国式お雑煮

오곡밥 五穀ご飯

[例文] 추석 때는 송편을 먹고, 설날에는 떡국을 먹어요.
お盆にはソンピョンを食べて、正月にはお雑煮を食べます。

송편을 예쁘게 빚으면 예쁜 딸을 낳는다는 얘기를 할머니께 들은 적이 있어요.
ンをきれいに作るときれいな娘を産むという話を、おばちゃんから聞いたことがあります。

50
식다

[식따] 동사 冷める

[活用構文] 名 이/가 식다

[活用表現] 사랑이 식다 愛が冷める

음식이 식다 食べ物が冷める

[例文] 식기 전에 드세요 冷める前に召し上がってください。

두 사람은 서로에 대한 사랑이 식어버렸는지 더 이상 연락도 하지 않아요.
2人はお互いに対する愛が冷めてしまったのか、もう連絡もしていません。

51
식료품

[싱뇨품] 명사 食料品

[活用表現] 식료품 가게 食料品の店

식료품을 사다 食料品を買う

[例文] 식료품을 싸게 사려면 대형마트에 가세요.
食料品を安く買うなら、大型マートに行って下さい。

유통기한이 지난 식료품은 버리도록 하세요.
消費期限が過ぎた食料品は、捨てるようにしてください。

52
식빵

[식빵] 명사 食パン

[活用表現] 식빵을 굽다 食パンを焼く
식빵에 바르다 食パンに塗る

[関連語] 곰보빵 そぼろパン
단팥빵 あんぱん
토스트 トースト

[例文] 아침마다 식빵에 딸기잼을 발라서 우유와 함께 먹어요.
毎朝、食パンにいちごジャムを塗って牛乳と一緒に食べます。

식빵 종류가 너무 많아서 무엇을 사야 할지 모르겠더군요.
食パンの種類が多すぎて何を買えばいいのか分かりません。

53
식초

[식초] 명사 酢
液体調味料のうちのひとつ。少し酸味がありすっぱい。

[活用表現] 식초를 치다 お酢をかける
식초를 뿌리다 酢をふりかける

[例文] 새콤한 맛을 좋아하는 분들은 식초를 넣어서 드셔 보세요.
すっぱい味が好きな方は、酢を入れてお召し上がり下さい。

초고추장은 고추장에 식초, 설탕, 마늘을 넣어서 만든 것이다.
酢コチュジャンは、コチュジャンにお酢と砂糖、にんにくを入れて作ったものです。

54
식품

[식품] 명사 食品

[活用表現] 가공식품 加工食品
발효식품 発酵食品
천연식품 自然食品
건강보조식품 健康補助食品
인스턴트식품 インスタント食品

[例文] 김치는 한국의 대표적인 발효식품이지요.
キムチは韓国の代表的な発酵食品ですね。

인스턴트식품은 몸에 안 좋으니까 자주 드시지는 마세요.
インスタント食品は体に良くないので、頻繁に食べないで下さい。

55
싸다

[싸다] 동사 1. 作る　2. 包む　3. まとめる

1. どこかに持って行くために、食べ物を作って準備する。

【活用構文】 名 을/를 싸다

【活用表現】 김밥을 싸다 韓国海苔巻きを作る

도시락을 싸다 お弁当を作る

【例文】 소풍갈 때는 보통 김밥을 싸 가지고 가요.

遠足に行く時は、ふつう海苔巻きを作って持って行きます。

2. 物を中に入れて、見えないように包んだり、巻く。

【活用構文】 名 을/를 名 에 싸다

名 을/를 名 으로/로 싸다

【類義語】 포장하다 (持ち帰り用に)包む

【例文】 집에 가지고 갈 거니까 비닐봉지에 싸 주세요.

家に持ち帰りますので、ビニール袋に入れて下さい。

3. ある物を他の場所に移しやすいように、箱や鞄などに入れたり、紙や布、紐などを利用して荷造りする。

【活用構文】 名 을/를 싸다

【活用表現】 책가방을 싸다 鞄にまとめる

이삿짐을 싸다 引越しの荷物をまとめる

【反意語】 풀다 広げる

【例文】 주말에 이사를 가야 하니까 오늘부터 이삿짐을 싸야 해요.

週末に引っ越さなければならないから、今日から荷物をまとめないといけません。

56
썩다

[썩따] 동사 腐る

【活用構文】 名 이/가 썩다

【活用表現】 이가 썩다 歯が腐る

음식이 썩다 食べ物が腐る

【関連語】 상하다 腐る

【例文】 흐르는 물은 썩지 않는다.

流れる水は腐りません。

음식이 썩지 않도록 남은 음식은 꼭 냉장고에 보관하세요.

食べ物が腐らないように、残った食べ物は必ず冷蔵庫に保管してください。

57
쏟다

[쏟따] 동사 1. 注ぐ　2. 傾ける、注ぐ

1. 器に盛られているものを、器を傾けていっぺんに外に出す。

【活用構文】 名 에 名 을/를 쏟다

[活用表現] 커피를 쏟다 コーヒーをこぼす

[関連語] 흘리다 こぼす

[例文] 실수로 그만 친구 옷에 커피를 쏟고 말았어요.
間違って友達の服にコーヒーをこぼしてしまいました。

2. 真心や親切を傾ける

[活用構文] 名 에 名 을/를 쏟다
名 에게 名 을/를 쏟다

[活用表現] 신경을 쏟다 神経を傾ける
관심을 쏟다 関心を傾ける
정성을 쏟다 真心を込める

[例文] 음식을 만들 때는 모든 정성을 쏟도록 하세요.
食べ物を作る時は真心を込めるようにしてください。

58
씹다

[씹따] 동사 噛む

[活用構文] 名 을/를 씹다

[活用表現] 껌을 씹다 ガムを噛む

[関連語] 물다 噛む

[例文] 껌을 자주 씹으면 치아에 좋지 않은 영향을 줍니다.
ガム頻繁に噛むと、歯によくない影響を及ぼします。

이가 약해서 고기같이 질긴 음식은 잘 씹어 먹을 수 없어요.
歯が弱くて肉のような弾力のある食べ物をよく噛んで食べることができません。

59
안주

[안주] 명사 おつまみ

[活用表現] 술안주 酒のつまみ
안주거리 おつまみ
안주를 시키다 おつまみを頼む

[例文] 맥주가 남았으니까 안주를 더 시킵시다.
ビールが残っているから、おつまみをもっと注文しましょう。

밥과 같이 먹는 부식은 '반찬'이라고 하지만 같은 음식이라도 술과 같이 먹으면 '안주'라고 해요.
ごはんと一緒に食べる副食は「반찬(おかず)」といいますが、同じ食べ物でもお酒と一緒に食べれば「안주(おつまみ)」といいます。

60
양념

[양념] 명사 味付け、調味料、薬味
食べ物の味をよくするために使う材料をさす言葉。

[活用表現] 양념장 味付け味噌

양념하다 味をつける

[例文] 갈비 양념에 어떤 재료가 들어가나요?
カルビの調味料には、どんな材料が入っていますか。

나라마다 음식에 사용하는 양념이 달라요.
国ごとに食べ物に使用する味付けが違います。

61
억지로

[억찌로] 부사 むりやりに

[例文] 맛이 없으면 억지로 드시지 마세요.
おいしくないなら、無理してたべないで下さい。

술을 마시고 싶어 하지 않는 사람에게 억지로 권하는 것은 좋지 않다.
お酒を飲みたがらない人に、無理やりお酒を勧めるのはよくありません。

62
연하다

[연하다] 형용사 1. 軟らかい 2. 淡い

1. 材質が固くなくやわらかい。

[活用構文] 名 이/가 연하다

[活用表現] 고기가 연하다 肉が軟らかい

[類義語] 부드럽다 やわらかい

[例文] 이 레스토랑의 고기는 연하고 부드럽네요.
このレストランのお肉は固くなく、やわらかいです。

2. 色が薄くてさわやかだ。

[活用構文] 名 이/가 연하다

[活用表現] 색이 연하다 色が淡い

[類義語] 옅다 薄い

[例文] 연한 분홍색 원피스를 입고 데이트 장소에 나갔어요.
淡いピンク色のワンピースを着て、デート先に出かけました。

63
옥수수

[옥쑤수] 명사 とうもろこし

[活用表現] 옥수수 알 とうもろこしのつぶ

옥수수를 찌다 とうもろこしを蒸す

[例文] 버터에 구운 옥수수가 너무 먹음직스러워 보였다.
バターで焼いたとうもろこしが、とてもおいしそうに見えた。

언니는 너무 배가 고팠는지 옥수수를 한 알도 남김없이 모두 먹어버렸다.
お姉さんはすごくお腹が空いていたのか、とうもろこしを一粒も残さず全部食べてしまった。

64
인삼

[인삼] 명사 高麗人参

長くて太い白い根っこ。またはその根っこを得たいがために畑で育てる薬草。

[活用表現] 인삼차 高麗人参茶

인삼 한 뿌리 高麗人参一本

인삼을 말리다 高麗人参を乾かす

[関連語] 산삼 山の奥深くにある高麗人参

홍삼 高麗人参の根を蒸して乾燥させたもの

[例文] 외국에서 한국의 인삼차가 유명하다고 하던데 정말인가요?

外国で韓国の高麗人参茶が有名だと聞きましたが、本当ですか。

삼계탕에는 인삼 이외에도 여러 가지 몸에 좋은 재료가 들어 있어서 건강에 좋다.

参鶏湯には高麗人参以外にもいろいろと、体にいい材料が入っていて健康に良い。

65
재료

[재료] 명사 材料

[活用表現] 음식 재료 食べ物の材料

재료를 준비하다 材料を準備する

[例文] 아침 일찍 시장에 가면 좋은 재료를 고를 수 있다.

朝早く市場に行くと、良い材料を選ぶことができます。

요리하기 전에 필요한 재료를 미리 준비해 두세요.

料理する前に必要な材料をあらかじめ準備しておいて下さい。

66
전혀

[전혀] 부사 全く

(主に否定をする意味を表す単語と一緒に使用し)「さっぱり」「とても」「完全に」の意味を表す。

[関連語] 완전히 完全に

도무지 さっぱり

[例文] 우리 아이는 채소나 과일을 전혀 입에 안 대요.

私の子供は野菜や果物を全く口にしません。

요즘은 너무 바빠서 집에서 요리할 시간이 전혀 없어요.

最近はすごく忙しくて家で料理をする時間が全くありません。

67
집다

[집따] 동사 つかむ、拾う

[活用構文] 名 을/를 名 으로/로 집다

[例文] 손으로 집어 먹지 마! 手でつかんで食べるな!

튀김이 뜨거우니까 나무젓가락으로 집어 드세요.

天ぷらが熱いから、割り箸でつかんで召し上がって下さい。

68
차갑다

[차갑따] 형용사 つめたい

[活用構文] 名 이/가 차갑다

[活用表現] 물이 차갑다 水が冷たい

[類義語] 차다 冷たい

[例文] 감기가 낫기 전까지는 차가운 물은 가능하면 마시지 마세요.
風邪が治るまでは、冷たい水はできれば飲まないで下さい。

여름에 차가운 아이스크림을 너무 많이 먹으면 쉽게 배탈이 납니다.
夏に冷たいアイスクリームを食べ過ぎると、下痢になりやすいです。

69
차리다

[차리다] 동사 用意して整える

[活用構文] 名 을/를 차리다

[活用表現] 상을 차리다 食膳を用意する
음식을 차리다 食事を用意する

[例文] 별로 차린 건 없지만 많이 드세요.
たいしたものではありませんが、たくさん食べて下さい。

저녁에 집에 도착했을 때 어머니는 나를 위해 벌써 저녁상을 차려 놓으셨어요.
夕方、家に到着した時、母は私のためにすでに夕食を用意してくれていました。

70
충분하다

[충분하다] 형용사 十分だ

[活用構文] 名 에/에게 충분하다
動 기에 충분하다
名 으로/로 충분하다

[類義語] 넉넉하다 十分である

[反意語] 부족하다 不足だ
모자라다 足りない

[例文] 충분한 휴식이 건강한 몸을 만든다.
十分な休息が健康な体を作る。

오늘 손님이 10분 정도 오시는데 음식을 이 정도 준비하면 충분하겠지요?
今日はお客様が10名程度来るのですが、料理をこれくらい準備すれば十分ですよね。

71
콩나물

[콩나물] 명사 豆もやし
豆を容器に入れて、日陰において水を与えて育てたもの。またはそれで作ったおかず。

[活用表現] 콩나물국 豆もやしのスープ

콩나물을 기르다 豆もやしを育てる

콩나물을 무치다 豆もやしを和える

【例文】 숙취해소에는 콩나물국이 정말 좋아요.
二日酔いには、豆もやしのスープを飲むといいです。

키가 크고 마른 사람을 콩나물 같다고 표현하기도 해요.
背が高くて痩せた人を、豆もやしみたいだと表現したりもします。

72
탄산음료

[탄사늠뇨] 명사 炭酸飲料

【関連語】 콜라 コーラ

사이다 サイダー

【例文】 자판기에는 다양한 탄산음료들이 진열되어 있었다.
自動販売機には、いろいろな炭酸飲料が並んでいた。

탄산음료를 많이 마시면 이가 상할 수 있으니까 적당히 마시도록 해라.
炭酸飲料をたくさん飲むと、歯が悪くなることがあるので、適度に飲むように。

73
특별히

[특뼐히] 부사 特別な

【関連語】 특별하게 特別に

【例文】 특별히 어디가 아픈 건 아니지만 기운이 없어요.
特別どこかが悪いという訳ではないけれど、元気がないです。

여러분은 건강을 위해 특별히 먹는 건강식이 있어요?
皆さんは健康のために特別、食べている健康食がありますか。

74
팥

[팓] 명사 あずき

【活用表現】 팥죽 おしるこ

팥빙수 (あずきの入った)カキ氷

【例文】 여름에는 팥빙수가 최고예요.
夏にはカキ氷が最高です。

아기 백일에 수수팥떡을 해서 이웃들에게 돌렸어요.
子供の生後100日記念にあずきのきびもちを作って近所の人に配りました。

75
포도주

[포도주] 명사 ぶどう酒

【活用表現】 포도주를 따다 ぶどう酒を注ぐ

포도주를 마시다 ぶどう酒を飲む

【類義語】 와인 ワイン

【例文】 포도주는 서늘한 곳에 보관하세요.
ぶどう酒は涼しい所で保管して下さい。

맥주라든가 포도주처럼 독하지 않은 술로 마시겠어요.
ビールだとかぶどう酒のように、強くないお酒を飲もうと思います。

76
화학조미료

[화학조미료] 명사 化学調味料

【活用表現】 화학조미료를 넣다 化学調味料を入れる

【類義語】 인공조미료 人工調味料

인공감미료 人工甘味料

【例文】 가능하면 화학조미료보다는 천연조미료를 직접 만들어 드세요.
できるだけ化学調味料よりは、天然調味料を直接作って食べて下さい。

음식을 할 때 화학조미료를 너무 많이 쓰는 것은 건강에 좋지 않습니다.
料理する時、化学調味料をたくさん使いすぎるのは、健康によくありません。

77
후추

[후추] 명사 こしょう

【活用表現】 통후추 粒こしょう

후춧가루를 치다 こしょうを振る

【例文】 후춧가루가 코에 들어가서 재채기를 했어요.
こしょうが鼻に入って、くしゃみをしました。

불고기에 후추를 넣으면 특유의 고기 누린내가 없어져요.
プルコギにこしょうを入れると、肉独特のくさみがなくなります。

78
흘리다

[흘리다] 동사 こぼす

【活用構文】 名 에 名 을/를 흘리다

【類義語】 쏟다 こぼす

【例文】 밥을 먹을 때 음식을 흘리지 않도록 조심해.
ごはんを食べる時、食べ物をこぼさないように注意して。

콜라를 마실 때 옆 사람이 치는 바람에 치마에 모두 흘렸어요.
コーラを飲んでいたら、横の人に押されてスカートに全部こぼれました。

04 연습문제

[1-23] 다음 음식을 나타내는 단어를 한국어로 바꿔 쓰십시오.
次の食べ物を表す単語を韓国語で書きなさい。

1. はちみつ　(　　　　　)	2. 大根　(　　　　　)
3. 小豆　(　　　　　)	4. ガム　(　　　　　)
5. レモン　(　　　　　)	6. 白菜　(　　　　　)
7. きのこ　(　　　　　)	8. 生姜　(　　　　　)
9. バタ　(　　　　　)	10. 卵　(　　　　　)
11. ピーナッツ　(　　　　　)	12. 高麗人参　(　　　　　)
13. 食パン　(　　　　　)	14 なす　(　　　　　)
15. こしょう　(　　　　　)	16. お酢　(　　　　　)
17. ソーセージ　(　　　　　)	18. もやしのナムル　(　　　　　)
19. とうもろこし　(　　　　　)	20. さつまいも　(　　　　　)
21. 緑豆のお好み焼き　(　　　　　)	22. 食用油　(　　　　　)
23. ぶどう酒　(　　　　　)	

[24-31] 다음 (　　)에 가장 알맞은 것을 고르십시오.
(　　)の中に当てはまるものとして一番相応しいものを選びなさい。

24. 많은 식당들이 맛을 내기 위해서 몸에 해로운 (　　　　)을/를 사용하고 있다고 한다.

❶ 설탕　❷ 마늘　❸ 참기름　❹ 화학조미료

25. 맥주를 마실 때 (　　　　)으로/로 마른 오징어나 땅콩을 자주 먹어요.

❶ 양주　❷ 반찬　❸ 안주　❹ 주류

26. 불고기는 잘게 썬 쇠고기에 간장, 설탕, 파, 마늘, 후춧가루 등 여러 가지 (   )을/를 넣어서 만든 요리이다.

❶ 양념 ❷ 양파 ❸ 생강 ❹ 고춧가루

27. 콜라라든가 사이다 같은 (   )은/는 심장이 약한 사람은 자주 마시지 않는 것이 좋습니다.

❶ 우유 ❷ 탄산음료 ❸ 아이스크림 ❹ 오렌지 주스

28. 비빔밥이란 여러 가지 (   )과/와 계란, 고기 등의 음식을 넣어 고추장에 비벼먹는 음식으로 한국 전통 음식 중 하나이다.

❶ 육류 ❷ 곡류 ❸ 나물 ❹ 소스

29. 된장과 요구르트 같은 발효 (   )은/는 건강에 좋다고 알려져 있다.

❶ 재료 ❷ 음료 ❸ 식품 ❹ 유제품

30. 한국에서는 감기가 심하거나 기침이 날 때 뜨거운 (   )을/를 마셔요.

❶ 맥주 ❷ 콜라 ❸ 커피 ❹ 생강차

31. 대형마트에는 쌀, 찹쌀, 옥수수, 보리, 밀 등과 같은 (   )을/를 파는 코너가 따로 있다.

❶ 식품 ❷ 곡류 ❸ 식료품 ❹ 밀가루

[32-45] [보기]에서 알맞은 단어를 골라 (   ) 안에 쓰십시오.

(   )に当てはまる単語を、下の語群から選んで書きなさい。

[보기]

재료	껍질	송편	전혀	특별히	도시락	씹다
식다	집다	차리다	흘리다	김장하다	미지근하다	번거롭다

32. 내일 (   )으려고/려고 배추를 샀는데 지난주에 비해 값이 많이 올랐던데요.

33. 추석날 아침에 음식을 (   )어/아/여 놓고 조상님께 감사하는 마음으로 차례를 지냈다.

34. 삶은 달걀의 ( )을/를 잘 벗기려면 계란을 삶은 즉시 찬물에 담그면 된다.

35. 저는 집에서는 ( ) 요리를 하지 않고 항상 식당에서 사 먹어요.

36. 목이 아플 때 뜨거운 물보다는 ( )는/은/ㄴ 소금물로 양치를 하면 좋아요.

37. 아이가 여기저기 지저분하게 밥을 ( )고 먹어도 너무 혼내지 마세요.

38. 이 뜨거운 커피가 차갑게 ( )기 전에 회의가 끝나면 좋겠다.

39. 일본에서는 자기 젓가락으로 음식을 ( )어서/아서/여서 다른 사람에게 주는 것은 실례예요.

40. 음식을 많이 ( )어서/아서/여서 먹으면 소화가 잘 되기 때문에 건강에 좋다.

41. 삼계탕을 만들 때는 닭, 인삼, 찹쌀, 마늘, 파, 소금, 후추 등 여러 가지 ( )들이 필요합니다.

42. ( )을/를 싸 가지고 근처 공원으로 소풍을 갑시다.

43. 저는 ( ) 싫어하는 음식은 없어요. 음식을 가리지 않고 다 좋아하는 편이에요.

44. ( )은/는 추석에 가족들이 모여서 만들어 먹는 한국의 전통 음식이에요.

45. 김치를 담그는 일이 이렇게 힘들고 ( )는/은/ㄴ 일인 줄 몰랐어요.

[46-54] 다음 ( )에 공통적으로 들어갈 단어의 기본형을 쓰십시오.

次の( )に共通して当てはまる単語の基本形を書きなさい。

46.
❶ 영수 씨는 표정도 밝고 항상 자신감이 ( )어서/아서/여서 보기 좋아요.
❷ 잠깐 텔레비전을 보는 사이에 된장찌개가 끓어서 ( )었어요/았어요/였어요.

( )

47.
❶ 사과 한 박스를 샀는데 거의 다 ( )어서/아서/여서 먹지 못하고 버렸어요.
❷ 사탕과 초콜릿을 많이 먹으면 이가 쉽게 ( )어요/아요/여요.

( )

48. ❶ 아직 할 일이 ( )어서/아서/여서 집에 못 가요.

❷ 쓰고 ( )는/은/ㄴ 돈은 은행에 저축했다.

❸ 음식이 너무 많이 ( )어서/아서/여서 친구들한테 싸 주었어요.

( )

49. ❶ 사과를 예쁘게 ( )어서/아서/여서 접시에 담았어요.

❷ 현금으로 지불하시면 10% ( )어/아/여 드립니다.

❸ 손톱이 길어서 ( )어야/아야/여야 하는데 손톱깎이가 어디에 있는지 못 찾겠어요.

( )

50. ❶ 어머니께서는 간장과 된장을 사 드시지 않으시고 항상 직접 ( )어서/아서/여서 드십니다.

❷ 시냇물에 발을 ( )으니까/니까 정말 시원하네요.

❸ 빨래가 너무 더러우면 물에 푹 ( )어/아/여 놓으세요.

( )

51. ❶ 이 아이스크림은 입에서 살살 녹을 정도로 정말 ( )네요.

❷ 미선 씨의 피부는 마치 아기 피부처럼 ( )어요/아요/여요.

❸ 아이에게 큰소리로 말하지 말고 ( )게 이야기해 보세요.

( )

52. ❶ 아까까지는 날씨가 화창했는데 갑자기 비가 ( )어진다/아진다/여진다.

❷ 급하게 우유를 마시다가 새로 산 티셔츠에 그만 ( )고 말았다.

❸ 아이들에게 부모님이 더 많은 관심과 애정을 ( )는/은/ㄴ 것이 좋다.

( )

53. ❶ 백화점보다는 남대문 시장의 물건 값이 더 (　　　　　)어요/아요/여요.
❷ 내일 이사 간다면서 이삿짐은 다 (　　　　　)었어요/았어요/였어요?
❸ 점심은 사 먹지 말고 도시락을 (　　　　　)어/아/여 가지고 가서 먹읍시다.

(　　　　　　　　　　)

54. ❶ 우유를 냉장고에 넣어두지 않아서 상했을 수도 있으니까 뚜껑을 열고 냄새를 (　　　　　)어/아/여 보세요.
❷ 배우 이미영 씨는 이번 공연에서 주인공 역을 (　　　　　)었다/았다/였다.
❸ 김 과장님은 아무리 어려운 일을 (　　　　　)어도/아도/여도 모두 해결하세요.

(　　　　　　　　　　)

[55-66] [보기]에서 알맞은 단어를 골라 (　　　) 안에 쓰십시오.

(　　　　)に当てはまる単語を、下の語群から選んで書きなさい。

[보기]

솜씨	밥맛	국물	밀가루	포도주	억지로
담다	갈다	섞다	뒤집다	벗기다	데치다

55. 사과 만 원 어치만 이 비닐봉지에 (　　　　　)어/아/여 주세요.

56. 어머니께서는 아침마다 사과와 당근을 함께 (　　　　　)어서/아서/여서 주스를 만들어 주십니다.

57. 여러 가지 채소에 소스를 뿌리고 잘 (　　　　　)으면/면 샐러드가 완성됩니다.

58. 잡채가 너무 맛있어요. 음식 (　　　　　)이/가 정말 좋으시네요.

59. 점심시간 전에 배가 고파서 빵이랑 과자를 좀 먹었더니 (　　　　　)이/가 없네요.

60. 김치부침개의 한 쪽 면이 잘 익으면 (　　　　　)어/아/여 주세요.

61. 감자는 깨끗이 씻은 후 껍질을 (　　　　　)어/아/여 놓으세요.

62. 시금치를 끓는 물에 1~2분간 살짝 (　　　　　)으세요/세요.

63. 배탈이 났을 때는 빵이나 라면 같은 ( ) 음식을 먹지 않는 것이 좋아요.

64. 쌀쌀한 겨울에는 우동이나 칼국수같이 따뜻한 ( )이/가 있는 음식이 먹고 싶어요.

65. 아이가 감기에 걸렸는데 약을 안 먹겠다고 해서 ( ) 약을 먹였어요.

66. 과음을 하는 것은 좋지 않지만 ( ) 한 잔 정도는 심장병 예방에 좋다고 합니다.

[67-70] 다음 밑줄 친 부분과 바꿔서 쓸 수 있는 것을 고르십시오.
下線部と同じ意味で使うことができるものを選びなさい。

67. 집 근처에 고기, 생선, 채소, 과일 등을 파는 가게가 있어서 편해요.

❶ 제품 ❷ 식료품 ❸ 가공품 ❹ 유제품

68. 혼자서 손님을 초대할 때는 만들기가 복잡하고 어려운 음식보다는 간단한 것을 준비하는 것이 좋아요.

❶ 지루하다 ❷ 어지럽다 ❸ 불편하다 ❹ 번거롭다

69. 술잔에 맥주를 너무 많이 따라서 컵 밖으로 조금 흘렀어요.

❶ 차갑다 ❷ 마시다 ❸ 넘치다 ❹ 닦다

70. 이 사과는 무농약 과일이니까 껍질까지 드셔도 괜찮아요.

❶ 유기농 ❷ 통조림 ❸ 냉동 ❹ 식물성

[71-73] 다음 밑줄 친 부분과 반대되는 뜻을 가진 것을 고르십시오.
下線を引いた部分と反対の意味を持つ単語を選びなさい。

71. 차가운 음료수가 있으면 한 잔만 주세요.

❶ 뜨겁다 ❷ 미지근하다 ❸ 식다 ❹ 끓이다

72. 한우는 가격이 조금 비싸긴 하지만 아주 연하고 맛있어요.

❶ 진하다　　❷ 질기다　　❸ 고소하다　　❹ 부드럽다

73. 여름에는 음식을 냉장고에 넣지 않으면 음식이 상할 수 있으니까 꼭 냉장고에 넣어서 보관하세요.

❶ 썩다　　❷ 변하다　　❸ 신선하다　　❹ 부패하다

[74-78] 다음 [보기]에서 알맞은 단어를 골라 이야기를 완성하십시오.

下の語群から(　　)に当てはまる単語を選び､文章を完成させなさい。

[보기]

떫다	비리다	고소하다	느끼하다	달콤하다

어제는 친구의 생일이어서 친구 생일 파티에 갔다. 친구는 정말 여러 가지 음식들을 준비했다. 그 중에 닭고기와 생선 조림이 있었는데 닭은 오븐에 구워서 그런지 기름기가 많지 않아서 담백하고 74.(　　　　　　)지 않았다. 또 생선 조림에는 생강과 마늘을 넣어서 생선의 75.(　　　　　　)은/ㄴ 맛이 전혀 나지 않았다. 친구는 정말 요리 솜씨가 좋은 것 같았다.

후식으로는 녹차와 호두 우유, 케이크가 준비되어 있었다. 나는 녹차를 마셨는데 녹차의 약간 76.(　　　　　　)은/ㄴ 맛이 입을 깔끔하게 해 주는 것 같았다. 녹차와 함께 케이크도 먹었는데 정말 부드럽고 77.(　　　　　　)어서/아서/여서 녹차와 잘 어울렸다.

호두 우유를 먹은 친구는 호두 맛이 아주 78.(　　　　　　)다고 했다. 오늘은 너무 과식을 한 것 같다. 내일은 시간을 내서 운동을 좀 해야겠다.

가정

05

家庭

05 가정

01
가구 [가구] 명사 所帯、世帯

[活用表現] 가구 수 世帯数

가구 소득 所帯所得

[関連語] 다가구 多世帯

[例文] 내가 사는 빌라에는 여섯 가구가 살고 있다.
私が住んでいるアパートには、6世帯が住んでいます。

요즘 조부모를 모시고 사는 가구가 점점 줄고 있다고 한다.
最近祖父母と一緒に住む世帯が少しずつ減ってきているという。

02
가스 [가스] [가쓰] [까스] 명사 ガス

[活用表現] 가스밸브 ガスバルブ

가스요금 ガス料金

가스레인지 ガスレンジ

가스가 새다 ガスがもれる

가스를 끄다 ガスを止める、ガスを消す

[例文] 가스 폭발로 인근 주민 10명이 중상을 입었다.
ガス爆発で近くの住民10人が重傷を負った。

외출하기 전에 반드시 가스를 잠갔는지 꼭 확인하시기 바랍니다.
外出する前に必ずガス栓を閉めたかどうか、絶対確認するようお願いします。

도움말

독가스 毒ガス　도시가스 都市ガス　배기가스 廃棄ガス

03
갈다[2] [갈다] 동사 替える、とりかえる
すでにある物を、他のものに変える。

[活用構文] 名 을/를 갈다

名 으로/로 갈다

[活用表現] 굽을 갈다 ヒールを替える

전구를 갈다 電球を替える

[例文] 전구가 깜빡이는 걸 보니까 갈아야 할 때가 된 것 같아요.
電球が点滅しているのを見ると、そろそろ替えたほうがいいようです。

구두 굽이 너무 닳아서 새것으로 갈아야겠어요.
靴のヒールがすごく磨り減ったので、新しいのに替えなければならなさそうです。

04
공과금

[공꽈금] 명사 公共料金

[活用表現] 공과금 고지서 公共料金告知書
공과금 청구서 公共料金請求書
공과금을 내다 公共料金を払う

[関連語] 세금 税金
관리비 管理費

[例文] 이번 달 공과금 고지서를 아직 못 받았어요.
今月の公共料金の(支払)告知書をまだ受け取っていません。

요즘은 인터넷 뱅킹으로 공과금을 내는 사람이 많아요.
最近はネットバンキングで公共料金を払う人が多いです。

05
깨다

[깨다] 동사 1. 割る 2. 覚める

1. 固い物質を叩いて破片を出す。

[活用構文] 名 을/를 깨다

[活用表現] 컵을 깨다 コップを割る
유리를 깨다 ガラスを割る

[関連語] 부수다 壊す
깨뜨리다 砕く

[例文] 남편은 설거지를 할 때 가끔 그릇을 깨요.
夫は食器を洗うと時々お皿を割ります。

2. (眠りや酔いから覚めて)本来の精神を取り戻す。

[活用構文] 名 이/가 깨다
名 을/를 깨다
名 에서 깨다

[活用表現] 술이 깨다 酔いが醒める
잠이 깨다 目が覚める

[例文] 시끄러운 소리에 잠이 깼어요.
騒音で目が覚めました。

06
꾸미다

[꾸미다] 동사 仕立てる

形よく整えたり手を入れる。

[活用構文] 名 을/를 꾸미다

[活用表現] 집을 꾸미다 家を飾り付ける

[関連語] 가꾸다 手入れをする

[例文] 봄이 되었으니까 집을 좀 화려하게 꾸미고 싶어요.
春になったから、家を少し華やかにしたいです。

오늘 데이트가 있어서 평소 때보다 좀 더 화려하게 꾸몄어요.
今日はデートがあって、普段より少し華やかに着飾りました。

07
남매

[남매] 명사 兄弟、姉弟
男と女の兄弟。

[類義語] 오누이 (男と女の)兄弟

[関連語] 자매 姉妹
형제 兄弟

[例文] 저 남매는 참 사이가 좋아.
あの兄弟はほんとに仲がいい。

우리 집은 아들 하나, 딸 둘로 모두 삼 남매입니다.
私の家は息子が1人、娘が2人で、全部で3兄弟です。

08
달다

[달다] 동사 掲げる、つける
(何かをどこかに)かけたり差したり、縫ったりしてくっ付ける。

[活用構文] 名 을/를 달다
名 에 달다

[活用表現] 국기를 달다 国旗を掲げる
단추를 달다 ボタンをつける
이름표를 달다 名札をつける

[関連語] 걸다 かける、吊るす

[例文] 학교에 등교할 때는 모두 가슴에 이름표를 달아야 해요.
学校に登校する時は、みんな胸に名札をつけなければなりません。

어머니께서 제 옷의 단추가 떨어 있는 것을 보고는 다시 달아주셨어요.
母が私の服のボタンが取れているのを見て、縫いつけてくれました。

09
닮다

[담따] 동사 似る
人、または物の形や性質などが、他の人やものとお互いに似ている。

[活用構文] 名 과/와 닮다

[関連語] 비슷하다 似ている

[例文] 아드님이 아버님을 많이 닮았네요.
息子さんはお父様にすごく似ていますね。

저는 어머니와 얼굴이 많이 닮았어요.
私は母と顔がすごく似ています。

10
담요

[담뇨] 명사 毛布

【活用表現】 담요 한 장 毛布1枚
담요를 깔다 毛布をひく
담요를 덮다 毛布をかける

【例文】 추우시면 담요를 드릴까요?
寒ければ毛布をお使いになりますか。

이번 겨울은 많이 추워서 예년에 비해 담요의 판매량이 증가했다고 한다.
今年の冬はすごく寒くて、例年に比べて毛布の販売量が増加したそうだ。

11
당신

[당신] 명사 1. あなた 2. あなた 3. お宅

1. 夫婦の間柄で、相手を尊敬して言うときの二人称代名詞。

【関連語】 자기 あなた
여보 あなた

【例文】 저녁에 당신이 좋아하는 김치찌개 해 놓을 테니까 일찍 들어오세요.
夕飯にあなたの好きなキムチチゲを作っておきますから、早く帰ってきてください。

2. 聞いている人を指す、二人称代名詞。

【例文】 길을 가다가 5만원이 바닥에 떨어져 있다면 당신은 어떻게 하겠습니까?
道に5万ウォンが落ちていたら、あなたはどうしますか。

3. 面と向かって喧嘩する時、相手を見下して言う、二人称代名詞。

【例文】 당신이 왜 이곳에 온 거야?
お宅が何でここに来たんだ。

12
대문

[대문] 명사 正門

【活用表現】 대문 밖 正門の外
대문을 밀다 正門を押す
대문을 나서다 正門を出る

【例文】 대문이 열려 있는 틈을 타서 개가 도망쳤어요.
正門が開いている隙を突いて、犬が逃げました。

어머니께서 대문 밖까지 나와서 출근하시는 아버지를 배웅했다.
母が家の門の外まで出てきて、出勤する父を見送った。

13
도구

[도구] 명사 1. 道具 2. 道具

1. 何かをする時に遣い器具をまとめて指す単語。

【活用表現】 세면도구 洗面道具

청소 도구 掃除道具
촬영 도구 撮影道具
도구를 쓰다 道具を使う
도구를 이용하다 道具を利用する

[例文] 오실 때는 세면도구와 개인이 쓸 용돈 정도만 준비하시면 됩니다.
いらっしゃる時は、洗面道具と個人で使うお小遣い程度だけ準備してくだされればいいです。

2. ある目的を達成するための手段と方法。

[活用表現] 도구로 이용하다 道具として利用する
[類義語] 수단 手段
[例文] 자신의 성공을 위해 다른 사람을 도구로 이용하지 마세요.
自分の成功のために、他の人を道具として利用しないでください。

14
동네

[동네] 명사 自分の町、近所

[活用表現] 동네가 깨끗하다 町がきれいだ
동네가 시끄럽다 町がうるさい
[類義語] 마을 町、村
[例文] 우리 동네는 비교적 깨끗한 편이에요.
私の町は比較的きれいな方です。

두 사람이 싸우는 소리로 동네가 시끄러웠다.
2人が喧嘩する声で近所がうるさかった。

15
들다

[들다] 동사 1. 掛かる 2. 入る

1. (あることに力、費用、努力などが)必要になる。

[活用構文] 名 에 名 이/가 들다
名 는 데에 名 이/가 들다
[類義語] 소요되다 掛かる
[関連語] 필요하다 必要だ
[例文] 물가가 올라서 그런지 요즘 생활비가 많이 드는 것 같아요.
物価が上がったからか、最近生活費がかさみます。

2. (集まり、定期預金、保険などに)加入する。

[活用構文] 名 을/를 들다
名 에 들다
[類義語] 가입하다 加入する
[例文] 이번에 남편과 같이 배드민턴 동호회에 들었다.
今回、夫と一緒にバトミントンの同好会に入った。

16
라이터

[라이터] 명사 ライター

[活用表現] 라이터를 끄다 ライターを消す

라이터를 켜다 ライターをつける

라이터에 가스를 충전하다 ライターにガスを充填する。

[関連語] 성냥 マッチ

[例文] 옆 사람에게 라이터를 빌려서 담배에 불을 붙였다.

隣の人にライターを借りて、タバコに火をつけた。

이 라이터는 뚜껑을 닫으면 자동으로 불이 꺼집니다.

このライターはふたを閉めると、自動で火が消えます。

17
렌즈

[렌즈] 명사 コンタクトレンズ

[活用表現] 렌즈를 끼다 コンタクトレンズをする

렌즈를 빼다 コンタクトレンズを外す

렌즈를 맞추다 コンタクトレンズを作る

렌즈를 착용하다 コンタクトレンズをつける

[関連語] 안경 眼鏡

식염수 食塩水

세척제 洗浄剤

[例文] 저는 눈이 나빠서 렌즈를 껴요.

私は目が悪くて、コンタクトレンズをしています。

반드시 손을 깨끗하게 씻은 후에 렌즈를 빼세요.

必ず手をきれいに洗った後でコンタクトレンズを外して下さい。

18
막내

[망내] 명사 一番年下、末っ子

[活用表現] 막내딸 末娘

막내아들 末息子

막내 동생 一番下の弟

[反意語] 맏이 一番上の子

[例文] 지난달에 막내딸이 결혼을 했어요.

先月に一番下の娘が結婚をしました。

저는 막내라서 식구들의 귀여움을 많이 받으면서 자랐어요.

私は末っ子なので家族たちにとても可愛がられながら育ちました。

19
먼지

[먼지] 명사 埃
細かくてやわらかい塵。

[活用表現] 먼지가 나다 埃が立つ
먼지가 묻다 埃がつく
먼지가 쌓이다 埃が積もる
먼지가 가득하다 埃でいっぱいだ
먼지를 닦다 埃を拭く

[関連語] 티끌 塵

[例文] 오랫동안 집을 비워 두었는지 가구 위에 먼지가 가득 쌓여 있네요.
長い間家を空けておいたのか、家具の上に埃がいっぱいに積もっていますね。

뚜껑을 열어 두면 먼지가 들어갈 수 있으니까 꼭 뚜껑을 덮어 놓으세요.
ふたを開けておくと、埃が入るかもしれないので、必ずふたを閉めておいてください。

20
며느리

[며느리] 명사 嫁

[活用表現] 맏며느리 長男の嫁
며느리를 보다 嫁を迎える

[関連語] 사위 娘婿

[例文] 며느리와 시어머니 사이를 '고부간'이라고 한다.
嫁と姑の間柄を'고부간'と言う。

우리 맏며느리는 안부 전화를 자주 하는 편이에요.
うちの長男の嫁は、用が無くても電話を良くくれる方です。

21
모시다

[모시다] 동사 仕える、ご案内する
お年寄りや尊敬する人の近くで仕える。

[活用構文] 名 을/를 모시다
名 을/를 모셔다 드리다
名 에 모시고 가다

[例文] 한국에서는 보통 장남이 부모님을 모십니다.
韓国では普通長男が両親の面倒を見ます。

제가 선생님을 터미널까지 모셔다 드리겠습니다.
私が先生をターミナルまでお連れいたします。

22
모자라다

[모자라다] 동사 不足だ

[活用構文] 名 이/가 모자라다

[類義語] 부족하다 不足する

[反意語] 충분하다 十分だ

넉넉하다 たっぷりだ

[関連語] 남다 残る

[例文] 한국말을 통역하기에는 아직 실력이 모자란 것 같아요.

韓国語の通訳をするには、まだ実力が足りないようです。

집을 살 때 모자라는 돈은 시어머니께서 좀 도와주시기로 했어요.

家を買う時、足りないお金はお義母さんが少し助けてくれることになりました。

23
목욕탕

[모곡탕] 명사 お風呂場

[活用表現] 대중목욕탕 大衆浴場

목욕탕 때밀이 お風呂場の使用人

목욕탕을 다녀오다 お風呂屋さんに通う

[類義語] 욕실 浴室

욕탕 浴槽

[関連語] 목욕물 お風呂の水やお湯

[例文] 저는 가끔 대중목욕탕에 가서 목욕해요

私は時々大衆浴場に行ってお風呂に入ります。

우리 집 목욕탕을 신식으로 고치고 싶어요.

私の家のお風呂場を新しく改装したいです。

24
바구니

[바구니] 명사 かご

[活用表現] 꽃바구니 フラワーバスケット

장바구니 買い物かご

과일바구니 フルーツバスケット

바구니에 담다 かごに入れる

[例文] 쇼핑할 때 장바구니를 가져가면 50원을 할인해 줘요.

買い物するとき、買い物かごを持っていけば50ウォン割引してくれます。

빨래할 옷은 세탁기 옆에 있는 바구니에 넣어 놓으세요.

洗濯する服を洗濯機の横にあるかごに入れて置いてください。

25
바늘

[바늘] 명사 針

[活用表現] 바늘구멍 針の糸を通す穴

바늘에 찔리다 針が刺さる

바늘에 실을 꿰다 針に糸を通す

[関連語] 실 糸

바느질 縫い物

[例文] 바느질을 하다가 실수로 바늘로 손끝을 찔렀어요.
縫い物をしていたら、ミスをして針で指先を指してしまいました。

큰 이불을 꿰매려면 더 굵은 바늘이 필요할 것 같아요.
大きい布団を縫うにはもっと太い針が必要だと思います。

26
바닥

[바닥] 명사 床

[活用表現] 바닥이 미끄럽다 床が滑る
바닥에 넘어지다 床で転ぶ
바닥에 떨어뜨리다 床に落とす

[関連語] 천장 天井

[例文] 바닥이 미끄러우니까 조심하세요.
床が滑りやすいので、注意して下さい。

유리컵이 바닥에 떨어져서 깨졌어요.
ガラスのコップが床に落ちて割れました。

도움말

땅바닥 地べた
방바닥 部屋の床
손바닥 手のひら
온돌바닥 オンドルの床
마룻바닥 床

27
밥솥

[밥솥] 명사 炊飯器

[活用表現] 전기밥솥 電気炊飯器
압력 밥솥 圧力炊飯器

[関連語] 밥통 炊飯器の内釜

[例文] 전기밥솥에 밥을 하니까 정말 편해요.
電気炊飯器でご飯と炊くので、本当に楽です。

압력 밥솥에 밥을 하면 더 맛있는 것 같아요.
圧力炊飯器でご飯を炊くと、よりおいしい気がします。

28
배우자

[배우자] 명사 配偶者

[活用表現] 배우자를 만나다 配偶者に出会う
배우자를 선택하다 配偶者を選ぶ

[関連語] 부부 夫婦

[例文] 좋은 배우자를 만나는 것은 쉬운 일이 아닌 것 같아요.
良い配偶者に会うのは、簡単なことではないようです。

결혼은 일생일대의 아주 중요한 일이니까 배우자 선택에 신중해야 합니다.
結婚は人生でとても重要なことなので、配偶者は慎重に選らばなくてはなりません。

29
배터리

[배터리] 명사 バッテリー

[活用表現] 배터리를 갈다 バッテリーを替える

배터리를 끼우다 バッテリーをはめる

[類義語] 건전지 乾電池

[例文] 여기에 빨간 불이 들어오면 배터리를 충전하셔야 합니다.
ここに赤い光がついたら、バッテリーを充電しなければなりません。

카메라가 안 켜질 때는 배터리를 뺐다가 다시 잘 끼워 보십시오.
カメラの電源がつかない時は、バッテリーを一度外してまたはめてみて下さい。

30
베개

[베개] 명사 枕

[活用表現] 팔베개 腕枕

베개를 베다 枕をする

[関連語] 요 布団

이불 布団

[例文] 베개가 너무 높아서 목이 아파요.
枕が高すぎて、首が痛いです。

어머니께서 팔베개를 해 주셨어요.
母が腕枕をしてくれました。

31
벨트

[벨트] 명사 ベルト

[活用表現] 안전벨트 安全ベルト

벨트를 매다 ベルトをしめる

벨트를 하다 ベルトをする

[関連語] 허리띠 帯、腰巻

[例文] 바지가 흘러내려서 허리에 벨트를 맸어요.
ズボンが下がってくるので、腰にベルトをしました。

백화점 잡화코너 진열대에는 벨트와 모자, 목도리, 넥타이 등이 예쁘게 진열되어 있다.
デパートの雑貨コーナーの陳列台には、ベルトと帽子、マフラー、ネクタイ等がきれいに陳列されています。

32
보증금

[보증금] 명사 保証金

[活用表現] 보증금을 내다 保証金を出す
보증금을 받다 保証金をもらう

[関連語] 월세 (ひと月の)家賃
전세 (1度に大金を預け、家を出る時に全額返ってくる)家賃
보증 保証
보증인 保証人

[例文] 지금 살고 있는 집은 보증금 5000만 원에 월세 50만 원이에요.
今住んでいる家は保証金5000万ウォンに月額の家賃が50万ウォンです。

집 주인이 이번 달부터 보증금을 300만 원 올려 달라고 해서 걱정이에요.
大家さんが今月から保証金を300万ウォン上げてくれというので心配です。

33
비닐봉지

[비닐봉지] 명사 ビニール袋

[活用表現] 비닐봉지 한 장 ビニール袋1枚

[例文] 가게 주인은 내가 산 물건을 비닐에 담아 줬다.
店の主人は私が買った物をビニール袋に入れてくれた。

얼마 전까지 물건을 사면 비닐봉지를 공짜로 줬지만 지금은 돈을 주고 사야 합니다.
少し前までは物を買ったらビニール袋を無料でくれたけど、今はお金を出して買わなければいけません。

34
빗

[빋] 명사 櫛

[活用表現] 빗으로 빗다 櫛で梳かす

[関連語] 머리끈 髪の毛のゴム
머리핀 ヘアピン

[例文] 어렸을 때는 혼자 빗으로 머리를 못 빗었어요.
幼い時はひとりでは櫛で髪の毛を梳かせませんでした。

머리가 너무 지저분하니까 빗으로 좀 빗으세요.
髪の毛がすごくボサボサなので櫛で少し梳かしてください。

35
산더미

[산떠미] 명사 山積み

[活用表現] 산더미같이 쌓이다 山積みのようにたまる
산더미처럼 쌓이다 山積みのようにたまる

[例文] 빨래가 산더미처럼 쌓여 있어요.
洗濯物が山のように溜まっています。

해야 할 일이 산더미같이 쌓여서 오늘은 야근을 해야 할 것 같아요.
しなければいけないことが山のように積もっていて、今日は残業をしなければならなそうです。

도움말

돈더미 お金の山
잿더미 灰の山
눈 더미 雪の山
빚더미 借金の山
흙더미 土の山

36
서랍

[서랍] 명사 引き出し

[活用表現] 서랍장 チェスト
서랍 정리 引き出しの整理
서랍을 뒤지다 引き出しをあさる
서랍을 잠그다 引き出しを閉める

[関連語] 장롱 タンス
화장대 化粧台

[例文] 양말은 첫 번째 서랍 안에 있어요.
靴下は一番目の引き出しの中にあります。

중요한 물건은 서랍 속에 잘 넣어 두었습니다.
重要なものは引き出しの中にきちんと入れて置きました。

37
석유

[서규] 명사 石油

[活用表現] 석유화학 石油化学
석유가 나다 石油が出る
석유가 나오다 石油が出てくる

[関連語] 경유 軽油
등유 灯油
석탄 石炭
휘발유 揮発油

[例文] 석유 값이 올라서 차량 유지비도 많이 늘었어요.
石油価格が上がって、車の維持費も上がりました。

우리나라는 석유가 한 방울도 안 나오는 나라니까 아껴 써야 한다.
わが国は石油が1滴も出てこない国だから、大切に使わなくてはなりません。

38
설치하다

[설치하다] 동사 設置する

[活用構文] 名 을/를 설치하다

名 에 설치하다

[活用表現] 에어컨을 설치하다 エアコンを設置する

[類義語] 달다 つるす,かける

[例文] 보통 정수기를 사면 무료로 설치해 줍니다.

普通,浄水器を買うと無料で設置してくれます。

새로 이사하는 집에 에어컨을 설치하려면 설치비를 내야 합니다.

新しく引っ越しする家に,エアコンを設置するには設置費を出さなくてはなりません。

39
세입자

[세입짜] 명사 入居者

[活用表現] 세입자를 들이다 入居者を入れる

[例文] 세입자에게 월세를 빨리 내라고 여러 번 말했지만 아직도 주지 않았어요.

入居者に家賃を早く出せと何度も言ったのに,まだくれません。

어느 날 갑자기 건물 주인이 건물에 있는 세입자들에게 모두 나가라고 말했다.

ある日突然,建物の大家さんが建物にいる入居者たちに全員出て行けと言った。

40
세탁하다

[세타카다] 동사 洗濯する

[活用構文] 名 을/를 세탁하다

[類義語] 빨래하다 洗濯する

[例文] 커피 얼룩은 아무리 세탁해도 잘 빠지지 않아요.

コーヒーのシミはいくら洗濯してもきれいに落ちません。

저 분홍색 치마는 손세탁을 해야 하는 옷이니까 세탁기에 돌리지 마세요.

あのピンク色のスカートは手洗いをしなくてはいけない服だから,洗濯機で回さないでください。

41
손윗사람

[소뉘싸람] [소뉟싸람] 명사 目上の人

[関連語] 손아랫사람 目下の人

[例文] 손아랫사람은 손윗사람에게 높임말을 써야 합니다.

目下の人は目上の人に敬語を使わなくてはなりません。

손윗사람을 봤을 때는 먼저 인사를 하는 것이 예의예요.

目上の人に会った時は,まず挨拶をするのが礼儀です。

42
손자

[손자] 명사 孫息子

[活用表現] 손자를 보다 孫ができる

[関連語] 손녀 孫娘

손주 孫息子と孫娘

[例文] 아침 식사 후에 할아버지는 항상 손자를 데리고 산책을 가신다.
朝食の後に、おじいさんはいつも孫息子を連れて散歩に行きます。

손자가 아무리 말썽을 부려도 할머니는 절대 화를 내지 않으세요.
孫息子がどんなに駄々をこねても、お婆さんは絶対に怒りません。

43
손잡이

[손자비] 명사 取っ手

[活用表現] 손잡이가 망가지다 取っ手が壊れる

손잡이를 잡다 取っ手を掴む

손잡이를 돌리다 取っ手を回す

[例文] 커피 잔의 손잡이가 깨져서 버렸어.
コーヒーカップの取っ手が割れてしまった。

손잡이를 오른쪽으로 돌리면 문이 열릴 거예요.
取っ手を右に回すと、ドアが開くでしょう。

44
수도

[수도] 명사 水道

[活用表現] 수도세 水道代

하수도 下水道

수도를 틀다 水道をひねる

수도를 잠그다 蛇口を閉める

[関連語] 수돗물 水道水

파이프 パイプ

[例文] 수도를 틀어놓고 양치질을 하지 마세요.
水を出しっぱなしにして、歯磨きをしないでください。

이번 달에 물을 많이 써서 수도요금이 많이 나왔어요.
今月は水をたくさん使って、水道料金が高かったです。

45
수리

[수리] 명사 修理

[活用表現] 수리 기사 修理屋さん

수리비용 修理費用

수리하다 修理する

수리를 받다 修理してもらう

수리를 맡기다 修理に出す

[例文] 자전거 수리비용으로 10만원이나 들었어요.
自転車の修理費用に10万ウォンもかかりました。

핸드폰이 고장이 나서 서비스 센터에 수리를 맡겼어요.
携帯電話が壊れたのでサービスセンターへ修理に出しました。

46
시부모

[시부모] 명사 義理の両親、義父母

[活用表現] 시부모를 모시다 義理の両親の面倒を見る

[関連語] 시어른 夫の親戚で目上の人を指す言葉

[例文] 이웃집 며느리는 시부모님 모시는 데에 모든 정성을 쏟았다.
隣の家の嫁は義理の両親の面倒をみることに、誠心誠意を尽くした。

요즘엔 시부모님을 안 모시고 사는 사람들이 점점 늘고 있다.
最近は義理の両親の面倒を見ない人達が、少しずつ増えてきている。

47
식구

[식꾸] 명사 家族

[活用表現] 식구가 늘다 家族が増える
식구가 되다 家族になる
식구가 많다 家族が多い
식구가 모이다 家族が集まる

[関連語] 가족 家族

[例文] 오랜만에 식구가 모두 모여서 식사를 하니 너무 좋구나.
久しぶりに家族がみんな集まって食事をしたのでとても嬉しいな。

오늘부터 식구가 한 명 더 늘었습니다. 서로 사이좋게 지내세요.
今日から家族がひとり増えました。お互い仲良くして下さい。

48
신랑

[실랑] 명사 新郎

[活用表現] 신랑감 婿の候補

[関連語] 신부 新婦

[例文] 지금부터 신랑 입장이 있겠습니다. 신랑 입장!
次は新郎の入場です。新郎、入場!

결혼식이 끝난 후에 신랑과 신부는 부모님들께 폐백을 드립니다.
結婚式が終わった後に新郎と新婦は両親たちに幣帛(新婦が舅·姑に初対面の儀式を行おこなうときあげるなつめの実·干がきなど)を差し出します。

49
신문지

[신문지] 명사 新聞紙

[活用表現] 신문지를 깔다 新聞紙を敷く

신문지에 말다 新聞紙を巻く

신문지로 덮다 新聞紙で覆う

신문지로 싸다 新聞紙で包む

[例文] 할머니는 집에 가는 길에 먹으라며 감자를 신문지에 싸 주셨다.
おばあさんは家に行く途中で食べなさいと言って、じゃがいもを新聞紙に包んでくれました。

한강 공원 잔디밭에 신문지를 깔고 앉아서 멋진 야경을 구경했다.
漢江公園の芝生に新聞紙を敷いて座り、きれいな夜景を眺めた。

50
신혼부부

[신혼부부] 명사 新婚夫婦

[活用表現] 신혼부부 한 쌍 新婚夫婦 1対

[関連語] 신혼집 新婚の家

신혼살림 新婚生活

신혼여행 新婚旅行

[例文] 두 사람은 결혼한 지 한 달밖에 안 된 신혼부부예요.
2人は結婚してひと月も経っていない新婚夫婦です。

요즘 신혼부부들은 국내보다는 해외로 신혼여행을 가는 경우가 많아요.
最近の新婚夫婦は国内よりは海外に新婚旅行にいくことが多いです。

51
심부름

[심부름] 명사 お遣い

[活用表現] 심부름꾼 遣いっぱしり

심부름센터 お遣いセンター

심부름을 가다 お遣いに行く

심부름을 하다 お遣いをする

심부름을 시키다 お遣いを頼む

[例文] 김 선생님은 학생들에게 가끔 심부름을 시키세요.
キム先生は学生達に時々お遣いを頼みます。

엄마 심부름으로 슈퍼에 가서 콩나물을 사 왔어요.
お母さんのお遣いで、スーパーに行ってもやしを買って来ました。

52
쓰레기통

[쓰레기통] 명사 ゴミ箱

[活用表現] 쓰레기통이 차다 ゴミ箱がいっぱいになる

쓰레기통을 비우다 ゴミ箱を空にする

쓰레기통에 버리다 ゴミ箱に捨てる

[類義語] 휴지통 (トイレットペーパーを捨てる)ゴミ箱

[例文] 쓰레기통이 쓰레기로 가득 차 있어서 아침에 비웠어요.
ゴミ箱がゴミでいっぱいになっていたので、朝捨てました。

쓰레기는 바닥에 버리지 마시고 반드시 쓰레기통에 버리세요.
ゴミは床にお捨てにならず、必ずゴミ箱にお捨て下さい。

53
아끼다

[아끼다] 동사 大切に使う
物やお金、時間などをやたらに使わない。

[活用構文] 名 을/를 아끼다

[活用表現] 물을 아끼다 水を大事に使う
돈을 아끼다 お金を大事に使う
에너지를 아끼다 エネルギーを大事に使う

[類義語] 절약하다 節約する

[反意語] 낭비하다 浪費する

[例文] 돈을 막 쓰지 말고 아껴서 쓰세요.
お金をやたらに使わないで、大事に使ってください。

교통비를 아끼면 생활비를 좀 줄일 수 있을 거예요.
交通費を節約すると生活費をもう少し減らすことができます。

54
아버님

[아버님] 명사 1. お父様 2. お義父さん 3. お義父さん
1. お父さんの丁寧語。

[類義語] 아버지 お父さん

[関連語] 어머님 お母様
어머니 お母さん

[例文] 어머님과 아버님 모두 살아 계십니다.
お母様とお父様、ふたりとも生きております。

2. 舅を指す言葉。

[類義語] 시아버지 舅

[関連語] 어머님 お義母さん
시어머니 姑

[例文] 오늘 아버님께서 몸이 편찮으시다고 해서 병원에 좀 다녀왔어요.
今日はお義父さんが体の具合が悪いというので病院に行ってきました。

3. 妻の父を親近感を持って呼ぶ言葉。

[類義語] 장인어른 妻の父

[関連語] 어머님 夫の母
장모님 妻の母

[例文] 아버님, 술 한 잔 받으시죠. 제가 따라드리겠습니다.
お義父さん、一杯どうぞ。お注ぎします。

55
안방 [안빵] 명사 奥の間
台所やリビングの隣接する部屋。
[活用表現] 안방 문 奥の間のドア
[関連語] 건넌방 板の間をはさんで奥の間の向かいにある部屋
[例文] 보통 안방은 부모님께서 쓰세요.
普通、奥の間は両親が使います。

보통 아버지와 어머니가 쓰시는 방을 '안방'이라고 하고 안방의 맞은편에 있는 방을 '건넌방'이라고 해요.
普通、父と母が使う部屋を'안방'といい、その部屋の向かいにある部屋を'건넌방'といいます。

56
알뜰하다 [알뜰하다] 형용사 つましくて抜け目が無い
[活用構文] 名 이/가 알뜰하다
알뜰한 名
알뜰하게 動
[例文] 우리 며느리는 알뜰하게 살림을 하는 편이에요.
うちの嫁は抜け目無く家事をする方です。

출근 시간을 알뜰하게 쓰기 위해서 지하철 안에서 책을 보거나 일을 해요.
出勤時間を有意義に使うために、地下鉄の中で本を読んだり何かをして下さい。

57
오븐 [오븐] 명사 オーブン
[活用表現] 오븐에 넣다 オーブンに入れる
오븐에서 굽다 オーブンで焼く
오븐으로 익히다 オーブンで火を通す
[関連語] 가스레인지 ガスレンジ
전자레인지 電子レンジ
[例文] 오븐은 전기 오븐과 가스 오븐 두 종류가 있어요.
オーブンは電気オーブンとガスオーブンの2種類あります。

제가 집에서 오븐으로 구운 과자예요. 한번 드셔 보세요.
私が家のオーブンで焼いたお菓子です。食べてみて下さい。

58
외동딸 [외동딸] 명사 ひとり娘
[関連語] 외(동)아들 ひとり息子
무남독녀 息子のない家のひとり娘

[例文] 저는 동생도 오빠도 언니도 없는 외동딸이에요.
私は弟もお兄さんもお姉さんもいない、一人娘です。

저는 외동딸이어서 형제가 많은 집이 부러워요.
私はひとり娘なので、兄弟が多い家が羨ましいです。

59
용돈

[용똔] 명사 お小遣い

[活用表現] 용돈이 떨어지다 お小遣いが底をつく
용돈을 타다 お小遣いをもらう
용돈을 모으다 お小遣いを貯める
용돈을 절약하다 お小遣いを節約する

[例文] 지난주에 용돈을 줬는데 벌써 다 썼어?
先週お小遣いをあげたのに、もう全部使ったの。

나는 대학교 때 아르바이트를 해서 용돈과 학비를 벌었다.
私は大学の時、アルバイトをしてお小遣いと学費を稼いだ。

60
유리

[유리] 명사 ガラス

[活用表現] 유리 그릇 ガラスの器
유리 제품 ガラス製品
유리 조각 ガラスの破片
유리가 깨지다 ガラスが割れる
유리를 갈다 ガラスを磨く

[例文] 야구를 하다가 옆집 유리를 깼어요.
野球をしていたら、隣の家のガラスを割りました。

유리 조각에 손을 베어 피가 많이 났어요.
ガラスの破片で手を切って、血がたくさん出ました。

61
자식

[자식] 명사 子供

[活用表現] 자식 걱정 子供の心配
자식 사랑 子供への愛
자식을 낳다 子供を産む
자식을 기르다 子供を育てる

[類義語] 자녀 子女(息子と娘)
자제 息子さん

[例文] 자식을 길러봐야 부모님의 마음을 안다는 말이 있다.
子供を育てて見てはじめて、両親の気持ちが分かるようになると言葉がある。

부모님께서는 자식들이 잘 자라는 것을 최고의 행복으로 여긴다.
両親は子供たちが元気に正しく育つことを最高の幸せだと考える。

62
장남
[장남] 명사 長男
[類義語] 맏아들 長男
큰아들 長男
[関連語] 차남 次男
장녀 長女
차녀 次女
[例文] 민수는 삼 형제 중 장남이다.
ミンスは3兄弟の長男だ。
보통 장남은 결혼 후에 부모님을 모시고 삽니다.
普通、長男は結婚した後に両親の面倒を見ながら暮らします。

63
전기
[전기] 명사 電気
[活用表現] 전기세 電気代
전기 요금 電気料金
전기가 나가다 電気が消える、電気が切れる
전기를 절약하다 電気を節約する
[関連語] 전류 電流
전선 電線
[例文] 가끔 전기 불을 끄지 않고 외출할 때가 있어요.
時々電気をつけたままで外出する時があります。
기름 없이 전기로만 달리는 자동차가 곧 일반화된다고 합니다.
ガソリンなしに電気だけで走る自動車が、もうすぐ一般化すると言います。

64
지붕
[지붕] 명사 屋根
[活用表現] 지붕이 낮다 屋根が低い
지붕을 고치다 屋根を直す
지붕에서 비가 새다 雨漏りする
[例文] 집이 너무 낡아서 비가 오면 지붕에서 비가 새요.
家が古すぎて、雨が降ると雨漏りします。
막내 아들이 지붕에 올라갔다가 떨어져서 크게 다쳤어요.
一番下の息子が屋根に上って落ちて、大怪我をしました。

65
치우다

[치우다] 동사 1. 片付ける 2. 除けて置く

1. (散らかっているものを)捨てたり、きれいにする。

[活用構文] 名 을/를 치우다

[関連語] 청소하다 掃除する

[例文] 지저분한 방을 치우느라고 고생했어요.
散らかっている部屋を片付けるのに苦労しました。

2. 物を他の場所に移す。

[活用構文] 名 을/를 치우다
名 으로/로 치우다

[類義語] 옮기다 移す

[例文] 위험한 물건들은 아이들의 손이 닿지 않는 곳에 치워 두세요.
危険な物は、子供たちの手に届かないところにどけて置いて下さい。

66
침실

[침실] 명사 寝室

[活用表現] 침실을 꾸미다 寝室を飾る

[関連語] 거실 リビング
부엌 台所
침대 ベット
화장실 トイレ

[例文] 위층에는 화장실과 침실이 있어요.
上の階には、トイレと寝室があります。

저희 집 침실에서는 멋진 야경을 볼 수 있어요.
私の家の寝室からは、きれいな夜景を見ることができます。

67
키우다

[키우다] 동사 育てる

[活用構文] 名 을/를 키우다

[活用表現] 아이를 키우다 子供を育てる
화초를 키우다 草花を育てる
강아지를 키우다 子犬を育てる

[類義語] 기르다 育てる

[関連語] 가꾸다 栽培する、(手をかけて)育てる

[例文] 어렸을 때 강아지를 키운 적이 있어요.
幼い時、子犬を育てたことがあります。

부모님은 자녀를 키우기 위해서 많은 고생을 하세요.
両親は子供を育てるために、すごく苦労します。

68
털다 [털다] 동사 払う

[活用構文] 名 을/를 털다

[活用表現] 눈을 털다 雪を払う

먼지를 털다 埃を払う

[関連語] 묻다 くっつく

[例文] 어깨에 눈이 많이 쌓여서 손으로 털어 냈어요.
肩に雪がたくさん積もったので、手で払い落としました。

대청소를 하면서 TV위에 쌓인 먼지를 털었어요.
大掃除をしながら、テレビの上に積もった埃を払いました。

69
테이프 [테이프] 명사 1. セロハンテープ 2. テープ

1. 接着用セロハンテープ。

[類義語] 스카치테이프 スコッチテープ

[例文] 서랍이 볼펜, 지우개, 포스트 잍, 테이프 등과 같은 문구류로 가득 차 있네요.
引き出しがボールペン、消しゴム、ポストイット、セロテープなどのような文房具でいっぱいですね。

2. 音や映像などを気得するときに使う細くて長いフィルム。

[活用表現] 녹음테이프 録音テープ

비디오테이프 ビデオテープ

테이프에 녹음하다 テープに録音する

[例文] 나는 영화를 좋아해서 집에 영화 비디오테이프가 많다.
私は映画が好きなので、家に映画のビデオテープが多いです。

70
플라스틱 [플라스틱] 명사 プラスチック

[活用表現] 플라스틱 컵 プラスチックのコップ

플라스틱 그릇 プラスチックの器

플라스틱 용기 プラスチック容器

플라스틱 제품 プラスチック製品

[例文] 플라스틱 제품은 가볍고 잘 깨지지 않아요.
プラスチック製品は軽く、割れにくいです。

플라스틱 제품들은 재활용이 가능하니까 버릴 때는 재활용 수거함에 넣으세요.
プラスチック製品はリサイクルが可能だから、捨てる時はリサイクル資源の所に入れてください。

71
현관

[현관] 명사 玄関

【活用表現】 현관문 玄関の門

현관을 나서다 玄関を出る

【例文】 현관에 있는 신발들을 정리했어요.
玄関にある下駄箱を整理しました。

아침마다 아내는 출근하는 남편을 현관까지 배웅한다.
毎朝妻は出勤する夫を玄関まで見送った。

72
형님

[형님] 명사 1. お義兄さん 2. お義姉さん 3. お兄さん

1. 自分より歳が上の、妻の兄を呼ぶ言葉。

【関連語】 처남 妻の男兄弟

【例文】 형님들께 막내 사위가 인사를 드립니다.
お義兄さんに、一番下の婿が挨拶をします。

2. 嫁たちの間でお互いの夫や嫁(年上の)を指す言葉。

【類義語】 동서 姉妹や兄弟の夫や嫁

【関連語】 올케 弟の嫁を呼ぶときに使う言葉

시누이 夫の姉妹(小姑)

시동생 夫の弟

시아주버니 夫の兄

【例文】 명절 때마다 형님들과 함께 음식을 장만해야 해요.
祭日のたびに、お義姉さんたちと食事の支度をしなくてはなりません。

3. お兄さんの丁寧語。

【活用表現】 형님 댁 お兄さんのお宅

형님이 계시다 お兄さんがいらっしゃる

【類義語】 형 兄さん

【関連語】 형수님 兄嫁

【例文】 부모님이 일찍 돌아가셔서 형님과 형수님이 저를 키우셨어요.
両親が早くに亡くなられたので、お兄さんとそのお嫁さんが私を育ててくれました。

73
형부

[형부] 명사 お義兄さん

お姉さんの夫。

【関連語】 처제 妻の妹

【例文】 형부와 언니가 사이가 좋아서 보기 좋네요.
お義兄さんとお姉さんの仲が良くて、微笑ましいです。

내 조카는 언니보다는 형부를 더 많이 닮아서 키도 크고, 눈도 크다.
私の甥はお姉さんよりは、お義兄さんに似ていて、背も高く、目も大きい。

74
화분

[화분] 명사 植木鉢

【活用表現】 화분에 꽃을 심다 植木鉢に花を植える

화분에 물을 주다 植木鉢に水をあげる

【関連語】 씨 種

화초 草花

【例文】 화분이 너무 커서 혼자 옮기기 힘들 것 같아요.
植木鉢が大きすぎて、ひとりで運ぶのは大変そうです。

아침마다 엄마는 저에게 화분에 물을 주라고 시키세요.
毎朝、母は私に植木鉢に水をやるようにいいます。

05 연습문제

[1-18] **다음 단어를 한국어로 바꿔 쓰십시오.**
次の単語を韓国語で書きなさい。

1. 櫛 (　　　　)
2. 家具 (　　　　)
3. オーブン (　　　　)
4. 屋根 (　　　　)
5. 寝室 (　　　　)
6. 枕 (　　　　)
7. 道具 (　　　　)
8. 針 (　　　　)
9. 大門 (　　　　)
10. 炊飯器 (　　　　)
11. コンタクトレンズ (　　　　)
12. 毛布 (　　　　)
13. ガラス (　　　　)
14. ベルト (　　　　)
15. ガス (　　　　)
16. 新聞紙 (　　　　)
17. ライター (　　　　)
18. テープ (　　　　)

[19-30] **[보기]에서 알맞은 단어를 골라 (　　　　) 안에 쓰십시오.**
(　　)に当てはまる単語を、下の語群から選んで書きなさい。

[보기]

동네	용돈	자식	공과금	외동딸	배터리
심부름	손윗사람	비닐봉지	닮다	치우다	알뜰하다

19. 한국에서는 나보다 나이가 많은 (　　　　)에게 존댓말을 쓰고 예의 바르게 행동해야 해요.

20. 아내는 (　　　　)어서/아서/여서 물건을 한 번 사면 오랫동안 아껴 써요.

21. 부부가 같이 오래 살다가 보면 외모도, 성격도 서로 (　　　　)어/아/여 가는 것 같아요.

22. 나는 형제자매 없이 (　　　　　)으로/로 자라서 어린 시절에 조금 외로웠다.

23. 회사 근처에 우리 (　　　　　)까지 운행하는 마을버스가 있어서 아주 편해요.

24. 취직하기 전에는 부모님이 한 달에 10만원 씩 (　　　　　)을/를 주셨어요.

25. 부모들은 (　　　　　)을/를 위해서라면 무슨 일이든지 할 수 있을 것이다.

26. 어머니는 내게 우유를 사 오라고 (　　　　　)을/를 시키셨다.

27. 오늘 손님들이 오시니까 방을 (　　　　　) 어야겠어요/아야겠어요/여야겠어요.

28. 휴대전화가 켜지지 않으면 (　　　　　)을/를 다시 한번 잘 끼워 보십시오.

29. 사과 만 원어치만 이 (　　　　　)에 좀 담아 주세요.

30. 전기세, 수도세, 전화세 등 각종 (　　　　　)을/를 기한 내에 내지 않으면 연체료를 내야 해요.

[31-42] 다음은 가족 관계를 나타내는 단어의 설명입니다. 단어의 설명과 단어의 첫소리를 보고 알맞은 단어를 [보기]와 같이 쓰십시오.

家族関係を表す単語の説明を読み、説明に合う単語を書きなさい。例のように最初の文字だけ提示してあるので、それに合わせて書くこと。

[보기]
딸의 남편
ㅅ ㅇ ➡ 사 위

31. 남자와 여자 형제.

ㄴ ㅁ ➡ □ □

32. 아들의 아내.

ㅁ ㄴ ㄹ ➡ □ □ □

33. 부부 관계에 있는 상대방, 남편이나 아내.

ㅂ	ㅇ	ㅈ	➡			

34. 아들의 아들 또는 딸의 아들.

ㅅ	ㅈ	➡		

35. 시아버지와 시어머니.

ㅅ	ㅂ	ㅁ	➡			

36. 결혼하는 남자.

ㅅ	ㄹ	➡		

37. 결혼한 지 얼마 안 된 부부.

ㅅ	ㅎ	ㅂ	ㅂ	➡				

38. 둘 이상의 아들 중의 큰아들.

ㅈ	ㄴ	➡		

39. 여러 형제, 자매 중에서 맨 마지막에 태어난 사람.

ㅁ	ㄴ	➡		

40. 남자인 나보다 나이가 많은 남자 또는 아내의 오빠.

ㅎ	ㄴ	➡		

41. 언니의 남편.

ㅎ	ㅂ	➡		

42. 다른 사람의 아버지를 높이는 말.

ㅇ	ㅂ	ㄴ	➡			

[43-55] 다음 [보기]에서 알맞은 단어를 골라 (　　　　) 안에 쓰십시오.

(　　)に当てはまる単語を、下の語群から選んで書きなさい。

[보기]

식구	서랍	안방	전기	화분	바구니	설치하다
보증금	손잡이	세입자	목욕탕	플라스틱	꾸미다	

43. (　　　　　　　)은/는 주인이 월세를 올려 달라고 할까 봐 걱정했다.

44. 지금 살고 있는 집은 (　　　　　　　) 오천만 원에 매달 월세로 50만 원을 내고 있다.

45. 연세 이삿짐센터를 이용하시는 분들께는 에어컨, 정수기를 무료로 (　　　　　　　)어/아/여 드립니다.

46. 봄이 됐으니까 베란다에 놓을 작은 (　　　　　　　)을/를 한두 개 사야겠어요.

47. 재활용 쓰레기인 종이와 병과 (　　　　　　　)은/는 따로따로 분리해서 버려야 한다.

48. 바닥은 흰색으로, 벽과 가구는 핑크색으로 신혼집을 (　　　　　　　)었어요/았어요/였어요.

49. 지금 동생은 (　　　　　　　)에서 샤워를 하고 있어서 전화를 받을 수 없어요.

50. 여름에는 에어컨을 많이 사용해서 (　　　　　　　) 요금이 많이 나와요.

51. (　　　　　　　)에 일주일 동안 빨래를 모아서 한꺼번에 세탁해요.

52. 양말은 옷장 왼쪽에 있는 첫 번째 (　　　　　　　) 안에 들어 있어요.

53. 흔들리는 버스 안에서는 넘어지지 않게 (   )을/를 꽉 잡으십시오.

54. 저희 아버지는 혈압도 높으시고 성격도 급하셔서 가끔 화를 내시면 쓰러지실까 봐 (   )들이 걱정하곤 해요.

55. 보통 (   )의 맞은편에 있는 방을 건넌방이라고 해요.

[56-57] 다음 밑줄 친 부분과 반대되는 뜻을 가진 것을 고르십시오.

下線を引いた部分と意味が反対のものを選びなさい。

56. 돈을 아무 데나 쓰지 않고 꼭 필요한 데만 아껴서 써요.

❶ 절약하다 ❷ 낭비하다 ❸ 한턱내다 ❹ 계산하다

57. 생각보다 손님이 적게 와서 음식이 많이 남았다.

❶ 넉넉하다 ❷ 충분하다 ❸ 모자라다 ❹ 부유하다

[58-62] 다음 밑줄 친 부분과 의미가 비슷한 것을 고르십시오.

下線を引いた部分と意味が近いものを選びなさい。

58. 우리 하숙집 아저씨는 모든 전자 제품을 수리하실 수 있어서 뭐든 고장이 날 때마다 아저씨께 부탁해요.

❶ 챙기다 ❷ 고치다 ❸ 수선하다 ❹ 서비스하다

59. 영미 씨는 유명한 가수 김소라와 비슷하게 생긴 것 같아요.

❶ 닮다 ❷ 낯익다 ❸ 똑같다 ❹ 익숙하다

60. 어린 아이들을 돌볼 수 있는 시설이 부족해 맞벌이 부부들이 어린 자녀를 <u>키우는</u> 데에 어려움이 많다.

❶ 낳다 ❷ 자라다 ❸ 가꾸다 ❹ 기르다

61. 한국에서는 <u>석유</u>가 나지 않아서 100% 수입을 해야 해요.

❶ 기름 ❷ 우유 ❸ 석탄 ❹ 식용유

62. 두꺼운 카펫이나 커튼같이 집에서 <u>세탁하기</u> 힘든 것은 세탁소에 맡긴다.

❶ 청소하기 ❷ 쇼핑하기 ❸ 빨래하기 ❹ 교환하기

[63-64] 다음 (　　　)에 공통적으로 들어갈 단어를 쓰십시오.

次の(　　　)に共通して当てはまる単語を書きなさい。

63.

❶ "여보, 내가 제일 사랑하는 사람은 바로 (　　　　)이야/야."

❷ (　　　　)은/는 건강을 위해서 무슨 운동을 하십니까?

❸ (　　　　)이/가 뭔데 남의 일에 참견이야?

(　　　　　　　　)

64.

❶ 대한민국의 (　　　　)은/는 서울이에요.

❷ 날씨가 너무 추워서 (　　　　)이/가 얼었어요.

❸ 이번 달에 물을 많이 써서 (　　　　) 요금이 많이 나왔어요.

(　　　　　　　　)

[65-69] 다음 (　　　)에 공통적으로 들어갈 단어의 기본형을 쓰십시오.

次の(　　　)に共通して当てはまる単語の基本形を書きなさい。

65.

❶ 수업이 끝나면 교실 바닥에 버린 쓰레기 좀 (　　　　　)어/아/여 주세요.

❷ 어머니께서 방이 더럽다고 꾸중하시기 전에 방을 (　　　　　)어야겠어요/아야겠어요/여야겠어요.

(　　　　　　　　)

66.

❶ 지난주 토요일에 장인어른을 (　　　　　)고 식사를 했어요.

❷ 오늘은 김 박사님을 (　　　　　)고 한국의 가족 관계에 대해 알아보겠습니다.

❸ 옛날에 한국에서는 보통 장남이 부모님을 (　　　　　)고 살았는데 요즘은 꼭 그렇지는 않다.

(　　　　　　　　)

67.

❶ 설거지를 하다가 잘못해서 유리컵을 (　　　　　)었어요/았어요/였어요.

❷ 어제 마신 술이 아직도 안 (　　　　　)는/은/ㄴ 것 같아요.

❸ 밖에서 시끄러운 소리가 나서 자다가 (　　　　　)었어요/았어요/였어요.

(　　　　　　　　)

68.

❶ 아이스크림에는 설탕이 많이 들어 있어서 너무 (　　　　　)어요/아요/ 여요.

❷ 게시판의 글을 읽고 댓글을 (　　　　　)었어요/았어요/였어요.

❸ 햇빛이 많이 들어와서 창문에 커튼을 (　　　　　)었어요/았어요/였어요.

(　　　　　　　　)

69.

❶ 친구가 생일 때 준 선물이 너무 마음에 (　　　　　)어요/아요/여요.

❷ 컴퓨터 동아리에 (　　　　　)으려면/려면 어떻게 해야 해요?

❸ 우리 집 목욕탕을 고치고 싶은데 돈이 너무 많이 (　　　　　　)어서/아서/여서 망설이고 있어요.

(　　　　　　　　　)

[70-76] 다음 [보기]에서 알맞은 단어를 골라 이야기를 완성하십시오.

下の語群から(　　)に当てはまる単語を選び､文章を完成させなさい。

[보기]

먼지	바닥	현관	산더미	쓰레기통	쓸다	털다

오랜만에 집에 일찍 들어와 보니 해야 할 일이 70.(　　　　　　　)처럼 쌓여 있었다. 문을 열고 들어서자 71.(　　　　　　　) 앞에는 구두와 운동화가 잔뜩 나와 있었고 오랫동안 청소를 못해서 방 여기저기에 72.(　　　　　　　)이/가 가득 쌓여 있었다. 방 73.(　　　　　　　)에는 벗어 놓은 옷들과 먹다 버린 과자 봉지가 놓여 있었다. 나는 바로 청소를 시작했다. 그런데 텔레비전 위에 쌓인 먼지를 74.(　　　　　　　)다가 잘못해서 TV 위에 있던 액자를 깼다. 깨진 액자 조각을 조심히 75.(　　　　　　　)에 버렸다. 그리고 방을 빗자루로 76.(　　　　　　　)고 물걸레로 닦았다. 조금 힘들었지만 깨끗하게 청소를 끝내니까 기분이 좋았다.

인간관계

06

人間関係

06 인간관계

01
개인적

[개인적] 명사 個人的

[活用構文] 개인적인 **名**

개인적으로 **動**

[活用表現] 개인적이다 個人的だ

[例文] 개인적인 문제로 회사를 그만두게 되었어요.

個人的な問題で会社をやめることになりました。

너무 개인적인 질문을 하면 대답하기가 참 곤란해요.

あまりにも個人的な質問をされると、答えに困ります。

02
거절하다

[거절하다] 동사 断る

[活用構文] **名** 을/를 거절하다

動 기를 거절하다

[活用表現] 부탁을 거절하다 頼みを断る

요구를 거절하다 要求を断る

[反意語] 승낙하다 承諾する

허락하다 許す

[例文] 저는 사람들의 부탁을 잘 거절하지 못해요.

私は人の頼みをなかなか断ることができません。

친구가 제 부탁을 거절했지만 그렇게 기분이 나쁘지 않았어요.

友達が私の頼みを断りましたが、それほど気分が悪くはなかったです。

03
거짓말

[거진말] 명사 嘘

[活用表現] 거짓말쟁이 うそつき

새빨간 거짓말 真っ赤な嘘

거짓말을 하다 嘘をつく

[反意語] 진짜 本当

[例文] 지은 씨는 거짓말을 자주 해서 믿을 수가 없어요.

ジウンさんは嘘をよくつくので、信じられません。

어렸을 때부터 어머니는 제가 거짓말 하는 것을 제일 싫어하셨어요.

幼い頃から母は私が嘘をつくことを一番嫌がりました。

04
겸손하다

[겸손하다] 형용사 謙遜する

[活用構文] **名** 이/가 겸손하다

겸손한 名
겸손하게 動

[活用表現] 겸손한 태도 謙遜した態度

[反意語] 교만하다 傲慢だ

[例文] 높은 자리에 올라갈수록 겸손해야 해요.
高い地位に上るほど、謙虚でなくてはなりません。

잘난 척하는 사람보다 겸손한 사람을 좋아하는 것은 당연하죠.
えばる人より、謙虚な人が好きなのは、当たり前でしょう。

05
고백하다

[고배카다] 동사 告白する

[活用構文] 名 에게 名 을/를 고백하다
名 에게 動 다고 고백하다

[例文] 미선 씨에게 좋아한다고 고백하고 싶지만 용기가 안 나요.
ミソンさんに好きだと告白したいけれど、勇気がでません。

민수 씨가 현정 씨에게 좋아한다고 고백했는데 거절당했대요.
ミンスさんがヒョンジョンさんに好きだと告白したのですが、断られたそうです。

06
공경하다

[공경하다] 동사 敬う

[活用構文] 名 을/를 공경하다

[活用表現] 노인을 공경하다 老人を敬う
어른을 공경하다 大人を敬う

[関連語] 존경하다 尊敬する

[例文] 웃어른을 공경해야 해요.
目上の人を敬わなければなりません。

어른을 공경하고 부모에게 효도하는 젊은이들이 많아졌으면 좋겠어요.
大人を敬い、親孝行する若者が多くなって欲しいです。

07
궁금하다

[궁금하다] 형용사 気になる

[活用構文] 名 이/가 궁금하다
動 /形 는지/은지/ㄴ지/을지/ㄹ지 궁금하다

[例文] 친구가 울기만 하는데 무슨 일인지 궁금해요.
友達が泣いてばっかりいるのですが、何があったのか気になります。

민철 씨도 나를 좋아하는지 그의 속마음이 궁금해요.
ミンチョルさんも私のことを好きなのか、彼の本心が気になります。

08
권하다

[권하다] 동사 薦める

[活用構文] 名 에/에게 名 을/를 권하다
名 에/에게 動 으라고/라고 권하다

[活用表現] 차를 권하다 お茶をすすめる

[例文] 친구가 나에게 요가를 배워보라고 권했다.
友達が私にヨガを習ってみろと薦めてきた。

술을 마시고 싶지 않은데 자꾸 권하면 어떻게 하시겠어요?
お酒を飲みたくないのに、しきりに薦められたらどうしますか。

09
그립다

[그립따] 형용사 恋しい

[活用構文] 名 이/가 그립다

[活用表現] 가족이 그립다 家族が恋しい
고향이 그립다 ふるさとが恋しい

[類義語] 생각나다 思い出す

[例文] 사회생활을 하고 보니 학교생활이 그립네요.
社会生活をしてみると、学生時代が恋しいです。

고향을 떠난 지 10년 됐는데 고향이 무척 그립습니다.
ふるさとを出て10年になりましたが、ふるさとがすごく恋しいです。

10
기대하다

[기대하다] 동사 期待する

[活用構文] 名 을/를 기대하다
動 /形 기를 기대하다

[例文] 친구들과 처음으로 가는 여행이라서 정말 많이 기대하고 있어요.
友達と初めて行く旅行なので、本当にとても期待しています。

이번 시험에서 좋은 결과를 기대했었는데 결과가 안 좋아서 실망했어요.
今回の試験では良い結果を期待していたのに、結果が良くなくてがっかりしました。

11
기억

[기억] 명사 記憶

[活用表現] 기억력 記憶力
기억나다 思い出す
기억하다 記憶する
기억에 남다 記憶に残る

[例文] 중학교 때 친구였는데 그 친구 이름이 기억나지 않아요.
中学校の時仲がよかったのに、その友達の名前が思い出せません。

제가 오늘 휴대전화를 안 가져왔는데 혹시 미선 씨 전화번호를 기억하세요?
私が今日携帯電話を持って来なかったのですが、ミソンさんの電話番号覚えていますか。

12
끄덕이다 [끄더기다] 동사 頷く

[活用表現] 고개를 끄덕이다 頷く

[関連語] 젓다 (首などを)横に振る

[例文] 보통 고개를 끄덕이는 것은 허락을 의미해요.
普通、頷くことは承諾を意味します。

부모님께서는 대답 대신에 고개를 끄덕이셨어요.
両親は答えるかわりに、ただ頷きました。

13
끊어지다 [끄너지다] 동사 途絶える

[活用構文] 名 이/가 끊어지다

[活用表現] 교류가 끊어지다 交流が途絶える
소식이 끊어지다 消息が途絶える
연락이 끊어지다 連絡が途絶える

[類義語] 끊기다 切れる

[例文] 전화를 받자마자 끊어졌어요.
電話に出たとたん切れました。

연락이 끊어졌던 고등학교 동창한테서 어제 이메일을 받았어요.
連絡が途絶えていた高校時代のクラスメートから昨日メールが来ました。

14
끼치다 [끼치다] 동사 及ぼす

[活用構文] 名 을/를 끼치다

[活用表現] 폐를 끼치다 迷惑をかける
걱정을 끼치다 心配をかける
불편을 끼치다 不便をかける
영향을 끼치다 影響を及ぼす

[例文] 선생님, 이번 일로 걱정을 끼쳐드려서 죄송합니다.
先生、今回のことで心配をおかけして申し訳ありません。

일회용품 사용은 환경오염에 심각한 영향을 끼칩니다.
使い捨て用品の使用は、環境汚染に深刻な影響を及ぼします。

15
나누다

[나누다] 동사 1. 交わす 2. 分ける

1. 言葉や会話、挨拶などを交わす。

【活用構文】 名 과/와 名 을/를 나누다

【活用表現】 악수를 나누다 握手を交わす

인사를 나누다 挨拶を交わす

의견을 나누다 意見を交わす

이야기를 나누다 話を交わす

【例文】 저는 낯을 가려서 친한 사람하고만 대화를 잘 나누는 편이에요.

私は人見知りをするので、親しい人とだけ話をする方です。

2. 食べ物などを一緒に食べたり、分けて食べる。

【活用構文】 名 과/와 名 을/를 나누다

【活用表現】 차를 나누다 お茶を分け合う

음식을 나누다 食べ物を分ける

【例文】 옛날 사람들은 음식을 만들면 자주 이웃사람들과 나누어 먹었어요.

昔の人たちは食べ物を作ると、よく近所の人達と一緒に分けて食べました。

16
낯설다

[낟썰다] 형용사 見知らぬ、不慣れだ

【活用構文】 名 이/가 낯설다

낯선 名

【活用表現】 낯선 사람 見知らぬ人

【反意語】 낯익다 顔見知りだ

【例文】 낯선 사람이 오면 문 열어 주지 마라.

見知らぬ人が来たら、ドアを開けるな。

처음 한국에 왔을 때는 한국 사람들이 낯설고 이상했는데 요즘은 괜찮아졌어요.

初めて韓国に来た時は、韓国人に慣れず、何か変だと思っていたけれど、最近は大丈夫になりました。

17
농담하다

[농담하다] 동사 冗談を言う

【活用構文】 名 에게 농담하다

【関連語】 장난하다 からかう

【例文】 나는 심각하게 이야기했는데 친구들은 농담으로 받아들였어요.

私は真剣に話していたのに、友達は冗談として受け取りました。

영수는 자주 농담을 해서 사람들을 즐겁게 해 주기 때문에 인기가 많아요.

ヨンスはよく冗談を言って、みんなを楽しくさせるので人気があります。

18
대하다

[대하다] 동사 扱う

[活用構文] 名 으로/로 대하다
名 처럼 대하다
形 게 대하다

[活用表現] 가족처럼 대하다 家族のように扱う
자식처럼 대하다 子供のように扱う
친구처럼 대하다 友達のように扱う

[例文] 저희 시어머니가 저를 딸처럼 대해 주세요.
姑が私を娘のように扱ってくれます。

요즘 미선이가 왜 나에게 쌀쌀하게 대하는지 모르겠어.
最近ミソンが何で私に冷たくするのかわからない。

19
대화하다

[대화하다] 동사 会話する

[活用構文] 名 과/와 대화하다

[類義語] 이야기하다 話をする

[例文] 처음에는 한국말을 하나도 몰랐는데 1년 만에 이렇게 한국말로 자유롭게 대화할 수 있다니 정말 신기해요.
最初は韓国語がぜ全然わからなかったのに、1年でこうして韓国語で自由に会話することができるなんて、本当に不思議です。

인터넷으로 가족들하고 자주 영상채팅을 하다 보니 마치 마주보고 대화하는 것 같아요.
インターネットで家族とよくテレビ電話をしていると、まるで向かい合って会話をしているようです。

20
데려가다

[데려가다] 동사 連れて行く

[活用構文] 名 을/를 데려가다
名 에 데려가다

[活用表現] 아이를 데려가다 子供を連れて行く
강아지를 데려가다 犬を連れて行く

[反意語] 데려오다 連れて来る

[関連語] 가져가다 持って行く
모셔가다 お連れする

[例文] 어제 연극을 보셨다면서요? 다음에는 저도 데려가 주세요.
昨日、演劇を見たんですってね。次は私も一緒に連れて行ってください。

그 공연은 9살이 넘어야 볼 수 있으니까 5살짜리 우리 아들은 데려갈 수가 없었어요.
その公演は9歳以上しか見られないので、5歳になるうちの息子は連れて行けませんでした。

21
도움

[도움] 명사 助け

[活用表現] 도움이 되다 助けになる,役に立つ
도움이 필요하다 助けが必要だ
도움을 받다 助けてもらう
도움을 주다 助けてあげる
도움을 구하다 助けを請う

[例文] 김 선생님은 제가 힘들고 외로울 때마다 큰 도움을 주셨던 분이에요.
キム先生は私が辛くて寂しくなる度に,大きな助けてくれた方です。

날마다 한국어로 일기를 쓰는 것은 좀 번거롭기는 하지만 한국어 공부에 큰 도움이 돼요.
毎日韓国語で日記を書くのは少し面倒臭くはありますが,韓国語の勉強にとても役立ちます。

22
돌려주다

[돌려주다] 동사 返す

[活用構文] 名 에/에게 名 을/를 돌려주다

[活用表現] 돈을 돌려주다 お金を返す
물건을 돌려주다 ものを返す

[類義語] 반납하다 返納する

[反意語] 돌려받다 返してもらう

[例文] 접수시킨 입사원서는 돌려주지 않습니다.
応募したエントリーシートはお返ししません。

친구한테서 빌린 물건을 돌려주는 것을 잊어버렸다.
友達に借りたものを返すのを忘れてしまった。

23
돌보다

[돌보다] 동사 面倒を見る

[活用構文] 名 을/를 돌보다

[活用表現] 가사를 돌보다 家事を切り盛りする
건강을 돌보다 健康を気にする
아기를 돌보다 赤ちゃんの世話をする
환자를 돌보다 患者の面倒を見る

[類義語] 보살피다 世話をする

[例文] 요즘 치매 환자를 돌보는 병원이 많이 생겼어요.
最近,痴呆患者の面倒を見る病院がたくさんできました。

매일 아이들을 돌보고 집안일을 하느라 자기 시간이 없어요.
毎日子供たちの世話をして,家事をしていたら,自分の時間がありません。

24
마중

[마중] 명사 出迎え

[活用表現] 마중하다 出迎えする

마중을 나가다 迎えに行く

마중을 나오다 迎えに来る

[反意語] 배웅 見送り

[例文] 친구가 우리 집을 못 찾을까 봐 마중을 나갔다.
友達が私の家を見つけられないといけないので、迎えに行った。

바쁘실 텐데 이렇게 마중을 나와 주셔서 고맙습니다.
お忙しいのに、こうして迎えに来ていただき、ありがとうございます。

25
말다툼하다

[말다툼하다] 동사 口論する

[活用構文] 名 과/와 말다툼하다

[活用表現] 친구와 말다툼하다 友達と口論する

[関連語] 말싸움하다 口げんかをする

[例文] 어제 친구와 말다툼하고 헤어져서 마음이 편하지 않네요.
昨日友達と口げんかをして別れたので、気分がすっきりしませんね。

어렸을 때는 형과 자주 말다툼했지만 지금은 전혀 싸우지 않아요.
小さい頃は兄とよく口げんかしたけれど、今は全然喧嘩しません。

26
맞서다

[맏써다] 동사 立ち向かう、向かい合う

[活用構文] 名 과/와 맞서다

名 에/에게 맞서다

[活用表現] 죽음과 맞서다 死と向かい合う

[例文] 좌담회에서 찬성과 반대 의견이 팽팽하게 맞섰다.
討論会で賛成意見と反対意見が真っ向から対立した。

두 기업이 서로 맞서게 되면 한국경제 전체에 악영향을 미칠 겁니다.
2つの企業が対立したら、韓国経済全体に悪影響を及ぼすでしょう。

27
모이다

[모이다] 동사 集まる

[活用構文] 名 이/가 모이다

名 에 모이다

名 으로/로 모이다

[類義語] 집합하다 寄り集まる、集合する

[例文] 가족들이 오랜만에 모두 모여서 사진을 찍었다.
家族が久しぶりにみんな集まったので、写真を撮った。

곧 행사가 시작되오니 모두 강당으로 모여 주시기 바랍니다.
もうすぐ行事が始まるので、全員ホールに集まってください。

28
몰라보다

[몰라보다] 동사 見忘れる、見違える

[活用構文] 名 을/를 몰라보다
몰라보게 動

[活用表現] 몰라보게 자라다 見違えるくらい大きくなった
몰라보게 달라지다 見違えるほど変わる
몰라보게 예뻐지다 見違えるほどきれいになる

[反意語] 알아보다 見分けがつく

[例文] 한국어 실력이 몰라보게 늘었는데 비결이 뭐예요?
韓国語が見違えるほど上達しましたが、秘訣は何ですか。

10년 만에 만난 친구가 너무 예뻐져서 처음에는 몰라봤어요.
10年ぶりに会った友達がすごくきれいになって、最初は誰だかわかりませんでした。

29
무시하다

[무시하다] 동사 無視する
物事の存在意義や価値を分かってあげない。

[活用構文] 名 을/를 무시하다

[活用表現] 사람을 무시하다 人を見下す
의견을 무시하다 意見を無視する

[例文] 상대방의 의견을 무시하면 점점 불만이 쌓이게 됩니다.
相手の意見を無視すると、少しずつ不満が募ります。

다수의 의견도 중요하지만 소수의 의견을 무시하면 안 된다.
多数派の意見も重要だが、少数派の意見を無視してはいけない。

30
미소

[미소] 명사 ほほえみ

[活用表現] 미소를 잃다 笑いを失う
미소를 짓다 ほほえみを浮かべる

[関連語] 웃음 笑い

[例文] 선생님은 화사한 미소로 나를 반겨 주셨어요.
先生は華やかなほほえみで、私を向かい入れてくれました。

행복한 미소를 지으며 일하는 아들의 모습을 보고 감동을 받았다.
幸せそうに笑って仕事をする息子の姿を見て、感動した。

31
미팅

[미팅] 명사 合コン

[活用表現] 미팅을 하다 合コンをする

[類義語] 모임 集まり

[関連語] 소개팅 軽いお見合い

[例文] 저는 미팅에서 남자친구를 만났어요.
私は合コンで彼氏ができました。

대학에 입학해서 처음 하는 미팅이라서 많이 기대가 돼요.
大学に入学して初めての合コンなので、期待でいっぱいです。

32
바라보다

[바라보다] 동사 眺める

[関連語] 쳐다보다 見つめる

[例文] 신랑은 신부를 사랑스러운 눈빛으로 바라보고 있었어요.
新郎は新婦を愛のこもった目つきで眺めていました。

그 사람은 아무 말 없이 몇 분 동안 제 얼굴만 바라보았어요.
その人は何も言わずに、何分間か私の顔だけを眺めていました。

33
반하다

[반하다] 동사 惚れ込む

[活用構文] 名 에/에게 반하다

[活用表現] 매력에 반하다 魅力に惚れる
첫눈에 반하다 一目惚れする

[関連語] 빠지다 はまる

[例文] 옆 반 여학생에게 첫눈에 반했어요.
隣のクラスの女子生徒に一目惚れしました。

설악산의 아름다운 가을 풍경에 반해 버렸어요.
雪嶽山の美しい秋の風景に惚れ込んでしまいました。

34
변명하다

[변명하다] 동사 弁明する

[活用構文] 名 을/를 변명하다
名 에 대해서 변명하다

[例文] 자기의 잘못은 인정하지 않고 변명하기만 해요.
自分の間違いは認めないで、言い訳ばかりします。

너무 당황해서 사장님께 전혀 변명하지 못했어요.
あまりにも慌てふためいて、社長に何の弁明もできませんでした。

35
볼일

[볼릴] 명사 用事

[活用表現] 급한 볼일 急な用事
볼일이 있다 用事がある
볼일이 생기다 用事ができる

볼일을 보다 用事を済ます

[類義語] 용건 用件

용무 用事

[例文] 볼일도 있고 해서 이쪽에 왔다가 잠깐 들렀어요.

用事もあったのでこちらに来て、少し寄りました。

영수 씨는 볼일이 있어서 오늘 모임에 좀 늦게 온대요.

ヨンスさんは用事があるので、今日の集まりに少し遅れて来るそうです。

36
분위기

[부니기] 명사 雰囲気

[活用表現] 분위기가 있다 雰囲気がある

분위기가 좋다 雰囲気がいい

분위기가 나쁘다 雰囲気が悪い

분위기를 바꾸다 雰囲気を変える

[例文] 분위기가 좋은 커피숍에서 차나 한 잔 할까요?

雰囲気がいいカフェで、お茶でも一杯どうですか。

집안 분위기를 좀 화사하게 바꾸고 싶어서 거실에 꽃을 꽂아 놓았어요.

家の中の雰囲気を少し明るく変えたくて、リビングに花を生けました。

37
불평하다

[불평하다] 동사 苦情、不平を言う

[活用構文] 名 을/를 불평하다

名 에 대해서 불평하다

動 / 形 는다고/ㄴ다고/다고 불평하다

[例文] 요즘 아파트에서 애완동물을 키우는 주민들에 대한 불평이 많다면서요?

最近マンションでペットを飼っている住民に対する苦情が多いんですってね。

많은 직원들이 월급이 너무 적다고 불평했지만 그는 아무 말 없이 일만 했다.

多くの職員たちが、給料が少なすぎると不平を言ったが、彼は何も言わずに仕事をした。

38
비밀

[비밀] 명사 秘密

[活用表現] 비밀을 숨기다 秘密を隠す

비밀을 지키다 秘密を守る

[例文] 친구의 비밀을 실수로 다른 사람에게 말해 버렸어요.

友達の秘密をうっかり他の人に言ってしまいました。

지난번에 한 이야기는 정말 비밀이니까 꼭 지켜야 돼.

この前した話は本当に秘密なんだから、絶対に守ってね。

39
사과하다

[사과하다] 동사 謝る

[活用構文] 名 을/를 사과하다
名 에게 名 에 대해서 사과하다
名 에게 動 /形 는/은/ㄴ 것을 사과하다

[関連語] 용서하다 許す

[例文] 생각해 보니까 제가 잘못한 것 같아서 사과했어요.
考えてみたら、私が間違っていたようなので謝りました。

다른 사람에게 사과할 때는 진실한 마음으로 해야 합니다.
他人に謝る時は、真剣な気持ちでしなければなりません。

40
사교성

[사교썽] 명사 社交性、社交的だ

[活用表現] 사교성이 있다 社交的だ
사교성이 좋다 社交的だ

[類義語] 붙임성 人当たりの良さ

[例文] 저는 사교성이 있어서 처음 보는 사람과도 쉽게 사귀는 편이에요.
私は社交性があるので、初めて会う人とでも、簡単に仲良くなる方です。

요즘에는 성격이 밝고 적극적이면서 사교성이 좋은 남성이 인기가 많아요.
最近は性格が明るく、積極的で社交的な男性が人気です。

41
사이좋다

[사이조타] 형용사 仲が良い

[活用構文] 名 과/와 사이좋다
사이좋게 動

[活用表現] 사이좋게 지내다 仲良く付き合う

[関連語] 친하다 親しい

[例文] 우리 가족은 이웃집과 사이좋게 지내요.
私の家族は近所と仲良くしています。

우리 다시 싸우지 말고 전처럼 사이좋게 지내자.
私たち、もう喧嘩しないで前みたいに仲良くしよう。

42
살짝

[살짝] 부사 1.少し　2.そっと　3. さっと　4.こっそり
1. 力を入れずに軽く。

[例文] 그녀는 고개를 살짝 들고 상대편을 쳐다보았다.
彼女は首を少し上げて相手を見つめた。

2. 相手の目を盗んでさっと。

[例文] 영미 씨는 남자친구와 데이트가 있어서 회식에서 살짝 빠져나갔다.
ヨンミさんは彼氏とデートの約束があったので、飲み会をそっと抜け出した。

3. たくさんではなく、ほんの少々。

[例文] 시금치는 살짝 데쳐서 준비해 놓으십시오.
ほうれんそうは、さっと茹でて準備しておいてください。

4. 目立たず静かに。

[例文] 내 단짝친구는 그 일을 내게만 살짝 알려 주었다.
私の親友はそのことを私にだけこっそり教えてくれた。

43
상관없다 [상관업따] 형용사 構わない
お互い関係がない。

[活用構文] 名 이/가 상관없다
名 과/와 상관없다
名 에/에게 상관없다
상관없이 動 / 形

[類義語] 관계없다 関係ない

[反意語] 상관있다 構う

[例文] 우리 기숙사는 주말, 주중 상관없이 밤 10시까지 들어 와야 해요.
私の寄宿舎は週末も平日も関係なく、夜10時までに帰らなければいけません。

내 친구는 남들이 뭐라고 말하든 상관없이 항상 밝은 모습으로 대한다.
私の友達は他人が何と言おうとお構いなく、いつも明るい姿で人に接する。

44
상대방 [상대방] 명사 相手方

[活用表現] 상대방의 입장 相手方の入場

[類義語] 상대편 先方

[例文] 상대방이 의견을 말할 때는 잘 들어야 합니다.
相手が意見を言う時は、よく聞かなければなりません。

부탁을 하면 상대방에게 부담을 주는 것 같은 기분이 들어요.
頼みごとをすると、相手に負担をかけるような気がします。

45
설득하다 [설뜨카다] 동사 説得する

[活用構文] 名 을/를 설득하다
名 에게 動 도록 설득하다
名 에게 動 으라고/라고 설득하다

[例文] 경찰은 집 나온 아이들을 설득해서 집으로 돌려보냈다.
警察は家出した子供たちを説得して、家に帰らせた。

부모님께서 결혼을 반대하신다면 부모님을 설득하겠어요.
両親が結婚を反対するなら、両親を説得しなくては。

46
소문

[소문] 명사 噂

[活用表現] 헛소문 デマ
소문이 돌다 噂が立つ
소문이 퍼지다 噂が広まる
소문을 내다 噂を立てる
소문으로 듣다 噂で聞く

[例文] 영미 씨가 성형수술을 했다는 소문이 있던데 사실인가요?
ヨンミさんが整形手術をしたという噂があるけど、本当ですか。

그 정치인이 뇌물을 받았다는 소문은 근거 없는 헛소문이었다.
その政治家が賄賂をもらったという噂は、根拠のないデマだった。

47
소용없다

[소용업따] 형용사 必要ない、無駄である

[活用構文] 名 이/가 소용없다

[類義語] 쓸데없다 使いようがない

[例文] 어머니가 화가 많이 나셔서 빌어도 소용없을 거예요.
母がすごく怒っているので、頼んでも無駄ですよ。

지금 5시니까 은행 문을 닫았을 거야. 지금 나가봐야 소용없어.
もう5時だから、銀行は閉まっているはず。今行っても無駄だよ。

48
숙이다

[수기다] 동사 俯く、下げる

[活用構文] 名 을/를 숙이다

[活用表現] 고개를 숙이다 頭を下げる
머리를 숙이다 頭を下げる
허리를 숙이다 腰を下げる

[例文] 학생들은 선생님을 보자 모두 머리를 숙여 인사했다.
学生達は先生をみるなり、全員頭を下げて挨拶をした。

지하철 안에서 고개를 숙이고 조는 사람들이 많았다.
地下鉄内では頭を下げて居眠りする人達が多かった。

49
술자리

[술짜리] 명사 お酒の席

[活用表現] 술자리를 벌이다 お酒の席を設ける

술자리를 피하다 お酒の席を避ける

술자리를 마련하다 お酒の席を設ける

술자리에 가다 お酒の席に行く

[関連語] 술집 居酒屋

[例文] 술을 좋아하지 않아서 술자리에 잘 가지 않아요.
お酒が好きではないのでお酒の席にはあまり行きません。

술자리 분위기를 좋아해서 친구들과 술을 자주 마시는 편이에요.
お酒の席の雰囲気が好きで、友達とよくお酒を飲む方です。

50
신경

[신경] **명사** 1. 神経 2. 神経

1. あることに対する感じや考え。

[活用表現] 신경이 둔하다 神経が鈍い

신경이 날카롭다 神経が鋭い

신경이 예민하다 神経が敏感だ

신경을 끊다 気にしない

신경을 쓰다 神経を使う

[例文] 별일 아니니까 신경 쓰지 마세요.
たいしたことじゃないので、気にしないでください。

2. からだの機能を統率し、刺激を伝える組織。ふつう神経細胞と、神経繊維である軸索および樹状突起からなるニューロン、あるいは、それらの集合である神経組織のこと。

[活用表現] 신경외과 神経外科

[例文] 교통사고로 신경을 크게 다쳐서 몸을 전혀 움직이지 못해요.
交通事故で神経を痛めてしまい、体が全然動きません。

51
아무리

[아무리] **부사** 1. いくら 2. どんなに

1. やっとそうだとしても。

[例文] 아무리 불경기라고 해도 그렇게 많은 직원들이 해고되겠어요?
いくら不景気だからって、そんなにたくさんの社員が解雇されるわけないでしょう。

2. 程度がすごくひどいことを表す言葉。

[例文] 아르바이트를 할 때는 아무리 힘들어도 손님들에게 친절하게 대해야 해요.
アルバイトをする時は、どんなに辛くてもお客さんに親切にしなければなりません。

52
악수

[악쑤] **명사** 握手

[活用表現] 악수를 하다 握手をする

악수를 나누다 握手を交わす

악수를 청하다 握手を求める

[例文] 보통 남자들은 인사를 나눌 때 악수를 합니다.
普通男性たちは、挨拶を交わす時、握手をします。

오랜만에 만난 두 사람은 서로 악수를 하면서 반갑게 인사했다.
久しぶりに会った2人は、お互い握手をしながらうれしそうに挨拶をした。

53
안부 [안부] 명사 安否

[活用表現] 안부 인사 お決まりの挨拶
안부 전화 元気かどうか、確認の電話
안부가 궁금하다 元気がどうか気になる
안부를 묻다 元気かどうか聞く
안부를 전하다 よろしく伝える

[例文] 미선 씨를 만나거든 안부 전해 주세요.
ミソンさんに会ったら、よろしく伝えてください。

오래간만에 고향에 계신 부모님께 안부 전화라도 드려야겠어요.
久しぶりに故郷にいる両親に近況の電話でもしなくては。

54
알아듣다 [아라듣따] 동사 理解する

[活用構文] 名 을/를 알아듣다

[活用表現] 잘 알아듣다 よく分かる
못 알아듣다 理解できない
잘못 알아듣다 誤解する

[関連語] 알아보다 見分ける

[例文] 밍밍 씨의 발음이 부정확해서 알아듣기가 힘들어요.
ミンミンさんの発音が正確ではないので、聞き取るのが大変です。

할아버지께 전화를 했는데 잘 안 들리셔서 그런지 제 말을 못 알아들으셨어요.
祖父に電話をしたのですが、よく聞こえないからか、私の言葉を理解できていませんでした。

55
야유회 [야유회] 명사 ピクニック
野遊びをする集まり。

[活用表現] 야유회에 가다 ピクニックに行く
야유회에 참석하다 ピクニックに参加する

[例文] 스승의 날을 맞이하여 선생님을 모시고 야유회를 가기로 했습니다.
先生の日を祝って、先生を呼んでピクニックに行くことにしました。

지금부터 이번 주말에 갈 야유회 장소와 시간을 결정하도록 합시다.
今から今週末に行く、ピクニックの場所と時間を決めましょう。

56
양보하다

[양보하다] 동사 譲る

[活用構文] 名 을/를 양보하다

[活用表現] 순서를 양보하다 順番を譲る

자리를 양보하다 席を譲る

[例文] 지하철에서 할머니께 자리를 양보했어요.
地下鉄でおばあちゃんに席を譲りました。

서로 조금씩 양보했더라면 사고가 안 났을 텐데 안타깝네요.
お互い少しずつ譲っていたら、事故が起きなかったでしょうに、残念です。

57
양해

[양해] 명사 了解

[活用表現] 양해를 얻다 了解を得る

양해를 구하다 了解を求める

양해를 바라다 了解を望む

[例文] 급한 일이 있으면 사람들한테 양해를 구하고 먼저 가라.
急な用事があるなら、みんなに了解を得て、先に帰れ。

집주인에게 집을 구할 때까지 여기에 있게 해 달라고 양해를 구했다.
大家さんに新しい家を見つけるまで、ここに居させてくれるように頼んだ。

58
어색하다

[어새카다] 형용사 1. 気まずい 2. ぎこちない

1. 気まずくて照れくさい。

[活用構文] 名 이/가 어색하다

動 기가 어색하다

動 는 것이 어색하다

[類義語] 서먹서먹하다 気まずい

[関連語] 쑥스럽다 照れくさい

[例文] 10년 만에 옛날 여자 친구를 만났는데 정말 어색했어요.
10年ぶりに昔の彼女に会ったんだけど、本当に気まずかったです。

2. 格式や規定、習慣などに合わず、自然でない。

[活用構文] 名 이/가 어색하다

어색한 名

[類義語] 서투르다 不慣れだ

[例文] 한국에 와서 오랜만에 운전을 했더니 좀 어색하더군요.
韓国に来て久しぶりに運転をしたら、ちょっとぎこちなかったです。

59
여전하다

[여전하다] 형용사 相変わらずだ

[類義語] 그대로이다 そのままだ

[例文] 마리아 씨의 테니스 실력은 여전하더군요.
マリアさんのテニスの腕は相変わらずですね。

대학 동창들을 10년 만에 만났는데 다들 여전했어요.
大学の同級生たちに10年ぶりに会ったのだけれど、みんな相変わらずでした。

60
연락처

[열락처] 명사 連絡先

[活用表現] 연락처를 적다 連絡先を書く

연락처를 남기다 連絡先を教える

[例文] 친구의 연락처를 잊어버렸어요.
友達の連絡先を忘れてしまいました。

연락처를 남겨 주시면 바로 연락드리겠습니다.
連絡先を残してくだされば、すぐに連絡致します。

61
예절

[예절] 명사 マナー

[活用表現] 방문 예절 訪問の礼儀

식사 예절 食事のマナー

예절이 바르다 マナーがいい

예절을 갖추다 礼節を取り揃える

예절을 지키다 マナーを守る

[類義語] 예의 礼儀

[例文] 여러분 나라의 생활 예절은 한국과 어떻게 다릅니까?
みなさんの国の生活マナーは韓国とどう違いますか。

다른 사람에게 예절을 지키는 것은 어렸을 때부터 배워야 한다.
他の人に対してマナーを守ることを、小さい頃から学ばなくてはならない。

62
오랜만

[오랜만] 명사 久しぶり

[類義語] 오래간만 久しぶり

[例文] 할머니께서는 오랜만에 우리를 보고 너무 기뻐하셨다.
おばあちゃんは久しぶりに私たちを見て、すごく喜んだ。

오랜만에 갖는 모임이니까 장기자랑 같은 재미있는 행사가 있으면 좋겠어요.
久しぶりの集まりなので、隠し芸大会のようなおもしろい行事があるといいです。

63
오해

[오해] 동사 誤解

[活用表現] 오해하다 誤解する

오해를 받다 誤解を受ける

오해를 사다 誤解をまねく

오해를 풀다 誤解を解く

[例文] 영수 씨가 제 말을 오해한 것 같은데 어떻게 하지요?

ヨンスさんが私の言葉を誤解してみたいなんだけれど、どうしましょう。

우리 서로 오해를 한 것 같으니까 어디 가서 한잔하면서 오해를 풀어 봅시다.

僕たちお互い誤解をしてたみたいだから、どこかでお酒を一杯やりながら誤解を解きましょう。

64
오히려

[오히려] 부사 むしろ

[類義語] 도리어 かえって

[関連語] 차라리 いっそ、むしろ

[例文] 감기약을 먹고 나서 오히려 몸이 더 안 좋아진 것 같다.

風邪薬を飲んだら、むしろ体の調子が悪化したようだ。

쓰기 시험이 어려울 줄 알았는데 오히려 말하기 시험이 더 어려웠다.

筆記試験が難しいと思ったのに、むしろ会話の試験の方が難しかった。

65
용서

[용서] 동사 許し

犯した罪や失敗したことに対して、咎めたり罰したりせず、大目にみる。

[活用表現] 용서하다 許す

용서를 받다 許しを得た

용서를 빌다 許しを請う

용서를 구하다 許しを求める

용서를 바라다 許しを望む

[例文] 직접 와서 용서를 빈다면 다시 한번 생각해 보겠어.

直接出向いて許しを請うのなら、もう一度考え直してみるよ。

다음에는 절대로 약속을 어기지 않을게. 한 번만 용서해 줘.

次からは絶対に約束を破らないよ。今回だけは許してくれ。

66
원하다

[원하다] 동사 望む

[活用構文] 名 을/를 원하다

動 / 形 기를 원하다

[類義語] 바라다 願う

[例文] 다른 사람에게 부탁을 할 때 자신이 원하는 것이 무엇인지 분명하게 말해야 한다.
他人に頼み事をする時は、自分が望んでいることが何なのか、明確に言わなければならない。

결혼 정보 회사를 이용하면 본인이 원하는 조건을 갖춘 배우자를 만나기가 쉬워요.
結婚相談所を利用すれば、本人が望んでいる条件を満たした配偶者が見つかりやすいです。

67
이해하다

[이해하다] 동사 1. 理解する 2. 理解する

1. すじみちを分別して解釈する。

[活用構文] 名 을/를 이해하다

[活用表現] 상황을 이해하다 状況を理解する

[例文] 남자친구가 왜 나에게 거짓말을 했는지 아무리 생각해도 이해할 수가 없다.
彼氏がなぜ私に嘘をついたのか、どんなに考えてみても理解できない。

2. 理由を知る。または良く知った上で知識をして受け入れる。

[活用構文] 名 을/를 이해하다

[活用表現] 내용을 이해하다 内容を理解する

[例文] 읽기는 했지만 무슨 내용인지 너무 어려워서 이해할 수가 없어.
読んでみたけれど、何の内容なのか、難しすぎて理解できない。

68
익숙하다

[익쑤카다] 형용사 1. 慣れる 2. 慣れる

1. 何かを何回かやってみて、不慣れでない状況にある。

[活用構文] 익숙한 名
名 에/에게 익숙하다

[活用表現] 익숙한 솜씨 慣れた手つき
일에 익숙하다 仕事に慣れる

[類義語] 능숙하다 熟練している

[反意語] 서투르다 不慣れだ

[例文] 이 공장에서 일한 지 10년 돼서 지금 하는 일에 익숙해요.
この工場で働いて10年になるので、この仕事に慣れています。

2. ある対象をしょっちゅう見たり経験して、初めてではない感じがする状態にある。

[活用構文] 名 에/에게 익숙하다
動 는 데에 익숙하다

[活用表現] 한국 생활에 익숙하다 韓国での生活に慣れる

[反意語] 낯설다 不慣れだ

[例文] 광고를 보면 우리가 영화나 드라마에서 봤던 익숙한 장면들이 나올 때가 있다.
広告を見ていると、私たちが映画やドラマで見た、見慣れたシーンが出てくる時がある。

69
인상

[인상] 명사 印象

[活用構文] 形 은/ㄴ 인상

[活用表現] 첫인상 第一印象
인상을 받다 印象を受ける
인상을 주다 印象付ける
인상에 남다 印象に残る

[例文] 새로 오신 사장님의 활짝 웃는 미소가 인상에 남는다.
新しく来た社長の豪快な笑いが印象に残っている。

김 선생님을 처음 만났을 때는 무뚝뚝한 인상을 받았다.
キム先生に初めて会った時は、無愛想だという印象を受けた。

70
잔치

[잔치] 명사 祝宴

[活用表現] 돌잔치 初のお誕生日祝い
회갑잔치 還暦祝い
생일잔치 誕生日パーティー
잔치를 벌이다 パーティーを催す

[類義語] 파티 パーティー
축제 お祝い

[例文] 이번 주 토요일에 영수 씨 아들 돌잔치가 있어요.
今週の土曜日にヨンスさんの息子の一歳の誕生日祝いがあります。

다음 달에 가족과 친지들을 모시고 부모님의 회갑 잔치를 열려고 합니다.
来月、家族と親しい知人たちを招いて、両親の還暦祝いを開こうと思います。

71
전하다

[전하다] 동사 伝える

[活用構文] 名 을/를 전하다
名 에/에게 전하다

[活用表現] 마음을 전하다 気持ちを伝える
소식을 전하다 消息を伝える
안부를 전하다 よろしく伝える

[例文] 고향 친구에게 우리 부모님께 안부를 전해 달라고 부탁했어요.
故郷の友達に私の両親によろしく伝えてくれと頼みました。

좋아하는 사람에게 마음을 전하고 싶어서 날마다 꽃을 선물해요.
好きな人に気持ちを伝えたくて、毎日花をプレゼントしています。

72
참석하다

[참서카다] 동사 参加する、出席する

[活用構文] 名 에 참석하다

[関連語] 참가하다 参加する

참여하다 参加する

[例文] 내일 신입생을 위한 오리엔테이션이 있으니까 꼭 참석하십시오.
明日新入生のためのオリエンテーションがあるので、必ず参加してください。

바쁘신 중에 제 결혼식에 참석해 주셔서 진심으로 감사드립니다.
お忙しい中、私の結婚式に参列してくださって、本当にありがとうございます。

73
쳐다보다

[쳐다보다] 동사 見つめる、見上げる

[活用構文] 名 을/를 쳐다보다

[活用表現] 얼굴을 쳐다보다 顔を見つめる

힐끔힐끔 쳐다보다 ちらちらと見る

[関連語] 바라보다 眺める

[例文] 기분 나쁘니까 그만 쳐다보세요.
気持ちが悪いので、見つめないで下さい。

자꾸 저를 힐끔힐끔 쳐다보는 걸 보면 저에게 관심이 있는 게 틀림없어요.
よく私のことをちらちら見ているので、私に興味があるに間違いありません。

74
초청장

[초청짱] 명사 招待状

[活用表現] 초청장을 받다 招待状をもらう

초청장을 보내다 招待状を送る

초청장을 발송하다 招待状を発送する

[関連語] 초대장 招待状

청첩장 招待状

[例文] 초청장이 완성됐는데 한번 봐 주실래요?
招待状が完成したんだけど、ちょっと見てくれませんか。

파티에 오실 때 초청장을 가지고 오셔야 입장이 가능합니다.
パーティーに来る時は、招待状を持って来れば入場できます。

75
추억

[추억] 명사 思い出

[活用表現] 옛 추억 昔の思い出
추억하다 思い出にする
추억이 되다 思い出になる
추억을 만들다 思い出をつくる
추억을 떠올리다 思い出が蘇る

[関連語] 기억 記憶

[例文] 옛날 일을 추억하면 기분이 좋아지지요.
昔のことを思い出すと気分が良くなります。

여행 때 찍은 사진을 보면 아름다운 추억이 떠올라요.
旅行の時に撮った写真を見ると、美しい思い出が蘇ります。

76
친근감

[친근감] 명사 親近感

[活用表現] 친근감이 들다 親近感が沸く
친근감을 주다 親近感を与える

[関連語] 친밀감 親密な感じ

[例文] 웨이 씨는 오늘 처음 만난 사람인데도 왠지 친근감이 느껴지더군요.
ウェイさんは今日初めて会った人なのに、なぜだか親近感を感じるんですよ。

미선이는 웃는 모습이 착해 보여서 누구에게나 친근감을 주는 인상이다.
ミソンは笑った顔がやさしく見えるので、誰にでも親近感を与える顔だ。

77
칭찬

[칭찬] 명사 賞賛、褒め言葉

[活用表現] 칭찬하다 褒める
칭찬을 듣다 褒め言葉を聞く
칭찬을 받다 賞賛を受ける
칭찬을 하다 褒める

[反意語] 야단 口やかましく叱ること

[例文] 당연히 해야 할 일을 했는데 이렇게 칭찬을 받으니 쑥스러울 뿐입니다.
当然すべきことをしただけなのに、こんなに褒められるなんて、照れくさいだけです。

부모끼리 서로 칭찬하는 모습이 아이의 성격에 긍정적인 영향을 미친다고 합니다.
両親がお互いのことを褒める姿は、子供の性格に肯定的な影響を与えるといいます。

78
타이르다

[타이르다] 동사 言い聞かせる

よく理解できるように、ものごとの道理を明らかにして言い聞かせる。

【活用構文】 名 을/를 타이르다

動 게/도록 타이르다

【活用表現】 아이를 타이르다 子供に言い聞かせる

잘못을 타이르다 間違いを教え諭す

조용히 타이르다 静かに言い聞かせる

【関連語】 설득하다 説得する

【例文】 아이가 잘못했을 때는 혼내기보다는 좋은 말로 타이르세요.

子供が失敗をした時は、叱るよりも、やさしく言い聞かせます。

선생님은 학생에게 수업 시간에 핸드폰으로 문자를 하지 말라고 조용히 타이르셨어요.

先生は学生に、授業時間に携帯メールをしないよう、静かに言い聞かせました。

79
한턱내다

[한턱내다] 동사 ごちそうする

自分にいいことがあったので、他人に食べ物を奢る。

【活用構文】 名 에게 한턱내다

【例文】 장학금을 받았으니까 한턱내세요.

奨学金を貰ったんだから、ごちそうしてくださいよ。

아들이 좋은 대학교에 합격해서 친구들에게 한턱냈어요.

息子がいい大学に合格したので、友達にごちそうしました。

80
행동하다

[행동하다] 동사 行動する

【活用構文】 名 처럼 행동하다

形 게 행동하다

【活用表現】 침착하게 행동하다 落ち着いて行動する

【例文】 내 친구는 우리 집에 오면 주인처럼 행동한다.

私の友達は我が家に来ると、まるで家の主人のように行動する。

그런 일일수록 침착하게 행동해야 실수가 없다.

そういう事であるほど、落ち着いて行動すれば失敗がない。

81
회상

[회상] 명사 回想

【活用表現】 회상하다 回想する、振り返る

회상에 잠기다 回想に耽る

[例文] 한국에서 보낸 지난 1년을 회상해 보니까 후회되는 일이 많네요.
韓国で送ってきたこの1年を振り返ると、後悔することが多いですね。

고등학교 시절을 회상하면 가장 먼저 떠오르는 선생님은 3학년 때 수학 선생님이에요.
高校時代を振り返ると、真っ先に思い浮かぶ先生は3年生の時の数学の先生です。

82
회식

[회식] **명사** 会食、飲み会
何人かの人が集まって、一緒に料理を食べる。またはそのような集まり。

[活用表現] 부서 회식 部署の飲み会
회식을 갖다 飲み会がある
회식을 하다 飲み会をする

[例文] 제 친구 회사는 매주 회식을 한 대요.
私の友達の会社は、毎週飲み会をするんですって。

사장님께서 오늘 회식에는 한 사람도 빠지지 말고 참석하라고 하셨어요.
社長が今日の会食には一人残らず、全員参加するように言いました。

83
회원

[회원] **명사** 会員

[活用表現] 정회원 正会員
신입 회원 新入の会員
회원 모집 会員の集まり
회원이 되다 会員になる

[例文] 회원 가입을 하면 10% 할인해 준다고 하니까 먼저 가입부터 하세요.
会員になれば10%割引してくれるらしいから、まずは加入するといいですよ。

인터넷 카페에 등록하면 회원들끼리 필요한 정보를 공유할 수 있어서 도움이 돼요.
インターネットのサイトに登録すると、会員同士必要な情報を共有できるので役に立ちます。

84
후회하다

[후회하다] **동사** 後悔する

[活用構文] 名 을/를 후회하다
動 은/ㄴ 것을 후회하다

[例文] 학창 시절에 공부를 열심히 안 한 것을 후회하고 있어요.
学生時代に勉強を一生懸命しなかったことを後悔しています。

회사 생활이 즐겁고 만족스럽기 때문에 이 회사에 취직한 것을 한 번도 후회한 적이 없어요.
会社生活が楽しくて満足しているので、この会社に就職したことを一度も後悔したことがありません。

06 연습문제

[1-16] **다음 단어를 한국어로 바꿔 쓰십시오.**
次の単語を韓国語で書きなさい。

1. 謙遜する ( )
2. うなずく ( )
3. 会話 ( )
4. 立ち向かう ( )
5. 合コン ( )
6. 社交的 ( )
7. 仲がいい ( )
8. 相手 ( )
9. 噂 ( )
10. お酒の席 ( )
11. 握手 ( )
12. ピクニック ( )
13. 連絡先 ( )
14. 招待状 ( )
15. 親近感 ( )
16. 飲み会 ( )

[17-25] **[보기]에서 알맞은 단어를 골라 ( ) 안에 쓰십시오.**
( )に当てはまる単語を、下の語群から選んで書きなさい。

[보기]

도움	미소	아무리	오히려	알아듣다
여전하다	쳐다보다	타이르다	회상하다	

17. 모델 같은 여자가 버스에 타자 버스 안에 있던 모든 사람들이 그 여자를 ( )었다/았다/였다.
18. 어머니는 힘들고 어려운 일이 있어도 항상 얼굴에 ( )을/를 잃지 않으세요.
19. ( ) 친한 친구 사이라고 해도 서로 예의를 지켜야 해요.
20. 한국 친구와 자주 만나서 한국어로 이야기하니까 한국어 말하기에 많이 ( )이/가 되는 것 같아요.
21. 한국 드라마를 자주 봐서 드라마에 나오는 한국말은 들으면 거의 다 ( )을/ㄹ 수 있어요.

22. 식당은 다른 사람들도 있는 곳이니까 시끄럽게 떠들면 안 된다고 아이를 (   )었지만/았지만/였지만 소용없었다.

23. 여자 친구가 약속 시간에 1시간이나 늦게 오고서는 (   ) 저한테 화를 냈어요.

24. 한국어학당을 졸업한 지 10년이 지났는데도 제임스 씨의 한국어 실력은 (   )으시네요/시네요.

25. 지난 토요일에 고등학교 동창들을 만나서 학창 시절을 (   )으며/며 재미있게 얘기했어요.

[26-31] [보기]에서 알맞은 말을 찾아 대화를 완성하십시오.
下の語群から(　　)に当てはまる単語を選び､会話を完成させなさい｡

[보기]

예절	말다툼	반하다	오랜만	전하다	용서

26. 가 : 저는 지금까지 남편과 싸운 적이 없어요.
    나 : 부부가 살면서 한 번도 (   )을/를 안 해 봤다는 건 말도 안 되지요.

27. 가 : 어제 소개팅에서 만난 남자한테서 자꾸 만나자고 전화가 와.
    나 : 너한테 첫눈에 (   )었나/았나/였나 봐.

28. 가 : 한국의 식사 (   )을/를 좀 가르쳐 주세요.
    나 : 한국에서는 식사할 때 어른이 식사를 시작한 다음에 아이들이 식사를 해야 하는 것이 예의예요.

29. 가 : 고향에 3년 만에 갔다 오셨다고 들었어요. 가족들은 만나셨어요?
    나 : 네, (   )에 가족들을 만나서 밤새도록 이야기를 했어요.

30. 가 : 자기의 잘못을 알고 진심으로 사과하니까 그만 (   )을/를 해 줘.
    나 : 나도 그러려고 했어.

31. 가 : 오늘 미선 씨를 만나신다면서요? 그때 이 책을 좀 (   )어/아/여 주세요.

나 : 네, 그럴게요.

[32-36] 다음을 읽고 [보기]에서 알맞은 단어를 골라 쓰십시오.
次の文章を読み､内容に合うものを下の語群から選んで書きなさい。

[보기]

권하다	궁금하다	기대하다	추억하다	후회하다

32. 지나간 일을 생각하다 ································ (   )

33. 관심이 있어 무척 알고 싶어 하다 ································ (   )

34. 어떤 일을 해 보라고 말하다 ································ (   )

35. 어떤 일이 내 생각대로 되기를 바라고 기다리다 ································ (   )

36. 자기가 한 일에 대하여 잘못했다고 생각하다 ································ (   )

[37-39] 다음 밑줄 친 부분과 반대되는 뜻을 가진 것을 고르십시오.
下線を引いた部分と意味が反対のものを選びなさい。

37. 오늘 부모님이 한국에 오셔서 공항에 마중을 나가야 한다.

❶ 미팅　❷ 회식　❸ 근무　❹ 배웅

38. 입사 초에는 힘들었는데 이제는 회사 생활에 익숙해져서 편하게 지내고 있어요..

❶ 친근하다　❷ 서두르다　❸ 서투르다　❹ 능숙하다

39. 그 사람은 말할 때 좀 잘난 체하는 것 같아요.

① 양보하다 ② 겸손하다 ③ 솔직하다 ④ 까다롭다

[40-46] [보기]에서 알맞은 말을 찾아 대화를 완성하십시오.
下の語群から(　　)に当てはまる単語を選び､会話を完成させなさい。

[보기]

볼일	안부	잔치	대하다	원하다	데려가다	상관없다

40. 가 : 죄송해요. 조금 늦을 것 같아요.

나 : 조금 늦어도 ( )으니까/니까 너무 서두르지 마세요.

41. 가 : 상담을 받으려면 어떻게 해야 합니까?

나 : 상담 신청서에 ( )는/은/ㄴ 시간과 상담 내용을 적어서 제출하시면 됩니다.

42. 가 : 유리 씨 하숙집 아주머니가 친절하게 잘 ( )어/아/여 주신다면서요?

나 : 네, 아주머니가 얼마나 좋으신지 몰라요.

43. 가 : 어제 동대문 시장에 가서 쇼핑했어.

나 : 나도 동대문 시장에 가고 싶었는데 왜 나한테 얘기 안 했어?
다음에는 나도 꼭 ( )어/아/여 줘. 알았지?

44. 가 : 지난주에 뭘 했어요?

나 : 할아버지 회갑 ( )이/가 있어서 할아버지 댁에 다녀왔어요.

45. 가 : 갑자기 급한 ( )이/가 생겨서 모임에 늦을 같아요.

나 : 얼마나 늦으실 것 같은데요?

46. 가 : 아니, 이게 누구야? 오랜만이구나.

나 : 선생님께 한동안 연락을 못 드려서 ( ) 전화 드렸어요.

[47-55] [보기]에서 알맞은 단어를 골라 (　　　　) 안에 쓰십시오.

(　　　)に当てはまる単語を、下の語群から選んで書きなさい。

[보기]

대화	분위기	숙이다	개인적이다	돌려주다
참석하다	한턱내다	행동하다	이해하다	

47. 봄이 돼서 커튼을 노란색으로 바꿨더니 집안 (　　　　　　)이/가 달라졌어요.

48. 한국에서는 아랫사람이 웃어른에게 인사를 할 때 고개와 허리를 (　　　　　　)으며/며 인사해야 해요.

49. 죄송합니다만 지금 사장님은 부장님과 (　　　　　　)중이시라 전화를 받으실 수 없습니다.

50. 그 인형은 네 것이 아니고 동생 것이니까 동생에게 (　　　　　　)어라/아라/여라.

51. 목요일 오전 10시에 회의가 있으니까 모두 꼭 (　　　　　　)어/아/여 주십시오.

52. 부장님이 이번 일을 성공적으로 잘 끝내면 삼겹살집에서 (　　　　　　)으신다고/신다고 했어요.

53. 어떤 문제가 생기더라도 긴장하지 말고 침착하게 (　　　　　　)으면/면 실수 없이 문제를 해결할 수 있을 거예요.

54. 외국인들에게 몇 살이냐, 결혼은 했느냐는 등 (　　　　　　)인 질문을 너무 많이 하는 것은 실례예요.

55. 그 문법은 너무 어려워서 (　　　　　　)기가 어려워요.

[56-57] 다음 (　　　　)에 공통적으로 들어갈 단어를 쓰십시오.

次の(　　　)に共通して当てはまる単語を書きなさい。

56.

❶ 교통사고로 (　　　　　　)을/를 다쳐서 몸을 전혀 움직일 수가 없어요.

❷ 데이트하러 갈 때는 옷은 물론 머리에도 (　　　　　　)이/가 많이 쓰여요.

❸ 회사에 문제가 생겨서 (   )을/를 너무 썼더니 머리가 너무 아프네요.

(   )

57. ❶ 친구가 퀴즈의 답을 다른 사람들이 모르게 나에게만 (   ) 알려 줬어요.

❷ 맥주 한 잔을 마신 친구의 얼굴이 (   ) 붉어졌다.

❸ 동창회에 갔다가 너무 피곤해서 (   ) 빠져나왔어요.

(   )

[58-61] **다음 (   )에 공통적으로 들어갈 단어의 기본형을 쓰십시오.**
次の(   )に共通して当てはまる単語の基本形を書きなさい。

58. ❶ 어머니는 케이크를 잘라서 아이들에게 똑같이 (   )어/아/여 주었다.

❷ 오랜만에 만난 친구랑 밤새도록 긴 이야기를 (   )었다/았다/였다.

❸ 그 식당 음식은 양이 많아서 삼계탕 하나를 시켜서 친구와 둘이 (   )어서/아서/여서 먹었어요.

(   )

59. ❶ 마더 테레사는 평생 아프고 가난한 사람들을 (   )으면서/면서 살았어요.

❷ 아버지도 연세가 드셨으니까 무리하지 마시고 이제는 건강을 (   )으셔야/셔야 해요.

❸ 힘들기는 하지만 집안일을 하고 아이들을 (   )는/은/ㄴ 일은 보람있는 일이에요.

(   )

60. ❶ 오래간만에 치마를 입으니까 (   )네요.

❷ 어제 커피숍에서 소개팅을 했는데 할 말이 없어서 무척 (   )었어요/았어요/였어요.

❸ 친구랑 싸우고 나서 한동안 안 만나다가 어제 오랜만에 만났더니 조금 (   ) 었어요/았어요/였어요.

(   )

61. ❶ 오랫동안 연락이 (   )었던/았던/였던 친구와 연락이 돼서 너무 반가웠어요.

❷ 부모님과 통화하고 싶어서 고향에 전화를 했는데 계속 연결이 안 되고 자꾸 (   )네요.

❸ 정치적인 문제로 양국의 관계가 나빠져서 교류가 (   )으면/면 안 됩니다.

(   )

[62-70] [보기]에서 알맞은 단어를 골라(   ) 안에 쓰십시오.

(   )に当てはまる単語を、下の語群から選んで書きなさい。

[보기]

기억	비밀	거짓말	그립다	끼치다
공경하다	무시하다	바라보다	소용없다	

62. 이건 너와 나, 둘만 아는 (   )이야/야. 절대로 다른 사람한테 말하면 안 돼.

63. 친구가 만나자고 전화를 했는데 밖에 나가기 귀찮아서 몸이 좀 아프다고 (   )을/를 했다.

64. 젊은이들은 항상 웃어른에게 (   )는/은/ㄴ 마음을 가져야 한다.

65. 고향 음식을 먹으니까 고향에 있는 가족이 더욱 (   )어지네요/아지네요/여지네요.

66. 그 뮤지컬의 마지막 장면은 인상적이어서 아직까지도 지워지지 않고 제 (   )에 남아 있어요.

67. 건물 공사로 통행하시는 분들께 불편을 ( )어서/아서/여서 죄송합니다.

68. 내가 친구에게 인사를 했는데 친구는 내 인사를 ( )고 그냥 가 버렸다.

69. 어머니께서 내가 밥 먹는 모습을 따뜻한 눈빛으로 ( )으셨다/셨다.

70. 아무리 능력이 많아도 그 능력을 제대로 쓰지 않으면 아무 ( )는다고/ㄴ다고/다고 생각해.

[71-78] **다음 [보기]에서 알맞은 단어를 골라 이야기를 완성하십시오.**
下の語群から( )に当てはまる単語を選び､文章を完成させなさい。

[보기]

농담	인상	회원	낯설다
모이다	가입하다	고백하다	거절하다

나는 등산을 좋아해서 등산 동호회에 71.( )었다/았다/였다. 등산 동호회의 72.( )은/는 총 20명 정도 되는데 지금부터 동호회 친구들을 소개하고자 한다. 먼저 은행에 다니고 있는 민수 씨이다. 처음에 민수 씨를 보고는 무뚝뚝하다는 73.( )을/를 받았는데 사귀어 보니까 아주 재미있는 사람이었다. 그리고 대학원생인 은영 씨는 처음 만났을 때는 수줍어하고 나를 무척 74.( )어/아/여 했다. 하지만 지금은 많이 친해져서 잘 웃고 가끔은 재미있는 75.( )을/를 하기도 한다.

이건 비밀인데 민수 씨는 은영 씨를 혼자 좋아한다. 하지만 민수 씨는 소극적인 성격이라서 아직 은영 씨에게 좋아한다고 76.( )지 못 했다. 민수 씨는 은영 씨가 데이트 신청을 77.( )을까/ㄹ까 봐 데이트 신청을 하지 못한다고 한다. 우리는 내일도 등산을 간다. 내일은 아침 7시에 신촌 지하철역 앞에서 78.( )기로 했다. 즐거운 시간을 보냈으면 좋겠다.

학교와 수업

07

学校と授業

07 학교와 수업

01
각자

[각짜] 부사 各自

[関連語] 각각 各々

[例文] 각자 자신의 의견을 말씀해 주십시오.
各自、自分の意見を言ってください。

오늘 저녁 식사 값은 각자 부담하도록 합시다.
今日の夕食代は各自で出しましょう。

02
강조하다

[강조하다] 동사 強調する

[活用構文] 名 을/를 강조하다

[例文] 어머니는 아이들에게 저축의 필요성을 늘 강조하신다.
母は子供たちに、貯金の必要性をいつも強調している。

선생님이 이 문법이 아주 중요하다고 몇 번이나 강조하셨어요.
先生がこの文法がとても重要だと、何回も強調しました。

03
거의

[거의] [거이] 부사 ほとんど

[類義語] 대부분 大部分

[例文] 민수는 시험만 보면 거의 100점을 맞아요.
ミンスは、試験を受ければほとんど100点を取ります。

세계 여러 나라의 우표를 거의 5,000장정도 모았어요.
世界のいろいろな国の切手を5000枚近く集めました。

04
게다가

[게다가] 부사 おまけに、さらに

[類義語] 거기다 その上
거기다가 それでもって

[例文] 민수는 공부도 잘하고 게다가 성격도 좋아서 인기가 많아요.
ミンスは勉強もよくできる上に、性格もいいので人気があります。

어렸을 때는 친구들과 이야기도 나누고 책도 서로 빌려 보고 게다가 음식도 나누어 먹었다.
小さい頃は、友達とよく話もして、本もお互い貸し合い、おまけに食べ物も分け合って食べた。

05
겨우

[겨우] 부사 1. ようやく 2. せいぜい、やっと
1. 困難の末、ついに。

[類義語] 가까스로 やっと

간신히 辛うじて

[例文] 낮에는 아르바이트를 하고 밤에는 학교를 다니면서 겨우 고등학교를 졸업했습니다.
昼はアルバイトをして、夜は学校に通いながら、ようやく高校を卒業しました。

2 たかがせいぜい。

[類義語] 고작 せいぜい

[例文] 친구가 너무 바빠서 겨우 전화통화만 할 뿐이에요.
友達がとても忙しくて、せいぜい電話で話すのが精一杯です。

06
굉장히

[굉장히] 부사 かなり

[関連語] 대단히 非常に
매우 すごく
몹시 ひどく
무척 すごく
아주 とても

[例文] 이번 시험이 굉장히 어려웠다고 하더군요.
今回の試験はかなり難しかったと聞きましたけど。

이번에 응시한 사람이 굉장히 많아서 합격하기가 어렵다던데요.
今回、受験した人がかなり多くて、合格するのは難しいらしいですよ。

07
규칙

[규칙] 명사 規則

[活用表現] 규칙을 어기다 規則を破る
규칙을 정하다 規則を決める
규칙을 지키다 規則を守る

[関連語] 규정 規定

[例文] 기숙사 규칙을 어기지 않도록 하세요.
寮の規則を破らないようにしてください。

교통 규칙을 잘 지켜야지 그렇지 않으면 사고가 나기 쉬워요.
交通規則をきちんと守らないと、事故が起きやすいです。

08
그다지

[그다지] 부사 1. それほど 2. そんなに

1. (後ろの'않다, 못하다'などの否定語と呼応して)それほどではない。またはそこまでは。

[関連語] 그렇게 そのように
그리 そんなに

[例文] 한국어는 그다지 어려운 언어가 아니에요.
韓国語はそれほど難しい言語ではありません。

2. (主に驚きや疑問の表現で)そんなに。またはそれほど。

[関連語] 그렇게 そのように

그리 そんなに

[例文] 넌 무슨 걱정이 그다지 많니? 항상 걱정만 하는 것 같아.

君は何でそんなに心配ごとが多いの。いつも心配ばっかりしてるみたいだね。

09
글

[글] 명사 文

[活用表現] 글씨 文字

글자 文字

글재주 文才

글을 쓰다 文章を書く

글을 읽다 文章を読む

[例文] "언어 교환 친구를 구해요." 이 글을 보시고 관심 있는 분들은 연락 주세요.

エクスチェンジの友達を探しています」この文をみて、興味を持った方は連絡ください。

요즘은 아무리 멀리 있어도 얼굴을 보면서 음성으로 또는 글로 하고 싶은 말을 주고받을 수 있어요.

最近はどんなに遠くにいても、顔を見ながら音声で、または文字で言いたいことを言い合えます。

10
깜빡

[깜빡] 부사 1. ちかちかする 2. まばたきする 3. うっかり

1. 電気や星の光などが、ちょっと暗くなって明るくなる様子。またはちょっと暗くなって明るくなる様子。

[関連語] 깜빡거리다 チカチカする

[例文] 무슨 문제가 있는지 전등이 깜빡거렸다.

何か問題があるのか、電灯がチカチカしていた。

2. 目を少し瞑ってまた開ける様子。

[関連語] 깜빡거리다 目をしきりにしばたく

[例文] 눈에 뭐가 들어갔는지 친구는 계속 눈을 깜빡거렸어요.

目に何かが入ったのか、友達はずっとまばたきをしていました。

3. 記憶や意識などが少し曖昧になる様子。

[活用表現] 깜빡 잊어버리다 度忘れする

[関連語] 깜빡하다 うっかりする

[例文] 아침에 급하게 나오느라고 지갑을 가지고 나오는 것을 깜빡 잊었어요.

朝、急いで出かけようとして財布を持って来るのを忘れました。

11
나날이

[나나리] 부사 日に日に

[例文] 과학 기술이 나날이 발전하고 있다.
化学技術が日に日に発展している。

요즘 언어 교환을 해서 그런지 한국어 실력이 나날이 늘고 있어요.
最近、エクスチェンジをしているからか、韓国語の実力が日に日に伸びています。

12
나머지[1]

[나머지] 명사 余り

[活用表現] 나머지 부분 残りの部分

[関連語] 몫 分け前

[例文] 7을 2로 나누면 몫이 3이고 나머지가 1이다.
7を2で割ったら、3で割れて余りが1だ。

수학에서 나누어서 나머지가 없을 때를 나누어 떨어졌다고 해요.
数学では割ってあまりが出ないことを、割り切れるといいます。

13
내용

[내용] 명사 1. 内容 2. 内容

1. 外見に表れている形式の中に入っている実質的な意味。

[活用表現] 내용이 쉽다 内容が易しい
내용이 좋다 内容がいい
내용이 복잡하다 内容が複雑だ
내용을 바꾸다 内容を変える

[反意語] 형식 形式

[関連語] 뜻 意味

[例文] 아무리 내용이 좋아도 형식이 올바르지 않으면 좋은 평가를 받기 어려워요.
どんなに内容が良くても、形式が正しくなければ、良い評価をもらうのは難しいです。

2. 言葉、文、絵、演出などのあらすじや思想。

[活用表現] 내용 이해 内容の理解
내용 파악 内容の把握

[例文] 영화를 보기 전에 내용을 미리 알면 재미가 없지요.
映画を見る前に、内容をあらかじめ知ってしまったらおもしろくないでしょう。

14
다행히

[다행히] 부사 幸いにも

[例文] 시험 때문에 걱정을 많이 했는데 다행히 시험이 쉬웠어요.
試験のことですごく心配していたけど、幸いにも試験は簡単でした。

늦게 일어났지만 택시를 타고 와서 다행히 제시간에 도착할 수 있었습니다.
寝坊したけれど、タクシーに乗って来たので、幸いにも予定の時間に到着できました。

15
떠들다

[떠들다] 동사 騒ぐ

[活用構文] 名 이/가 떠들다

[例文] 여러분, 떠들지 말고 모두 조용히 하십시오.
みなさん、騒がないで静かにしてください。

선생님께서 떠드는 사람의 이름을 칠판에 적으라고 하셨어.
先生が、騒ぐ人の名前を黒板に書けと言いました。

16
마음대로

[마음대로] 부사 気ままに、好きなように

[類義語] 맘대로 気ままに、勝手に

[例文] 결혼하든 말든 네 마음대로 해라.
結婚しようがしまいが、お前の好きなようにしろ。

여기서는 마음대로 행동하면 안 돼요.
ここでは勝手に行動してはいけません。

17
마치

[마치] 부사 まるで

(主に'처럼', '듯', '듯이'などがついた単語や、'같다', '양하다'などと一緒に使われ)ほとんど同じく。

[活用構文] 마치 名 처럼

마치 動 / 形 는/은/ㄴ 것처럼

[例文] 오늘은 학생들이 마치 약속을 한 것처럼 수업에 늦게 왔어요.
今日は学生達がまるで約束でもしたかのように、授業に遅れて来ました。

하숙집 아주머니가 저를 잘 챙겨 주셔서 마치 고향에 계신 어머니 같아요.
下宿のおばさんが私の面倒をすごく良く見てくれて、まるで故郷にいる母のようです。

18
마침내

[마침내] 부사 ついに

[関連語] 끝내 最後には

[例文] 마침내 교과서를 모두 공부했습니다.
ついに教科書の内容を全部勉強し終えました。

옆집 부부가 그렇게 고생하면서 돈을 모으더니 마침내 집을 장만했대요.
隣の夫婦があれこれ苦労しながらお金を貯めて、ついに家を買ったそうです。

19
맞다

[맏따] 동사 1. 合う 2. もらう 3. 迎える 4. 遭う 5. 打ってもらう

1. 問題に対しての答えが間違っていない。

[活用構文] 名 이/가 맞다

[活用表現] 답이 맞다 答えが合っている

[類義語] 옳다 正しい

[反意語] 틀리다 間違う

[例文] 그 답이 맞는지 더 생각해 보십시오.
その答えが合っているのか、もう少し考えてみてください。

2. 点数をもらう。

[活用構文] 名 을/를 맞다

[活用表現] 100점을 맞다 100点をとる

[類義語] 받다 もらう

[例文] 민수는 이번 시험에서도 100점을 맞았대요.
ミンスは今回の試験でも100点をとったんですって。

3. 時の流れと共にやってくる、ある時を迎える。

[活用構文] 名 을/를 맞다

[活用表現] 손님을 맞다 お客様を迎える
새해를 맞다 新年を迎える
명절을 맞다 お盆を迎える

[例文] 오전에는 손님 맞을 준비로 정신없이 바빴어요.
午前中はお客様を迎える準備で、どたばたと忙しかったです。

4. 良くないことに遭う。

[活用構文] 名 을/를 맞다

[活用表現] 매를 맞다 鞭で打たれる
야단을 맞다 しかられる

[例文] 시험을 못 봤다고 부모님한테 야단을 맞은 적이 있습니까?
試験の結果が悪くて、両親に怒られたことがありますか。

5. 針や注射などで治療を受ける。

[活用構文] 名 을/를 맞다

[活用表現] 주사를 맞다 注射を打ってもらう
침을 맞다 針を打ってもらう

[例文] 감기가 너무 심하면 병원에 가서 주사를 맞으세요.
風邪がすごくひどいようなら、病院に行って注射を打ってもらってください。

20
맞추다[1]

[맏추다] 동사 合わせる

(主に'보다'と一緒に使い)2つ以上の一定の対象を並べて比較してみる。

【活用構文】 名 을/를 맞추다

【活用表現】 정답을 맞추다 答えを合わせる

일정을 맞추다 日程を合わせる

【例文】 시험이 끝나자마자 친구들과 답을 맞춰 보았다.

試験が終わってすぐ、友達と答え合わせをしてみた。

동료들과의 일정을 맞추어 보고 다음 주 회의 날짜를 정했다.

同僚たちとの日程を照らし合わせてみて、来週の会議の日を決めた。

21
미리

[미리] 부사 あらかじめ

【例文】 나가기 전에 미리 상을 차려 놓았어요.

出かける前に、あらかじめ食事の支度をしておきました。

아침에 가방을 챙기지 말고 자기 전에 미리 챙겨 놓도록 해.

朝、鞄に荷物を詰めないで、寝る前にあらかじめ用意しておくようにしなさい。

22
반드시

[반드시] 부사 必ず

【類義語】 꼭 必ず

틀림없이 間違いなく

【例文】 기숙사에 들어가려면 직원과 학생 모두 반드시 출입증이 있어야 합니다.

寮に入るには、職員も学生も全員、必ず出入証がなくてはなりません。

수영 전에는 반드시 준비운동을 해야지 그렇지 않으면 쥐가 날 수가 있습니다.

水泳をする前には、必ず準備運動をするべきです。でないと痙攣することがあります。

23
반복하다

[반보카다] 동사 繰り返す

【活用構文】 名 을/를 반복하다

【活用表現】 말을 반복하다 言葉を繰り返す

【関連語】 중복하다 重複する

【例文】 저는 술만 마시면 같은 말을 계속 반복해요.

私はお酒を飲むと、同じことをずっと繰り返し言います。

이해하지 못하는 것 같아서 반복해서 설명을 해 줬어요.

理解していなかったようなので、繰り返し説明してあげました。

24
반장

[반장] 명사 班長、リーダー, 学級委員長

【活用表現】 부반장 副班長

【関連語】 회장 会長

【例文】 민수는 중학교 때 반장이었습니다.
ミンスは中学校時代、学級委員長でした。

내일 반장 모임에 모두 빠짐없이 참석해 주십시오.
明日、学級委員の集まりに全員出席してください。

25
밤새다

[밤새다] 동사 徹夜する

【活用構文】 名 이/가 밤새다
밤새도록 動

【例文】 오늘 시험이어서 어제 밤새워서 공부했어요.
今日が試験なので、昨日は徹夜で勉強しました。

오랜만에 친구들을 만나면 밤새도록 이야기하곤 해요.
久しぶりに友達に会ったら、夜が明けるまで話をすることもあります。

26
번역하다

[버녀카다] 동사 翻訳する

【活用構文】 名 을/를 번역하다
名 을/를 名 으로/로 번역하다

【活用表現】 책을 번역하다 本を翻訳する
중국어로 번역하다 中国語に翻訳する

【関連語】 통역하다 通訳する

【例文】 한국말 중에는 번역하기 어려운 말이 많습니다.
韓国語の中には、翻訳するのが難しい言葉が多いです。

미선 씨가 영어를 잘 하니까 미선 씨에게 번역을 부탁해 보세요.
ミソンさんは英語が得意だから、ミソンさんに翻訳を頼んでみて下さい。

27
복사하다

[복싸하다] 동사 コピーする

【活用構文】 名 을/를 복사하다

【関連語】 베끼다 書き写す

【例文】 이 서류를 복사해서 회의 때 나눠 주세요.
この書類をコピーして会議のとき配って下さい。

복사하러 가는데 친구가 부탁해서 친구 것도 복사해다가 줬다.
コピーしに行こうとしたら、友達に頼まれて、友達のもコピーしてあげた。

28
불만

[불만] 명사 不満

[活用表現] 불만이 생기다 不満が生じる
불만이 쌓이다 不満が積もる
불만을 가지다 不満を持つ
불만에 차다 不満でいっぱいになる

[反意語] 만족 満足

[関連語] 불평 不平、文句

[例文] 상대방의 의견을 무시하면 점점 불만이 쌓이게 된다.
相手の意見を無視すると、少しずつ不満がたまるようになる。

회식 장소를 정할 때 어떻게 해야 사람들의 불만이 없을까요?
飲み会の場所を決める時、どうしたらみんなから不満が出ないでしょうか。

29
빠뜨리다

[빠뜨리다] 동사 1. 忘れる 2. 落とす 3. 陥れる

1. 不注意で物を落として忘れてしまう。

[活用構文] 名 을/를 빠뜨리다

[関連語] 흘리다 落とす、こぼす
잃어버리다 失くしてしまう

[例文] 시험 보러 오실 때 수험표를 빠뜨리지 말고 꼭 가지고 오세요.
試験を受けに来る時は、受験票を忘れずに必ず持って来てください。

2. 水や窪み、またはどこか深いところに落とす。

[活用構文] 名 을/를 名 에 빠뜨리다

[活用表現] 물에 빠뜨리다 水に落とす

[関連語] 빠지다 はまる

[例文] 가방을 강물에 빠뜨리고 말았어요.
鞄を川に落としてしまいました。

3. 困難な状況に置く。

[活用構文] 名 을/를 名 에 빠뜨리다

[例文] 경쟁 회사가 우리 회사를 어려움에 빠뜨렸어요.
ライバル会社が我が社を窮地に陥れました。

30
빼다

[빼다] 동사 1. 取り出す 2. 引く

1. 中に入っていたり、くっ付いていたり、打ち込まれているものを、外に出す。

[活用構文] 名 을/를 빼다
名 에서 名 을/를 빼다

[関連語] 뽑다 抜く

[例文] 책꽂이에서 원하시는 책을 빼시면 돼요.
本棚から好きな本を取り出していいですよ。

2. 全体から一部を除外したり、払う。

[活用構文] 名 을/를 빼다
名 에서 名 을/를 빼다

[関連語] 곱하다 掛ける、乗じる
나누다 分ける
더하다 加える

[例文] 4에서 3을 빼면 1이 남는다.
4から3を引くと1余ります。

31
상담하다

[상담하다] 동사 相談する

[活用構文] 名 이/가 상담하다
名 과/와 상담하다

[関連語] 상의하다 話し合う

[例文] 문제가 생기면 선생님과 먼저 상담하세요.
問題が起きたら、まず先生に相談して下さい。

이 곳은 해외 유학을 전문으로 상담하는 곳입니다.
ここは海外留学について専門的に相談するところです。

32
설마

[설마] 부사 まさか

[例文] 정직하기로 소문난 김 부장님이 설마 그런 거짓말을 했겠어?
正直なことで有名なキム部長が、まさかそんな嘘を言うか。

시험공부를 그렇게 열심히 했는데 설마 떨어진 건 아니겠지요?
試験勉強をあれほど一生懸命したのに、まさか落ちたわけないですよね。

33
성적

[성적] 명사 成績

[活用表現] 성적이 좋다 成績がいい
성적이 오르다 成績が上がる
성적이 떨어지다 成績が下がる

[関連語] 점수 点数

[例文] 기말시험 성적이 지난 중간시험 때보다 많이 올랐네요.
期末試験の成績が、前回の中間試験の時より、すごく上がりました。

이번 학기에는 공부를 안 해서 성적이 많이 떨어졌어요.
今学期は勉強をしなかったので、成績がすごく下がりました。

34
스스로

[스스로] **부사** 自ら

[例文] 스스로 할 수 있는 일을 남에게 미루지 마라.
自分でできることを、人に押し付けるな。

누구나 스스로 공부하는 습관을 길러야 한다.
誰でも自ら進んで勉強する習慣をつけなければならない。

35
신청하다

[신청하다] **동사** 申請する

[活用構文] 名 을/를 신청하다

[例文] 동호회에 가입하려면 인터넷 홈페이지에 들어가서 신청하세요.
サークルに入るにはインターネットホームページにアクセスして申請して下さい。

먼저 학교 상담실에 상담을 신청한 후에 약속한 날짜에 상담실에 가서 선생님을 만나면 돼요.
まず学校の相談室で相談を申請した後、約束した日時に相談室へ行って、先生に会えばいいです。

36
알맞다

[알맏따] **형용사** 適度だ、適当だ

[活用構文] 名 이/가 알맞다

[関連語] 적당하다 適当だ

적합하다 適する

[例文] 빈칸에 알맞은 단어를 찾아 쓰십시오.
空欄に適当な単語を選んで書きなさい。

빈대떡이 알맞게 익었을 때 뒤집어 주세요.
ピンデトックに適度に火が通ったら、ひっくり返してください。

37
야단맞다

[야단맏따] **동사** 叱られる

[活用構文] 名 이/가 名 에/에게 야단맞다

[類義語] 혼나다 怒られる

꾸중듣다 叱られる

[反意語] 칭찬받다 褒められる

[例文] 숙제를 안 해서 선생님께 야단맞았어요.
宿題をしなかったので、先生に叱られました。

사실대로 말하면 야단맞을까 봐 거짓말을 했습니다.
事実をそのまま話したら叱られると思って、嘘をつきました。

38
어울리다

[어울리다] **동사** 釣り合う、交わる

一緒になって仲良くしたり、一定の雰囲気に馴染んで一緒の輪に包まれる。

[活用構文] 名 과/와 어울리다

[活用表現] 친구들과 어울리다 友達の輪に入る

어울려 놀다 一緒になって遊ぶ

어울려 다니다 つるむ

[例文] 저는 대학교 때 동아리 활동을 하면서 선후배들과 자주 어울렸어요.

私は大学時代、サークル活動をして先輩後輩たちとよくつるんでいました。

제 성격이 지나치게 내성적이라서 친구들과 만나도 잘 어울리지 못해요.

私の性格がものすごく消極的なので友達たちに会っても、輪に入れません。

39
억양

[어갱] 명사 イントネーション

[活用表現] 억양이 부자연스럽다 抑揚が不自然だ

[関連語] 발음 発音

어투 口ぶり

[例文] 그 학생은 발음은 좋은데 억양이 자연스럽지 않은 것이 문제야.

その学生は発音はいいのですが、イントネーションが自然でないのが問題なのよ。

요즘 독일어를 공부하고 있는데 발음과 억양이 너무 어렵던데요.

最近ドイツ語を勉強しているのですが、発音とイントネーションがすごく難しいんですよ。

40
언어 교환

[어너 교환] 명사 言語交換、ランゲージエクスチェンジ

[活用表現] 언어 교환을 하다 ランゲージエクスチェンジをする

[例文] 중국어를 다시 배우고 싶은데 우리 언어 교환 할까요?

中国語をまた学びたいんだけど、僕たちランゲージエクスチェンジしませんか。

한국 친구와 나는 언어 교환을 통해 서로 말하기 실력이 많이 늘었다.

韓国人の友達と私はエクスチェンジを通じて、お互いに会話の実力がすごく伸びました。

41
얼른

[얼른 부사 すぐに

[関連語] 곧바로 すぐさま、即座に

[例文] 어두워졌으니까 얼른 가자.

暗くなってきたから、早く行こう。

선생님이 묻는 말에 나는 얼른 대답했다.

先生から聞かれたことに、私はすぐに答えた。

42
옳다

[올타] 형용사 正しい

間違っていない。道理に合っている。

[活用構文] 名 이/가 옳다

[類義語] 바르다 正しい

[反意語] 틀리다 間違う

[例文] 네 말이 옳았어.
お前の言葉が正しかったよ。

제 판단이나 행동이 옳은 것인지 잘 모르겠어요.
私の判断や行動が正しいものなのか、よく分かりません。

43
외우다

[외우다] 동사 暗記する

[活用構文] 名 을/를 외우다

[類義語] 암기하다 暗記する

[関連語] 기억하다 記憶する

[例文] 교과서에 있는 대화를 외우십시오.
教科書にある会話を暗記して下さい。

여러분은 외우고 있는 한국 노래가 있습니까?
みなさんは暗記している韓国の歌がありますか。

44
의미

[의미] 명사 意味

[活用表現] 의미가 있다 意味がある
의미를 나타내다 意味を表す
의미를 설명하다 意味を説明する

[類義語] 뜻 意味

[例文] '인생에서 성공했다'는 말은 무슨 의미일까요?
「人生において成功した」とは、どういう意味でしょうか。

정부 투자라 함은 정부가 공공사업을 위해 지출하는 경비를 의미한다.
政府の投資とは、政府が公共事業のために支出する経費のことを意味する。

45
이상

[이상] 명사 以上

[関連語] 이하 以下
초과 超過
미만 未満

[例文] 친구를 1시간 이상 기다리게 한 적이 있어요?
友達を1時間以上待たせたことがありますか。

시험에서 60점 이상만 받으면 진급할 수 있어요.
試験で60点以上取れば、進級できます。

46
이유

[이유] 명사 理由

[活用表現] 이유가 있다 理由がある

이유를 묻다 理由を聞く

이유를 따지다 理由を問いただす

[関連語] 까닭 訳,理由

[例文] 아이가 잘못했을 때에는 그 이유를 분명히 말해 주고 야단을 쳐야 한다.

子供が間違ったことをした時には,その理由をはっきりと言って,叱らなければならない。

영수가 여자들한테 인기가 많은 이유는 잘생긴 데다가 매너도 좋아서이다.

ヨンスが女子達に人気がある理由は,ハンサムな上に気が利くからだ。

47
적다

[적따] 동사 書く

[活用構文] 名 을/를 적다

[活用表現] 답을 적다 答えを書く

이름을 적다 名前を書く

주소를 적다 住所を書く

전화번호를 적다 電話番号を書く

[関連語] 쓰다 書く

[例文] 옆에 있는 답안지에 답을 적으세요.

横にある答案用紙に答えを書いて下さい。

신청서에 이름과 주소 그리고 전화번호를 적어 주세요.

申請書に名前と住所,それから電話番号を書いてください。

48
접수하다

[접쑤하다] 동사 受付する

[活用構文] 名 을/를 접수하다

[活用表現] 원서를 접수하다 願書を受け付ける

[関連語] 신청하다 申請する

등록하다 登録する

[例文] 서류를 다 작성한 후에 창구에서 접수하세요.

書類を作成してから,窓口で受付してください。

먼저 입학 원서를 접수하고 입학시험을 봐야 해요.

まず入学願書を提出してから,入学試験を受けなければいけません。

49
정도

[정도] 명사 1. 程度,程 2. 程度,くらい

1. 物事の性質や価値を,良し悪しや優劣などで見た分量や水準。

[例文] 이 문제는 중학생도 풀 수 있을 정도로 쉬운 거잖아.

この問題は中学生でも解ける程,簡単じゃないか。

2. (数量を表す言葉の後ろに使われ)その程度の分量。

[活用構文] 名 정도

[関連語] 쯤 程度、くらい

[例文] 그곳은 차로 10분 정도 가면 도착할 수 있어요.
そこへは、車で10分程度で着けます。

50
정확하다 [정화카다] 형용사 正確だ

[活用構文] 名 이/가 정확하다

[反意語] 부정확하다 不確かだ

[例文] 계산이 정확한지 확인해 보세요.
計算が正しいかどうか、確認してみてください。

우리 반에서 누가 발음이 제일 분명하고 정확하다고 생각합니까?
うちのクラスでは、誰の発音が一番はっきりとしていて、正確だと思いますか。

51
제목 [제목] 명사 タイトル

作品や講演、報告などで、それを代表したり内容を見せるためにつけた名前。

[活用表現] 제목을 정하다 題名を決める

[例文] 졸업할 때 쓴 논문의 제목이 뭐예요?
卒業する時に書いた論文のタイトルは何ですか。

지난번에 우리가 같이 봤던 영화 제목이 생각이 안나.
前回、私たちが一緒に見た映画のタイトルが思い出せない。

52
종일 [종일] 명사 終日

[活用表現] 하루 종일 一日中

[類義語] 온종일 四六時中

[例文] 어제는 하루 종일 밀린 숙제를 하느라고 고생했어요.
昨日は一日中、後回しにしていた宿題をするのに苦労しました。

병원에 갔다 왔더니 너무 피곤해서 종일 푹 쉬었어요.
病院に行って来たら、すごく疲れて一日中ゆっくり休みました。

53
주제 [주제] 명사 1. テーマ、主題 2. テーマ

1. 会話や研究などの中心となる問題。

[活用表現] 주제 발표 テーマ発表

주제를 정하다 テーマを決める

[例文] 논문 주제도 정하고 순서도 정했으니까 기본 준비는 끝낸 셈이에요.
論文のテーマも決めて、手順も決めたので、基本準備は終わったようなものです。

2. 芸術作品で作者が伝えようとしている基本的な思想。

[活用表現] 작품의 주제 作品のテーマ

[例文] 이번 작품의 주제는 사랑입니다.
今回の作品のテーマは愛です。

54
진학

[진학] 명사 進学

[活用表現] 진학 상담 進学相談
진학 지도 進学指導
진학하다 進学する

[例文] 대학원에 진학했다면서? 공부는 잘 하고 있지?
大学院に進学したんですってね。勉強がんばってる。

사촌 동생은 집안 형편이 어려워서 대학에 진학하지 못했다.
いとこは家の経済的な理由で、大学に進学できなかった。

55
집중하다

[집쭝하다] 동사 集中する

[活用構文] 名 을/를 집중하다

[活用表現] 시선을 집중하다 視線を集中する
주의를 집중하다 神経を集中させる
정신을 집중하다 精神を集中させる

[例文] 취미로 악기를 배우고 있는데 집중해서 연주하다 보면 스트레스가 풀려요.
趣味で楽器を習っているのですが、集中して演奏していると、ストレスが解消されます。

스트레스가 많은 현대인들에게는 편안한 분위기에서 조용한 음악을 들으며 정신을 집중하는 명상이 도움이 된다.
ストレスが多い現代人たちには、ゆったりした雰囲気の中で静かな音楽を聴きながら精神を集中させる瞑想が効果的だ。

56
최선

[최선] 명사 1. 最善 2. 最善

1. 一番良く立派だ。またはそのようなこと。

[活用表現] 최선이다 最善だ

[関連語] 최고 最高

[例文] 그 방법이 최선이라고 생각해요.
その方法が最善だと思います。

2. すべての努力と力。

[活用表現] 최선을 다하다 最善を尽くす

[例文] 최선을 다했으니만큼 좋은 결과가 나올 거예요.
最善を尽くした分、良い結果が出ますよ。

57
추천하다

[추천하다] 동사 推薦する

[活用構文] 名 을/를 추천하다

[例文] 선생님께서 추천해 주신 도서 중에 이미 내가 읽은 책들이 많았다.
先生が推薦してくださった本の中には、すでに私が読んだ本がたくさんあった。

주말에 할 수 있는 여가 활동을 다른 친구들에게도 추천해 주십시오.
週末にできる余暇の過ごし方を、他の友達にも薦めてください。

58
토론하다

[토론하다] 동사 討論する

[活用構文] 名 에 대해서 토론하다

[活用表現] 찬반 토론을 하다 賛否を討論する

[関連語] 토의하다 討議する

[例文] 오늘 우리는 한국문화에 대해 토론하겠습니다.
今日私達は韓国文化について討論します。

지금부터 30분 동안 여러분의 생각을 자유롭게 토론해 보시기 바랍니다.
今から30分の間、みなさんの考えを自由に討論してみてください。

59
특히

[트키] 부사 特に

[関連語] 특별히 特別に

[例文] 반 친구들이 모두 좋은 사람들이라서 금방 친해졌어요. 특히 민수 씨는 성격이 참 좋던데요.
クラスメートたちがみんないい人達なので、すぐに仲良くなりました。特にミンスさんは性格が本当にいいです。

기숙사는 좋은 점도 있지만 불편한 점도 많은데 특히 두 사람이 같이 방을 쓰는 것이 불편해요.
寮は良い点もあるが、不便な点も多いけれど、特に2人で一緒の部屋を使うのはすごく不便です。

60
틀림없이

[틀리멉씨] 부사 間違いなく

[類義語] 꼭 必ず

반드시 必ず

[例文] 이번엔 우리 반이 틀림없이 이길 것이다.
今回は、私のチームが間違いなく勝つだろう。

수업이 9시에 시작되니까 8시 50분까지는 틀림없이 교실에 와야 해.
授業が9時に始まるので、8時50分までには絶対に教室にいないといけない。

61
풀다

[풀다] 동사 1. 解く 2. 解す 3. 解く

1. 知らなかったり複雑な問題などを調べて解決する。

【活用構文】 名 을/를 풀다

【活用表現】 문제를 풀다 問題を解く

【関連語】 해결하다 解決する

【例文】 문제를 스스로 풀도록 하세요.
問題を自分で解くようにしてください。

2. 疲労や毒気などをなくす。

【活用構文】 名 을/를 풀다

【活用表現】 피로를 풀다 疲れを解す

【例文】 휴식을 취했더니 피로가 많이 풀렸습니다.
休憩したら疲れがすごく解れました。

3. 結ばれていたり、巻きついていたり、縛られていたり、くっついていたりするものを、そうでない状態にする。

【活用構文】 名 을/를 풀다

【活用表現】 끈을 풀다 紐を解く

【反意語】 묶다 縛る
매다 結ぶ

【例文】 이 끈을 좀 풀어 주세요.
この紐を解いてください。

62
필기하다

[필기하다] 동사 ノートを取る

【活用構文】 名 을/를 필기하다

【関連語】 쓰다 書く

【例文】 선생님의 말씀을 꼼꼼하게 필기하는 습관을 가져야 해.
先生の話を細かくノートに取る習慣をつけないと。

지난 수요일 수업 시간에 필기한 노트 좀 빌려줄 수 있어?
この前の水曜日の授業のノート、ちょっと貸してくれない。

63
합격하다

[합껴카다] 동사 合格する

【活用構文】 名 에 합격하다

【活用表現】 대학에 합격하다 大学に合格する
시험에 합격하다 試験に合格する

[類義語] 통과하다 通過する

[例文] 열심히 노력하셨으니까 꼭 합격하실 거예요.
一生懸命努力したんだから、絶対合格するでしょう。

어제 연세대학교에 합격했다는 연락을 받았어요.
昨日、延世大学に合格したという連絡を受けました。

64
행사

[행사] 명사 行事、イベント

[活用表現] 기념행사 記念イベント
행사 기간 イベント期間
행사가 열리다 行事が開かれる
행사가 취소되다 行事がキャンセルになる
행사에 참가하다 イベントに参加する

[例文] 한국에는 여러 가지 가족 행사가 있습니다.
韓国にはいろいろな家族行事があります。

행사 일정 및 프로그램은 사정에 따라 변경될 수 있습니다.
行事の日程とプログラムは都合によって変更される場合もあります。

65
확실하다

[확씰하다] 형용사 確実だ

[活用構文] 名 이/가 확실하다
動 는/은/ㄴ/을/ㄹ 것이 확실하다
확실한 名
확실히 動
확실하게 動

[反意語] 불확실하다 不確実だ

[関連語] 분명하다 明らかだ

[例文] 이번에는 주희가 반장이 될 것이 확실해요.
今回、ジュヒが学級委員長になるのは確実です。

오늘 경기에서 연세대 농구팀이 이길 것이 확실하다.
今日の競技で延世大学のバスケットボールチームが勝つのは確実だ。

66
훨씬

[훨씬] 부사 はるかに

[例文] 약속 시간이 훨씬 지났는데도 친구의 모습은 보이지 않았다.
約束時間をとっくに過ぎたのに、友達の姿は見えなかった。

졸업하기 전에는 빨리 졸업하면 좋을 줄 알았는데 졸업하고 보니 학생이었을 때가 훨씬 좋더라.
卒業する前には、早く卒業したいと思っていたけど、卒業してみたら学生の時がはるかに良かったわ。

07 연습문제

[1-13] 다음 단어를 한국어로 바꿔 쓰십시오.
次の単語を韓国語で書きなさい。

1. 各自 (　　　)
2. 文 (　　　)
3. 内容 (　　　)
4. 不満 (　　　)
5. 成績 (　　　)
6. 適当だ (　　　)
7. 抑揚 (　　　)
8. 言語交換 (　　　)
9. 正しい (　　　)
10. 意味 (　　　)
12. 題名 (　　　)
12. 集中する (　　　)
13. 行事 (　　　)

[14-26] [보기]에서 알맞은 단어를 골라 (　　　) 안에 쓰십시오.
(　　　)に当てはまる単語を、下の語群から選んで書きなさい。

[보기]

얼른	종일	미리	특히	적다
다행히	마침내	스스로	반복하다	복사하다
상담하다	접수하다	정확하다		

14. 발표할 내용을 (　　　) 준비해 가지고 가면 실수하지 않을 거예요.

15. 학교생활을 하면서 문제가 생기면 보통 담임선생님과 (　　　)어요/아요/여요.

16. 힘들어도 혼자서 할 수 있는 일이라면 다른 사람의 도움을 받지 않고 (　　　) 하는 편이다.

17. 중요한 약속이 있어서 수첩에 약속 장소와 시간을 (　　　)어/아/여 놓았어요.

18. 국이 식기 전에 (　　　) 드세요.

19. 요즘에는 대학 입학 원서를 인터넷으로도 (　　　)을/ㄹ 수 있어요.

20. 저는 다양한 장르의 영화를 모두 좋아하는데 (　　　　　) 공포 영화를 좋아합니다.

21. 마이클 씨는 한국 사람처럼 한국어 발음이 아주 (　　　　　)어요/아요/여요.

22. 교통사고가 났지만 (　　　　　) 아무도 다치지 않았어요.

23. 오늘 발표할 자료는 사람 수대로 (　　　　　)어서/아서/여서 나눠 주세요.

24. 내 친구는 가수가 되기 위해서 열심히 노력한 결과 (　　　　　) 가수가 되었다.

25. 어려운 발음은 몇 번이고 계속 (　　　　　)어서/아서/여서 연습하는 것이 좋아요.

26. 오늘 날씨가 너무 더워서 하루 (　　　　　) 에어컨을 켰어요.

[27-30] 다음 밑줄 친 부분과 의미가 비슷한 것을 고르십시오.

下線を引いた部分と意味が近いものを選びなさい。

27. 영수 씨는 실력이 있으니까 <u>틀림없이</u> 성공할 거예요.

❶ 하지만　❷ 그러나　❸ 그리고　❹ 반드시

28. 증거를 봐도 그 사람이 범인인 것이 <u>분명하다</u>.

❶ 확장하다　❷ 확실하다　❸ 확대하다　❹ 확인하다

29. 그 호텔은 시설이 좋은 만큼 숙박비가 <u>무척</u> 비쌌어요.

❶ 굉장히　❷ 우연히　❸ 아무리　❹ 어쩐지

30. 이번 쓰기 시험은 외울 단어도 많고 <u>또한</u> 배운 문법도 많아서 공부하는데 시간이 많이 걸릴 것 같다.

❶ 오히려　❷ 반대로　❸ 게다가　❹ 그래도

[31-38] [보기]에서 알맞은 말을 찾아 빈칸에 넣으십시오.

(　　)に当てはまる単語を、下の語群から選んで書きなさい。

[보기]

규칙	반장	나날이	외우다
떠들다	강조하다	마음대로	번역하다

31. 매일 매일 조금씩 (　　　　　　)

32. 하고 싶은 대로 (　　　　　　)

33. 특별히 중요한 부분을 강하게 말하다 (　　　　　　)

34. 어떤 언어로 된 글을 다른 언어의 글로 바꾸다 (　　　　　　)

35. 말이나 글을 잊지 않고 기억하다 (　　　　　　)

36. 큰 소리로 시끄럽게 이야기하다 (　　　　　　)

37. 반을 대표하는 사람 (　　　　　　)

38. 여러 사람이 지키기로 한 약속 (　　　　　　)

[39-40] 다음 밑줄 친 부분과 반대되는 뜻을 가진 것을 고르십시오.

下線を引いた部分と意味が反対のものを選びなさい。

39. 이번 시험을 잘 봤다고 선생님께 칭찬받았어요.

❶ 야단맞다　❷ 조언하다　❸ 상담하다　❹ 토의하다

40. 이 영화는 18세 이하는 관람할 수 없습니다.

❶ 초과　❷ 미만　❸ 이상　❹ 이전

[41-53] [보기]에서 알맞은 단어를 골라 (　　　) 안에 쓰십시오.

(　　)に当てはまる単語を、下の語群から選んで書きなさい。

[보기]

거의	마치	이유	설마	진학
깜빡	훨씬	밤새다	신청하다	추천하다
토론하다	필기하다	합격하다		

41. 미선아, 내가 어제 학교에 못 와서 그러는데 수업시간에 (　　　　　)는/은/ㄴ 공책 좀 빌려줄 수 있어?

42. 제임스 씨는 노래를 잘해서 (　　　　　) 가수 같아요.

43. 오랜만에 만난 친구와 잠을 자지 않고 (　　　　　)도록 이야기를 했어요.

44. 오늘 숙제 공책 가지고 오는 것을 (　　　　　) 잊어버렸어요.

45. 오늘은 사형 제도에 대해서 (　　　　　)어/아/여 보도록 하겠습니다.

46. 영화배우 김동건은 유명해서 한국에서 모르는 사람이 (　　　　　) 없을 거예요.

47. 이번에 드디어 운전면허 시험에 (　　　　　)었다면서요/았다면서요/였다면서요? 축하드려요.

48. 교통과 통신의 발달로 우리 생활이 (　　　　　) 더 편리해졌다.

49. 선생님께서 이 소설책이 아주 재미있으니까 꼭 읽어보라고 (　　　　　)어/아/여 주셨어요.

50. 한국말 연습을 하기 위해서 상담실에 언어 교환을 (　　　　　)었어요/았어요/였어요.

51. 대학교를 졸업하면 대학원에 (　　　　　)을/를 할 계획이에요.

52. 한국에 왜 왔고 한국어를 공부하는 (　　　　　)이/가 무엇인지 이야기해 주십시오.

53. 오늘 중요한 시험이 있는 날인데 (　　　　　) 미선 씨가 오늘도 지각을 하겠어?

[54-59] 다음 (   )에 공통적으로 들어갈 단어를 쓰십시오.

次の(   )に共通して当てはまる単語を書きなさい。

54.
❶ 실력은 부족하지만 저는 (   )을/를 다 했으니까 후회는 없어요.
❷ 감기가 걸렸을 때는 푹 쉬는 게 (   )이에요/예요.

(   )

55.
❶ 어제 너무 피곤해서 (   ) 세수만 하고 잤어요.
❷ 아침부터 저녁까지 힘들게 아르바이트를 했는데 (   ) 오천 원을 벌었어?

(   )

56.
❶ 저는 매운 음식을 (   ) 좋아하는 편이 아니에요.
❷ 시험 문제가 생각보다 (   ) 어렵지 않던데요.

(   )

57.
❶ 밥을 먹지 못할 (   )으로/로 이가 아파요.
❷ 버스 안에 승객들이 한 10명 (   ) 있어요.

(   )

58.
❶ 5를 2로 나누면 몫은 2이고 (   )은/는 1이 된다.
❷ 오늘 일을 다 못 했는데 (   ) 일은 내일 해도 될까요?

(   )

59.
❶ 오늘 회의의 (   )이/가 무엇입니까?
❷ 이 소설의 (   )은/는 어머니의 사랑이다.
❸ '행복'이라는 (   )을/를 가지고 글을 써 봅시다.

(   )

[60-65] **다음 ( )에 공통적으로 들어갈 단어의 기본형을 쓰십시오.**

次の( )に共通して当てはまる単語の基本形を書きなさい。

60. ❶ 이 분홍색 원피스가 손님한테 아주 잘 ( )네요.

❷ 어머니는 저에게 나쁜 친구들과 ( )지 말라고 늘 말씀하세요.

( )

61. ❶ 잘못해서 선글라스를 바닷물에 ( )었어요/았어요/였어요.

❷ 오늘 중요한 발표가 있는데 서류를 ( )고 안 가지고 왔어요.

( )

62. ❶ 시험이 끝나자마자 친구들과 답을 ( )어/아/여 보았다.

❷ 저는 보통 사람보다 발이 커서 신발을 ( )어서/아서/여서 신어야 해요.

( )

63. ❶ 숫자 2에서 1을 ( )으면/면 1이 남습니다.

❷ 사람들 앞에서 이야기할 때는 주머니에서 손을 ( )고 말씀하세요.

❸ 열심히 운동을 해서 살을 5킬로그램이나 ( )었어요/았어요/였어요.

( )

64. ❶ 난 병원에서 주사를 ( )는/은/ㄴ 것이 세상에서 제일 싫어요.

❷ 12월 31일이 되면 일출을 보면서 새해를 ( )는/은/ㄴ 사람들이 많아요.

❸ 제임스 씨가 이번 쓰기 시험에서 또 100점을 ( )었어요/았어요/였어요.

( )

65. ❶ 이 문제는 너무 어려워서 못 ( )겠어요.

❷ 달리기를 하다가 운동화 끈이 ( )어졌어요/아졌어요/여졌어요.

❸ 저는 스트레스가 쌓이면 노래방에 가서 노래를 부르면서 스트레스를 ( )어요/아요/여요.

( )

경제

08

経済

08 경제

01
가난 [가난] 명사 貧乏

[活用表現] 가난하다 貧乏だ

[反意語] 부유 富裕

[例文] 아프고 가난한 사람들을 돕기 위해서 병원을 세웠습니다.
病気で貧乏な人達を助けるために、病院を建てました。

가난에서 벗어나려고 아무리 노력해도 벗어날 수가 없다.
貧乏から抜け出そうと、いくら努力しても抜け出せない。

02
가맹점 [가맹점] 명사 加盟店

[活用表現] 가맹점 모집 加盟店募集

[関連語] 본사 本社

본점 本店

지점 支店

[例文] 연세 카드를 가지고 가면 가맹점에서 5% 할인 받을 수 있다.
延世カードを持って行けば、加盟店で5％割引してもらえます。

신용카드 회원이 가맹점에서 받을 수 있는 혜택은 무엇입니까?
クレジットカード会員が加盟店で受けられる特典は何ですか。

03
가짜 [가짜] 명사 偽もの

[活用表現] 가짜 서류 偽の書類

가짜 신분증 偽の身分証

[反意語] 진짜 本物

[関連語] 짝퉁 偽者

모조품 イミテーション

[例文] 이 물건은 진짜가 아니고 가짜예요.
これは本物じゃなくて偽物です。

명품 가방의 인기가 높아지면서 가짜를 진짜로 속여서 파는 사람들이 늘고 있다.
ブランドのバックの人気が高まるに連れて、偽物を本物だと騙して売る人たちが増えている。

04
견디다 [견디다] 동사 耐える

[活用構文] 名 을/를 견디다

名 에 견디다

[活用表現] 고통을 견디다 苦痛に耐える
추위에 견디다 寒さに耐える

[類義語] 참다 我慢する
인내하다 耐え忍ぶ

[例文] 요즘 젊은이들은 힘든 일을 잘 견디지 못하는 것 같다.
最近の若者は、辛いことに耐えられないようだ。

이 일에서 성공하려면 온갖 힘든 일을 다 견뎌내야 합니다.
この仕事で成功するには、あらゆる辛いことをすべて耐え抜かなくてはなりません。

05
경우

[경우] 명사 場合

[活用構文] 動 / 形 는/은/ㄴ/을/ㄹ 경우

[活用表現] 경우에 따라서 場合によって

[例文] 카드로 결제하지 않고 현금으로 결제하실 경우 5% 할인해 드립니다.
カードではなく、現金で支払う場合5%割引致します。

카드로 물건을 구매하는 경우에 몇 개월까지 무이자 할부가 가능한지 꼭 확인해 보세요.
カードで物を買う場合は、何ヶ月まで無利子で分割払いができるのか必ず確認してみてください。

도움말

경우 と 상황 の違い

상황 はあることの成り行きや様子を表し、主に動的な場面で使われる。

경우 は置かれている条件や、置かれる情勢や事情を表し、仮定の意味で主に使われる。

06
경제적

[경제적] 명사 経済的

[活用構文] 경제적인 名
경제적으로 動

[活用表現] 경제적인 투자 経済的な投資
경제적인 가치 経済的な価値

[反意語] 비경제적 非経済的

[例文] 두 사람은 맞벌이 부부여서 경제적으로 넉넉한 것 같아요.
2人は共働きの夫婦なので、経済的に余裕があるみたいです。

아이들은 금방 자라니까 책이나 장난감은 대여해서 쓰는 게 경제적이다.
子供たちはすぐに大きくなるので、本やおもちゃはレンタルするのが経済的だ。

07
경험

[경험] 명사 経験

【活用表現】 산 경험 生きた経験
경험하다 経験する
경험이 있다 経験がある
경험이 부족하다 経験不足だ
경험을 쌓다 経験を積む

【関連語】 체험 体験
경력 経歴

【例文】 이 일은 초보자가 하기는 힘든 일인데 경험은 있나요?
この仕事は初心者には辛い仕事ですが,経験はありますか。

열심히 하겠다는 마음만 있다면 경험이 없어도 그 일을 잘 할 수 있을 거예요.
一生懸命やろうという気持ちさえあれば,経験がなくてもその仕事をうまくこなせますよ。

08
고가

[고까] 명사 高価

【活用構文】 고가의 名

【活用表現】 고가의 물품 高価な品物

【反意語】 저가 低価

【関連語】 정가 定価
특가 特価
중저가 中低価
초특가 超特価
할인가 割引価格

【例文】 고가의 물건은 신용카드 할부로 사면 좋아요.
高価な品物はクレジットカードの分割払いで買うといいですよ。

온라인 쇼핑몰에서 고가의 제품을 지나치게 할인해서 판매한다면 조심하는 것이 좋습니다.
オンラインショッピングモールで高価な製品を,異常に安く売っていたら気をつけた方がいいです。

09
고객

[고객] 명사 顧客

【活用表現】 우수 고객 お得意様

【類義語】 손님 お客さん

【関連語】 단골 行き着け

【例文】 고객들의 만족도를 높이기 위해 고객센터를 운영하는 회사가 많다.
顧客の満足度を上げるために,顧客センターを運営している会社が多い。

오늘도 저희 백화점을 이용해 주신 고객 여러분께 진심으로 감사드립니다.
今日も当デパートをご利用いただいたお客様に、心から感謝致します。

10
고생

[고생] 명사 苦労

[活用表現] 고생하다 苦労する
고생이 심하다 すごく苦労する
고생을 겪다 苦労を経験する
고생을 견디다 苦しみに耐える

[例文] 겨우 만 원 벌려고 하루 종일 고생을 한 거야?
たった1万ウォンを稼ぐために一日中苦労したのか。

고생을 모르고 자란 사람은 인생의 가치를 잘 몰라요.
苦労を知らずに育った人は、人生の価値をよくわかっていない。

11
공짜

[공짜] 명사 タダ、無料

[活用表現] 공짜표 タダ券
공짜로 받다 タダでもらった
공짜로 얻다 タダで手に入れた
공짜로 빌리다 タダで借りる

[類義語] 무료 無料

[例文] 오늘은 어린이들에게 놀이공원 입장료가 공짜입니다.
今日は子供たちの遊園地の入場料がタダです。

50만 원짜리 정장을 5만 원에 샀으니 거의 공짜로 산 셈이에요.
50万ウォンのスーツを5万ウォンで買ったから、ほとんどタダ同然です。

12
관리하다

[괄리하다] 동사 管理する

[活用構文] 名 을/를 관리하다

[活用表現] 건물을 관리하다 建物を管理する

[例文] 성공한 사람들은 평소 시간 관리를 효율적으로 한다고 합니다.
成功した人達は普段、効率的に時間の管理を行うといいます。

저는 목표를 가지고 항상 계획적으로 시간을 관리하는 편입니다.
私は目標を持って、いつも時間を計画的に管理している方です。

13
광고

[광고] 명사 広告

[活用表現] 공익 광고 公共の広告
구직 광고 求人広告

상업 광고 産業広告

광고가 나가다 広告が出る

광고를 내다 広告を出す

[類義語] 선전 宣伝

[例文] 형은 신문에서 구인 광고를 찾고 있었다.
兄は新聞で求人広告を探していた。

신제품을 알리기 위해서 회사들은 광고에 많은 비용을 쓴다.
新製品を世に知らせるために、会社は広告に多くの費用を使う。

14
구매

[구매] 명사 購買、購入

[活用表現] 구매력 購買力

구매자 購入者

공동구매 共同購入

충동구매 衝動買い

구매하다 購入する

[類義語] 매입 買い入れ

[例文] 백화점 세일 때는 충동구매하기가 쉽다.
デパートがセールの時は、衝動買いしやすい。

3만원 이상 구매를 하신 고객들께 사은품을 드립니다.
3万ウォン以上、購入したお客様にプレゼントを差し上げます。

15
그만두다

[그만두다] 동사 やめる

[活用構文] 名 을/를 그만두다

[活用表現] 직장을 그만두다 職場を辞める

공부를 그만두다 勉強をやめる

[類義語] 포기하다 諦める

[例文] 직장 상사 때문에 회사를 그만두고 싶어요.
職場の上司のせいで、会社を辞めたいです。

집안 사정이 어려워서 학교를 그만두고 취직하기로 했어요.
家計が苦しくて学校をやめて、就職することにしました。

16
기회

[기회] 명사 機会、チャンス

[活用表現] 승진 기회 昇進の機会

기회가 오다 チャンスが訪れる

기회가 생기다 機会ができる

기회를 놓치다 チャンスを逃す

[例文] 좋은 기회가 오면 놓치지 말고 꼭 잡도록 하세요.
いいチャンスが来たら、逃さずに必ずつかんでください。

한국 사람과 말할 수 있는 기회가 많은 일을 해 보고 싶어요.
韓国人と話す機会が多い仕事をしてみたいです。

17
긴장

[긴장] 동사 緊張

[活用表現] 긴장하다 緊張する
긴장이 풀리다 緊張がとける
긴장을 풀다 緊張をほぐす

[例文] 처음 하는 일이라서 그런지 너무 긴장을 해서 실수를 많이 했어요.
初めてすることだからか、とても緊張してたくさん失敗をしてしまいました。

사장님을 오늘 처음 뵀는데 너무 긴장을 해서 말을 한 마디도 못 했어요.
社長に今日初めて会ったのですが、あまりに緊張して一言もしゃべれませんでした。

18
길이

[기리] 명사 長さ、丈

[活用表現] 길이가 길다 長さが長い
길이가 짧다 長さが短い
길이를 재다 長さを測る
길이를 줄이다 長さを減らす

[関連語] 밀리미터 (mm) ミリメートル
센티미터 (cm) センチメートル
미터 (m) メートル
킬로미터 (km) キロメートル
인치 (in) インチ
리(里) (1里は約0.393km) 里

[例文] 소매가 얼마나 긴지 한번 길이를 재 보세요.
袖がどれくらいの長さなのか、一度丈を測ってみてください。

저는 보통 바지를 사면 길이를 줄여서 입어요.
私は普段、ズボンを買ったら丈をつめてはきます。

19
깊이

[기피] 명사 深さ

[活用表現] 깊이가 깊다 深さが深い
깊이가 얕다 深さが浅い
깊이를 재다 深さを測る

[例文] 해변에서 멀어질수록 바다의 깊이는 점점 더 깊어진다.
海辺から遠ざかるほど､海の深さは少しずつ深くなる。

보기에는 깊이가 얕아 보이지만 사실 굉장히 깊은 곳이에요.
見かけは浅く見えるけど､実はかなり深いところです。

20
나머지[2]

[나머지] 명사 残り､余り
ある限度を満たして余った部分や､あることをしてできなかった残りの部分。

[活用構文] 動 는/은/ㄴ 나머지

[活用表現] 나머지 부분 残りの部分

[類義語] 여분 余分

[例文] 월급에서 생활비를 제외한 나머지는 모두 은행에 예금해요.
給料から生活費を除いて余ったお金は､すべて銀行に貯金します。

오늘 수업 중에 못한 문법 설명의 나머지 부분은 내일 하도록 합시다.
今日授業中にできなかった文法の残りの部分の説明は､明日することにしましょう。

21
나타나다

[나타나다] 동사 現れる

[活用構文] 名 이/가 나타나다

[反意語] 사라지다 消える

[例文] 뜻밖에 목격자가 나타나서 범인을 잡을 수 있게 되었어요.
予想外に､目撃者が現れて犯人を捕まえることができました。

김영수 씨가 며칠 동안 연락도 없이 사무실에 나타나지 않으니 이상하네요.
キム･ヨンスさんが何日もの間､連絡もなく事務所にも現れないのは変ですね。

22
납부

[납뿌] 명사 納付

[活用表現] 납부금 納付金
납부 기한 納付期限
납부 고지서 納付告知書
납부하다 納付する
등록금을 납부하다 授業料を納付する

[例文] 웬일인지 아직도 납부 고지서가 안 나왔어요.
どういうことか､まだ納付告知書が来ません。

공과금을 기한 내에 납부하지 않으면 연체료를 내야 합니다.
公共料金を期間内に納付しなければ､延滞料を払わなければなりません。

23
낭비하다

[낭비하다] 동사 浪費する

[活用構文] 名 을/를 낭비하다

[活用表現] 돈을 낭비하다 お金を無駄遣いする

시간을 낭비하다 時間を浪費する

[反意語] 절약하다 節約する

[例文] 쓸데없는 데에 돈을 낭비하지 마.

どうしようもないことに、お金を使うんじゃない。

우리 할머니는 돈을 낭비하지 않으시고 항상 아껴 쓰세요.

私の祖母はお金を無駄遣いせずに、いつも節約しながら使います。

24
넓이

[널비] 명사 広さ

[活用表現] 넓이가 넓다 広さが広い

넓이가 좁다 広さが狭い

넓이를 재다 広さを測る

[関連語] 제곱밀리미터 (㎟) 平方ミリメートル

제곱센티미터 (㎠) 平方センチメートル

제곱미터 (㎡) 平方メートル

제곱킬로미터 (㎢) 平方キロメートル

평 (1坪は約3.3㎡) 坪

[例文] 한국에서는 아파트 넓이를 평으로 나타내기도 합니다.

韓国ではアパートの広さを坪で表しもします。

넓이가 조금 좁아 보이니까 얼마나 되는지 한번 재 봅시다.

広さがちょっと狭く見えるので、どれくらいなのか一度測ってみましょう。

25
높이

[노피] 명사 高さ

[活用表現] 눈높이 目の高さ

키 높이 背の高さ

높이뛰기 高跳び

[例文] 바닥에서 천장까지의 높이는 얼마나 됩니까?

床から天井までの高さはどれくらいですか。

아이들도 이용할 수 있게 책상의 높이를 낮췄다.

子供たちも使えるように、机の高さを低くした。

26
늘다

[늘다] 동사 1. 増える 2. 上がる､伸びる

1. 物質の長さや広さ､体積､数などの分量が元より大きくなったり多くなる｡

[活用構文] 名 이/가 늘다

[活用表現] 학생 수가 늘다 学生の数が増える

평균 수명이 늘다 平均寿命が延びる

[類義語] 증가하다 増加する

[反意語] 줄다 減る

[例文] 날씨가 더워지면서 아이스크림의 판매가 급격히 늘었다.
暑くなるにつれて､アイスクリームの販売量が急激に増えた｡

2. 腕前や能力などが良くなる

[活用構文] 名 이/가 늘다

[活用表現] 솜씨가 늘다 腕前が上がる

실력이 늘다 実力が伸びる

[類義語] 좋아지다 良くなる

나아지다 良くなる

[反意語] 줄다 下がる

[例文] 나도 모르게 어느새 한국어 실력이 많이 늘었다.
気づかないうちに､いつの間にか韓国語の実力がすごく伸びた｡

27
단기간

[단기간] 명사 短期間

[反意語] 장기간 長期間

[例文] 주식 투자로 단기간에 많은 돈을 벌었어요.
株の投資によって､短期間でたくさんのお金を稼ぎました｡

다이어트를 해서 단기간에 10킬로그램이나 살을 뺐다.
ダイエットをして､短期間で10キロ痩せた｡

28
대기업

[대기업] 명사 大企業

[活用表現] 대기업 회장 大企業の会長

대기업 임원 大企業の役員

[関連語] 중소기업 中小企業

[例文] 요즘 젊은이들은 모두 대기업에 취직하고 싶어 해요.
最近の若い人たちは､みんな大企業に就職したがります｡

경기가 어려울 때는 대기업보다는 중소기업이 더 힘들어요.
景気が悪い時は､大企業より中小企業の方が辛いです｡

29
덜다

[덜다] 동사 1. 減らす,省く 2. 減らす

1. (主に行為や状態を表す名詞と一緒に使われ)そのような行為や状態を小さくする。

[活用構文] 名 을/를 덜다

[活用表現] 고통을 덜다 苦痛を減らす
걱정을 덜다 心配を減らす
근심을 덜다 懸念を減らす
수고를 덜다 手間を省く

[反意語] 더하다 つのる

[関連語] 줄다 減る

[例文] 중요한 회의여서 무척 긴장됐는데 김 과장님이 도와주셔서 제가 걱정을 덜었어요.
大事な会議なのですごく緊張していたのですが,キム課長が助けてくれて心配が軽くなりました。

2. 一定の数量や程度からある程度減らしたり小さくする。

[活用構文] 名 을/를 덜다

[活用表現] 밥을 덜다 ご飯を減らす
짐을 덜다 荷物を減らす

[反意語] 더하다 増やす

[例文] 밥이 너무 많은데 좀 덜어 주세요.
ご飯が多すぎるので,ちょっと減らしてください。

30
따지다

[따지다] 동사 1. 細かく計算する 2. 問い詰める

1. 計算や損得,関係などをいちいち計算する。

[活用構文] 名 을/를 따지다

[活用表現] 가격을 따지다 価格を細かく考える
날짜를 따지다 日程を細かく計算する
비용을 따지다 費用を細かく計算する

[関連語] 계산하다 計算する

[例文] 투자를 하기 전에는 반드시 비용을 따져야 합니다.
投資をする前には,必ず費用をちゃんと計算しなくてはなりません。

2. 何が正しくて何が正しくないか,明らかにする。

[活用構文] 名 을/를 따지다
動 / 形 냐고 따지다

[活用表現] 잘잘못을 따지다 白黒はっきりさせる
시시비비를 따지다 是非を問い詰める
시시콜콜 따지다 何から何まで問い詰める

[関連語] 가리다 選り好みする

[例文] 사고 원인을 꼼꼼히 따져야 잘못이 되풀이되지 않는다.
事故の原因をしっかり追求すれば、間違いを繰り返さない。

31
맞추다[2]

[맏추다] 동사 1. 合わせる 2. 合わせる 3. 合わせる 4. 仕立てる、作る

1. お互いの食い違いがなく、調和している。

[活用構文] 名 을/를 맞추다

[活用表現] 마음을 맞추다 心を合わせる
손발을 맞추다 歩調を合わせる
의견을 맞추다 意見を合わせる

[例文] 회사의 모든 부서들이 서로 손발을 맞춰야 회사가 발전할 수 있지요.
会社のすべての部署がお互い歩調を合わせればこそ、会社が発展できます。

2. ある基準や程度の差をなくす。

[活用構文] 名 에/에게 맞추다

[活用表現] 적성에 맞추다 適正に合わせる
기준에 맞추다 基準に合わせる

[例文] 시간에 맞춰서 약을 먹는 것도 꽤 신경이 쓰여요.
時間に合わせて薬を飲むことにも、かなり気を使います。

3. 他の人の意図や意向などに合わせて行動する。

[活用構文] 名 을/를 맞추다

[活用表現] 기분을 맞추다 気分に合わせる
비위를 맞추다 機嫌を取る

[例文] 회사에서 상사의 비위를 잘 맞추는 것도 중요한 일 중에 하나다.
会社で上司の機嫌を取るのも、重要な仕事のひとつです。

4. 一定の規模のものを作るためにあらかじめ準備する。

[活用構文] 名 을/를 맞추다

[活用表現] 옷을 맞추다 洋服を仕立てる
신발을 맞추다 靴を仕立てる
안경을 맞추다 眼鏡を作る

[例文] 눈이 너무 나빠져서 안경점에 가서 안경을 맞춰야겠어요.
目がすごく悪くなったので、眼鏡屋さんに行って、眼鏡を作らないといけません。

32
면제

[면제] 명사 免除

[活用表現] 비자 면제 ビザ免除
세금 면제 税金免除
수수료 면제 手数料免除

[関連語] 면세 免税

[例文] 그 신용카드는 우수 고객에게 연회비를 면제해 준다.
そのクレジットカードは、お得意様には年会費を免除してくれる。

저희 은행 VIP 고객분들께는 환전할 때 수수료를 면제해 드립니다.
当銀行のVIP顧客には両替する際の手数料を免除致します。

33
무게

[무게] 명사 重さ

[活用表現] 몸무게 体重

무게가 나가다 重さがある

무게를 달다 目方を量る

무게를 재다 重さを量る

무게를 줄이다 重さを減らす

[関連語] 밀리그램 (mg) ミリグラム

그램 (g) グラム

킬로그램 (kg) キログラム

톤 (t) トン

[例文] 무게에 따라서 운송비도 다릅니다.
重さによって運送料も違います。

키에 비해서 몸무게가 너무 많이 나갑니다.
身長に比べて体重が重すぎます。

34
무이자

[무이자] 명사 無利子

[活用表現] 무이자 할부 無利子の分割払い

[例文] 인터넷 쇼핑몰에서 10개월 무이자 할부 행사를 하고 있다.
インターネットショッピングモールで10ヶ月間の無利子の分割払いイベントをしている。

연세 신용카드로 에어컨을 사시면 12개월 무이자 할부로 구입하실 수 있어요.
延世クレジットカードでエアコンをお買い上げいただけば、12ヶ月無利子の分割払いで購入することができます。

35
문의하다

[무니하다] [무늬하다] 동사 問い合わせる

[活用構文] 名 에/에게 名 을/를 문의하다

名 으로/로 문의하다

[活用表現] 전화로 문의하다 電話で問い合わせる

[類義語] 묻다 尋ねる

질문하다 質問する

[例文] 궁금한 사항은 전화나 이메일로 문의하시기 바랍니다.
気になることは、電話やEメールでお問い合わせください。

고장인 것 같으면 서비스 센터에 전화로 문의해 보세요.
故障かなと思ったら、サービスセンターに電話で問い合わせてみてください。

36
반품

[반품] 명사 返品

[活用表現] 반품하다 返品する

[例文] 죄송합니다만 이미 설치가 끝난 물건에 대해서는 반품이 안 됩니다.
申し訳ありませんが、すでに設置した品物は返品できません。

지난주에 소파를 샀는데 집안 분위기와 안 어울려서 반품을 하고 싶어요.
先週ソファーを買ったのだけれど、家の雰囲気に合わないので返品したいです。

37
배송

[배송] 명사 配送

[活用表現] 배송료 配送料
배송비 配達料金
무료 배송 無料配送

[例文] 5만원 이상 사시면 무료로 배송을 해 드립니다.
5万ウォン以上のお買い上げで、無料配送致します。

구입한 제품을 교환하시려면 배송료를 따로 지불하셔야 하는데요.
購入した製品を交換するには、配送料を別に支払わなければなりませんが。

38
보험

[보험] 명사 保険

[活用表現] 보험료 保険料
의료 보험 医療保険
자동차 보험 自動車保険
보험을 들다 保険に入る
보험에 가입하다. 保険に加入する

[例文] 여행을 떠나기 전에 공항에서 여행자 보험을 들었다.
旅行に行く前に空港で旅行保険に入った。

사고를 낸 트럭은 보험에 가입되어 있지 않아서 보상금을 받는 데 문제가 많을 것 같다.
事故を起こしたトラックは保険に加入していないので、補償金をもらうためには問題がいろいろありそうだ。

39
부피

[부피] 명사 かさ、体積

[活用表現] 부피를 재다 かさを測る

부피를 줄이다 かさを減らす

[関連語] 씨씨 (cc) シーシー

리터 (ℓ) リットル

밀리리터 (mℓ) ミリリットル

세제곱미터 (m³) 立方メートル

[例文] 보낼 물건의 부피가 크면 요금을 조금 더 내셔야 합니다.
送ろうとする物のかさが大きいと、料金を少し多く出さなければなりません。

부피가 큰 것은 이곳에 넣고 부피가 작은 것은 저곳에 넣으세요.
かさが大きいものはここに置いて、かさが小さいものはあそこに置いてください。

40
살아나다

[사라나다] 동사 1. 蘇る、盛り返す 2. 生き返る

1. 弱くなっていた勢いや運がまた戻る。

[活用構文] 名 이/가 살아나다

[活用表現] 경제가 살아나다 経済が息を吹き返す

입맛이 살아나다 食欲が蘇る

[例文] 경제가 살아나려면 국민 모두가 하나가 되어 열심히 노력해야 합니다.
経済を盛り返すには、全国民がひとつとなり、懸命に努力しなければなりません。

2. 死んだり、ほとんど死にそうだったものが、また息を吹き返す。

[活用構文] 名 이/가 살아나다

[活用表現] 사람이 살아나다 人が生き返る

죽다가 살아나다 死んで生き返る

구사일생으로 살아나다 急死に一生で生き返る

[例文] 교통사고로 거의 죽어가던 친구가 다시 살아났어요.
交通事故でほとんど死にそうになっていた友達が、また息を吹き返しました。

41
상승하다

[상승하다] 동사 上昇する

[活用構文] 名 이/가 상승하다

[活用表現] 물가가 상승하다 物価が上昇する

[反意語] 하락하다 下落する

[例文] 환경오염이 심해짐에 따라 지구의 온도도 상승하고 있다.
環境汚染がひどくなるにつれて、地球の温度も上昇している。

경제가 조금씩 살아나면서 주가도 조금씩 상승하고 있어요.
経済が少しずつ息を吹き返しながら、株価も少しずつ上昇しています。

42
상태 [상태] 명사 状態

[活用表現] 물건 상태 品物の状態
제품 상태 製品の状態
건강 상태 健康状態
상태가 좋다 状態がいい

[例文] 요즘 무리를 해서 건강 상태가 나빠진 것 같아요.
最近無理をして､健康状態が悪くなったみたいです。

기상 상태가 안 좋으면 비행기가 연착하는 수가 있어요.
気象状態が思わしくないと､飛行機が延着することがあります。

43
새롭다 [새롭따] 형용사 新しい

[活用構文] 名 이/가 새롭다
새로운 名

[活用表現] 새로운 경험 新しい経験
새로운 상품 新しい商品
감회가 새롭다 今まで経験したことがない深い思い

[関連語] 새 新

[例文] 요즘에 새로운 소식이나 중요한 정보가 없어요?
最近新しい知らせとか､大事な情報はないですか。

새로운 기술의 개발로 생산력이 더 높아질 것으로 예상된다.
新しい技術の開発で生産力がより高くなることが予想される。

44
서명하다 [서명하다] 동사 署名する

[活用構文] 名 에 서명하다

[活用表現] 계약서에 서명하다 契約書に署名をする

[類義語] 사인하다 サインする

[例文] 손님, 여기에 서명해 주세요.
お客様､ここに署名をお願いします。

은행에서 돈을 찾을 때 도장이 없으면 서명을 해도 되나요?
銀行でお金を引き出す時､印鑑がなければ署名でもいいですか。

45
서비스 [서비스] 명사 1. サービス 2. サービス

1. 個人的に他人のために手助けをしたり世話をする。

[活用表現] 서비스 센터 サービスセンター
서비스 정신 サービス精神

서비스가 좋다 サービスがいい

서비스가 나쁘다 サービスが悪い

[関連語] 에이에스(A/S) アフターサービス

애프터서비스(A/S) アフターサービス

[例文] 어떤 가게에서는 현금을 쓰면 값을 깎아 주고 서비스도 더 좋아집니다.
あるお店では、現金で払うと値引きしてくれるしサービスも良くなります。

2. 商売で、値段を負けてくれたり、おまけをくれる。

[活用構文] 서비스로 動

[類義語] 덤 おまけ

사은품 粗品(謝恩品)

[例文] 주유소에서는 주유하는 고객에게 서비스로 물이나 휴지를 줍니다.
ガソリンスタンドでは、ガソリンを入れる顧客にサービスで水やティッシュをくれます。

46
서투르다

[서투르다] 형용사 下手だ、不慣れだ

[活用構文] 名 이/가 서투르다

名 에 서투르다

[活用表現] 한국말이 서투르다 韓国語が下手だ

일에 서투르다 仕事に慣れていない

[反意語] 능숙하다 上手だ

[例文] 이 일을 한 지 6개월 밖에 안 돼서 아직 서툴러요.
この仕事をして6ヶ月しか経っていないので、まだ不慣れです。

지금은 서투르지만 계속하다 보면 잘 할 수 있을 거예요.
今は下手だけれど、続けていれば上手になりますよ。

47
선택하다

[선태카다] 동사 選択する、選ぶ

[活用構文] 名 을/를 선택하다

名 으로/로 선택하다

[類義語] 고르다 選ぶ

[例文] 직업을 선택할 때 가장 중요한 것이 무엇입니까?
職業を選択する時、一番重要なことは何ですか。

월급이 많아서 그런지 많은 구직자들이 그 회사를 1지망으로 선택하네요.
給料が多いからか、多くの求職者たちがその会社を第1志望に選びますね。

48
세금

[세금] 명사 税金

[活用表現] 세금 납부 税金の納付

세금 면제 税金免除

세금 계산서 税金の計算書

세금을 걷다 税金をかける

세금을 내다 税金を払う

[例文] 세금이 작년에 비해 올랐다

税金が去年に比べて上がった。

매달 월급에서 세금이 빠져 나간다.

毎月の給料から税金が引かれる。

49
세다[2]

[세다] 동사 数える

[活用構文] 名 을/를 세다

[活用表現] 돈을 세다 お金を数える

수를 세다 数を数える

[例文] 돈을 찾은 후에 금액이 맞는지 세어 보세요.

お金を下ろした後、金額が正しいかどうか数えてみてください。

요즘엔 은행에 돈을 세는 기계가 있어서 편리해요.

最近は銀行にお金を数える機械があるので便利です。

50
세로

[세로] 명사 縦

[活用構文] 세로로 動

[反意語] 가로 横

[例文] 세로로 줄을 그으세요.

縦に線を引いてください。

액자의 크기는 가로 길이가 20cm, 세로 길이가 30cm이다.

額の大きさは横の長さが20cm、縦の長さが30cmだ。

51
소비자

[소비자] 명사 消費者

[活用表現] 소비자가 消費者価格

소비자 가격 消費者価格

소비자 보호 협회 消費者保護教会

[関連語] 과소비 過消費

[例文] 이번 주까지 신제품에 대한 소비자들의 반응을 알아 봅시다.

今週までは新製品に対する消費者たちの反応を調べてみましょう。

제품이 좋으니까 한번 써 본 소비자는 반드시 이 제품을 다시 살 겁니다.

優れた製品なので、1度使った消費者は必ずこの製品をまた購入するでしょう。

52
손해

[소내] 명사 損害

[活用表現] 손해배상 損害賠償
손해가 나다 損害が出る
손해를 보다 損をする
손해를 입다 損害を被る
손해를 끼치다 損害を及ぼす

[反意語] 이익 利益

[例文] 계약할 때 잘 살펴봐야 손해를 입지 않습니다.
契約する時によく見返して確認すれば、損害を被りません。

이번 사업 실패로 손해를 본 금액은 약 500억 원 정도에 달할 것으로 예상하고 있다.
今回の事業の失敗で損する金額は、約500億ウォン程度に達することが予想されている。

53
수고하다

[수고하다] 동사 苦労する

[活用構文] 名 이/가 수고하다
動 느라고 수고하다

[類義語] 애쓰다 あることをしようと、骨を折る
힘쓰다 力を尽くす
고생하다 苦労する

[例文] 늦게까지 일하느라고 수고했어요.
遅くまで働いてご苦労様でした。

지금까지 회사를 위해 수고해 주신 여러분들께 감사하다는 말씀 드리고 싶습니다.
今まで会社のためにがんばってくれた皆さんに、感謝の言葉をおくりたいです。

도움말

보통 '수고하다'는 말하는 사람보다 나이가 많거나 직위가 높은 사람에게는 쓰지 않는다. 普通「ご苦労様」という言葉は、自分より歳上だったり地位が高い人には使わない。

54
수입

[수입] 명사 輸入

[活用表現] 수입품 輸入品
직수입 直輸入
수입하다 輸入する

수입을 개방하다 輸入を開放する

수입을 규제하다 輸入を規制する

[反意語] 수출 輸出

[例文] 올해 우리나라는 수출보다 수입을 더 많이 했다.
今年、我が国は輸出より輸入の方が多かった。

얼마 전 정부에서 미국산 소고기 수입을 개방했다.
少し前、政府はアメリカ産牛肉の輸入を開放した。

55
수표 [수표] 명사 小切手

[活用表現] 여행자 수표 トラベラーズチェック

[関連語] 현금 現金

[例文] 수표를 사용할 때는 수표 뒤에 이름과 연락처를 적어야 해요.
小切手を使う時は、小切手の裏に名前と連絡先を書かなければいけません。

한번에 큰돈을 찾을 때는 현금보다는 수표로 찾는 것이 편해요.
一度に大金を引き出す時は、現金より小切手で引き出すと便利です。

56
신용 [시뇽] 명사 信用、信頼

[活用表現] 신용 카드 クレジットカード

신용불량자 信用不良者

신용이 없다 信用がない

신용이 떨어지다 信用が落ちる

신용을 잃다 信頼を失う

[類義語] 믿음 信頼

[例文] 약속을 안 지키면 신용을 잃는 법입니다.
約束を守らなければ、信用を失うものです。

제 사촌 동생은 돈을 펑펑 쓰더니 결국 신용불량자가 됐어요.
私のいとこはお金を水のように使って、結局ブラックリストに載ってしまいました。

57
심각하다 [심가카다] 형용사 深刻だ

[活用構文] 名 이/가 심각하다

[活用表現] 상황이 심각하다 状況が深刻だ

문제가 심각하다 問題が深刻だ

[例文] 이 문제는 심각하게 생각해서 결정해야 합니다.
この問題は深刻に考えて結論を出さなくてはいけません。

무슨 일이 있어요? 왜 이렇게 분위기가 심각합니까?
何かあったんですか。どうしてこんなに深刻な雰囲気なんですか。

58
쌓다

[싸타] 동사 1. 積む 2. 積む

1. 経験､技術､業績､知識などを重ねて慣らす。

[活用構文] 名 을/를 쌓다

[活用表現] 경험을 쌓다 経験を積む

실력을 쌓다 実力を養う

[例文] 아르바이트를 하면 다양한 경험을 쌓을 수 있어요.
アルバイトをすると､いろいろな経験を積むことができます。

2. いくつもの物を重ねて置く。

[活用構文] 名 을/를 쌓다

[活用表現] 물건을 쌓다 物を積み重ねる

[例文] 대형 할인 매장에서는 보통 상품을 쌓아 놓고 팔아요.
大型マートでは､普通商品を積み重ねて売っています。

59
얻다

[얻따] 동사 得る

[活用構文] 名 을/를 얻다

[活用表現] 정보를 얻다 情報を得る

일자리를 얻다 職場を得る

[関連語] 구하다 求める

[例文] 저는 주로 인터넷을 통해서 정보를 얻는 편이에요.
私は主にインターネットで情報を得る方です。

요즘은 경기가 좋지 않아서 아르바이트 자리도 얻기 힘들어요.
最近は景気が良くないので､アルバイト先を探すのも大変です。

60
예금

[예금] 명사 預金

[活用表現] 예금주 預金主

예금액 預金額

정기예금 定期預金

예금하다 預金する

예금을 찾다 預金を下ろす

[関連語] 저금 貯金

저축 貯蓄

적금 積立金

이자 利子

[例文] 목돈이 생겨서 은행에 예금했어요.
まとまったお金ができたので､銀行に預金しました。

은행 계좌번호는 123-45678-901이고 예금주는 이미선입니다.
銀行の口座番号は123-45678-901で預金主はイ·ミソンです。

61
유행

[유행] **명사** 流行

[活用表現] 유행하다 流行する

유행을 따라가다 流行に乗る

[関連語] 인기 人気

[例文] 유행이 자주 바뀌니까 유행을 따라 가는 것도 피곤하네요.
流行がすぐに変わるので、流行についていくのも疲れますね。

온라인 쇼핑몰이 유행한다고 해도 물건을 직접 보고 고르는 재미가 있는 시장이 더 좋아.
オンラインショッピングモールが流行しているといっても、品物を直接見て選ぶ楽しみがある市場の方がいい。

62
제공하다

[제공하다] **동사** 提供する

[活用構文] 名 을/를 제공하다

[活用表現] 숙식을 제공하다 宿と食を提供する

정보를 제공하다 情報を提供する

서비스를 제공하다 サービスを提供する

할인쿠폰을 제공하다 割引クーポンを提供する

[例文] 이 연극은 외국인들을 위해서 자막 서비스를 제공하고 있습니다.
この演劇は外国人たちのために、字幕サービスを提供しています。

한국관광공사 홈페이지에서는 관광에 관련된 다양한 정보를 제공해 준다.
韓国観光公社のホームページでは、観光に関わるいろいろな情報を提供している。

63
조건

[조껀] **명사** 条件

[活用表現] 근무 조건 勤務条件

계약 조건 契約条件

자격 조건 資格の条件

조건을 갖추다 条件を満たす

조건을 제시하다 条件を提示する

[類義語] 요건 用件

[関連語] 무조건 無条件

[例文] 이번 시험엔 자격 조건을 갖춘 사람만이 응시할 수 있습니다.
今回の試験には受験資格を満たした人だけが受験できます。

여성들이 생각하는 좋은 직장의 조건을 한번 이야기해 봅시다.
女性たちが考える良い職場の条件を一度話し合ってみましょう。

64
조사하다

[조사하다] 동사 調査する

【活用構文】 名 을/를 조사하다

【関連語】 검사하다 検査する

【例文】 경찰이 교통사고의 원인을 조사하기 시작했어요.
警察が交通事故の原因を調査し始めました。

윤무식 교수는 오랫동안 우리나라의 새를 조사하고 연구했대요.
ユン・ムシク教授は長い間、韓国の鳥を調査して研究したんだそうです。

65
중요성

[중요썽] 명사 重要性

【活用表現】 중요성이 커지다 重要性が高まる
중요성이 강조되다 重要性を主張する
중요성이 높아지다 重要性が高まる

【例文】 요즘 취업할 때 면접의 중요성이 커지고 있대요.
最近就職する際、面接の重要性が高まっているそうです。

가출 청소년의 수가 증가하면서 가정교육의 중요성이 강조되고 있습니다.
家出した青少年の数が増加するに従って、家庭教育の重要性が訴えられています。

66
즉

[즉] 부사 つまり

【類義語】 곧 すなわち

【例文】 설날과 추석 때는 제사, 즉 차례를 지냅니다.
お正月とお盆のときは祭事、つまりチャレ(茶礼)をします。

24시간, 즉 하루는 짧은 시간이 아니니까 잘 쓰시기 바랍니다.
24時間、つまり1日は短い時間ではないので、有効に使ってください。

67
차이

[차이] 명사 差、違い

【活用表現】 차이점 相違点
성격 차이 性格の違い
세대 차이 世代の違い
차이가 나다 差が出る
차이가 심하다 差がひどい

【関連語】 차별 差別

【例文】 사회생활과 학교생활은 차이가 커요.
社会生活と学生生活は差が大きいです。

청바지를 하나 사려고 백화점과 시장을 비교해 봤는데 가격 차이가 많이 나네요.
ジーパンを1本買おうと思って、デパートと市場を比べてみたのですが、価格の差がかなりありますね。

68
창구

[창구] 명사 窓口

【活用表現】 민원 창구 国民の要望の窓口
수납 창구 受納窓口
은행 창구 銀行の窓口

【例文】 서류를 다 작성한 후에 창구에서 접수하세요.
書類を作成し終わったら、窓口で受付してください。

먼저 번호표를 뽑은 후에 차례가 되면 창구로 가세요.
まず番号札を取って、順番が来たら窓口に行ってください。

69
초보자

[초보자] 명사 初心者

【関連語】 경험자 経験者

【例文】 이번 일은 초보자보다는 경험이 많은 사람한테 맡기는 것이 좋겠습니다.
今回の仕事は、初心者よりは経験豊富な人に任せるのが良いでしょう。

가격도 비싸지 않고 초보자들도 쉽게 사진을 찍을 수 있는 카메라를 사고 싶습니다.
価格も高くないし、初心者でも簡単に写真を撮ることができるカメラを買いたいです。

70
크기

[크기] 명사 大きさ

【活用表現】 글자크기 文字の大きさ
소리크기 声の大きさ
화면크기 画面の大きさ

【例文】 공부를 잘하는 것과 머리의 크기는 상관이 있을까요?
勉強がよくできることと、頭の大きさには何か関係があるでしょうか。

제 방 크기가 이 교실 반만 한데 혼자 쓰기에는 충분해요.
私の部屋の大きさが、この教室の半分くらいなんですが、ひとりで暮らすには十分です。

71
판매하다

[판매하다] 동사 販売する

【活用構文】 名 을/를 판매하다

【類義語】 팔다 売る

[反意語] 사다 買う

구입하다 購入する

[例文] 어버이날을 맞아 노인들이 사용하기 편한 효도폰을 할인 판매하고 있다.
父母の日(日本で言う母の日)を迎えて、老人達が使いやすい「らくらくフォン」を割引販売している。

업체 간의 심한 경쟁으로 물건을 원가 이하의 가격으로 판매하는 경우가 있다.
業者間の激しい競争により、物を原価以下の価格で販売することがある。

72
포기하다

[포기하다] 동사 放棄する、諦める

[活用構文] 名 을/를 포기하다

[類義語] 그만두다 やめる

[例文] 여러 가지 이유로 프랑스 유학을 포기했다.
いろいろな理由から、フランス留学を諦めた。

저는 아무리 일이 어려워도 쉽게 포기하지 않는 성격이에요.
私はいくら難しくても、簡単に諦めない性格です。

73
폭

[폭] 명사 幅

[活用表現] 폭이 넓다 幅が広い

폭이 좁다 幅が狭い

[類義語] 너비 幅

[例文] 폭이 넓은 치마가 더 편해요.
幅の広いスカートの方が楽です。

도로의 폭이 좁아서 차가 다니기 불편해요.
道路の幅が狭くて車が通るのに不便です。

74
폰뱅킹

[폰뱅킹] 명사 テレフォンバンキング

[活用表現] 폰뱅킹을 사용하다 テレフォンバンキングを使う

폰뱅킹에 가입하다 テレフォンバンキングに加入する

[関連語] 인터넷 뱅킹 インターネットバンキング

[例文] 이번 영화제의 영화표는 폰뱅킹으로도 예매할 수 있습니다.
今回の映画祭のチケットはテレフォンバンキングでも予約することができます。

저는 폰뱅킹보다는 인터넷 뱅킹을 더 자주 이용하는 편이에요.
私はテレフォンバンキングよりインターネットバンキングをよく利用する方です。

75
하자

[하자] 명사 欠点、きず、不備

[活用表現] 하자가 많다 きずが多い

하자가 있다 きずがある

[類義語] 흠 傷、ひび

문제 問題

[例文] 이렇게 하자가 많아서야 어디 쓸 수 있겠어요?

こんなに欠点だらけで、使い物になると思いますか。

제가 3일 전에 그 매장에서 에어컨을 구입했는데 제품에 하자가 있는 것 같아요.

3日前にその店でエアコンを買ったのですが、製品に不備があるようです。

76
할부

[할부] 명사 分割払い

[活用表現] 할부금 割賦金

할부 기간 分割期間

[反意語] 일시불 一括払い

[例文] 이번에 냉장고를 6개월 할부로 샀어요.

今回、冷蔵庫を6ヶ月払いで買いました。

할부로 하시겠습니까? 일시불로 하시겠습니까?

分割払いになさいますか。一括払いになさいますか。

77
할인

[하린] 명사 割引

[活用表現] 할인점 ディスカウントストア

할인 쿠폰 割引クーポン

할인 판매 割引販売

할인 혜택 割引サービス

추가 할인 追加割引

[関連語] 세일 セール

[例文] 이 제품은 30% 할인해서 300만 원이에요.

この製品は30%割引して300万ウォンです。

할인 쿠폰을 가지고 오시면 20% 할인을 받으실 수 있습니다.

割引クーポンを持って来れば、20%割引致します。

78
확대하다

[확때하다] 동사 拡大する

[活用構文] 名 을/를 확대하다

[活用表現] 고용을 확대하다 雇用を拡大する

사업을 확대하다 事業を拡大する
투자를 확대하다 投資を拡大する
[類義語] 늘리다 広げる、大きくする、増やす
[反意語] 축소하다 縮小する
[関連語] 확장하다 拡張する
[例文] 중국 사업에 좀 더 투자를 확대해야 한다고 봅니다.
中国での事業にもう少し投資を拡大しなければならないと思います。

올해부터 신입 사원을 대폭 확대하여 모집하기로 했다는 기사를 봤다.
今年から新入社員の募集枠を大幅に拡大したという記事を見た。

79
환불

[환불] 명사 返金
[活用表現] 요금 환불 料金の返金
전액 환불 全額返金
환불 보증 返金保障
환불하다 返金する
환불이 가능하다 返金が可能だ
[関連語] 교환 交換
[例文] 표를 예매한 후에 취소하거나 환불받은 경험이 있어요?
前売り券を買った後にキャンセルしたり返金してもらった経験はありますか。

백화점에서는 영수증과 물건을 가지고 오면 14일 안에 교환이나 환불이 가능합니다.
デパートでは領収書と品物を持って行けば、購入から14日以内であれば交換や返金が可能です。

08 연습문제

[1-14] 다음 단어를 한국어로 바꿔 쓰십시오.
次の単語を韓国語で書きなさい。

1.	グラム	(　　　)	2.	長さ	(　　　)
3.	深さ	(　　　)	4.	余り	(　　　)
5.	納付	(　　　)	6.	高さ	(　　　)
7.	縦	(　　　)	8.	切手	(　　　)
9.	預金	(　　　)	10.	窓口	(　　　)
11.	初心者	(　　　)	12.	大きさ	(　　　)
13.	幅	(　　　)	14.	テレフォンバンキング	(　　　)

[15-18] 다음 [보기]에서 알맞은 단어를 찾아 (　　　)에 맞게 쓰십시오.
(　　　)に当てはまる単語を、下の語群から選んで書きなさい。

[보기]

그램(g)	리터(ℓ)	미터(m)	밀리리터(mℓ)
센티미터(㎝)	시시(cc)	인치(in)	제곱미터(㎡)
제곱센티미터(㎠)	제곱킬로미터(㎢)	킬로그램(㎏)	톤(t)

15. 길이 : (　　　), (　　　), (　　　)

16. 넓이 : (　　　), (　　　), (　　　)

17. 무게 : (　　　), (　　　), (　　　)

18. 부피 : (　　　), (　　　), (　　　)

[19-33] [보기]에서 알맞은 단어를 골라 (   ) 안에 쓰십시오.
(   )に当てはまる単語を、下の語群から選んで書きなさい。

[보기]

세금	신용	반품	할부	조건
가맹점	단기간	대기업	서투르다	경제적이다
고생하다	관리하다	심각하다	제공하다	포기하다

19. 이번에 새로 바꾼 차는 작지만 기름값이 적게 들어서 (   )이에요/예요.

20. 어머니께서 제 돈을 (   )어/아/여 주시기 때문에 월급을 받으면 모두 어머니께 드려요.

21. 이사한 지 한 달 만에 집값이 많이 올라서 (   )에 돈을 많이 벌었어요.

22. 한국에 온 지 얼마 안 돼서 아직 한국말이 (   )어요/아요/여요.

23. 취직 준비를 하던 아드님이 이번에 유명한 (   )에 취직을 하셨다니 정말 기쁘시겠어요.

24. 면세점은 (   )이/가 면제되어 있는 상품을 판매하는 곳이다.

25. 포장을 뜯어서 사용하신 제품은 (   )이/가 안 되니까 주의해 주십시오.

26. 거래처와의 약속을 그렇게 안 지키다가는 분명 (   )을/를 잃게 될 거예요.

27. 연세 카드 회사에서는 올해부터 고객들에게 고급 식당의 할인 서비스를 (   )기로 했다.

28. 저는 외국인인데 한국 대학교에 입학하고 싶어요. 입학 (   )이/가 어떻게 되나요?

29. 작년에 학원에서 중국어를 배웠는데 어찌나 어려운지 1달 만에 (   )고 말았어요.

30. 이 카드를 백화점, 식당, 커피숍, 놀이동산 같은 여러 (   )에서 사용하시면 할인 혜택을 받으실 수 있습니다.

31. 제 어머니는 혼자 자식 넷을 키우시느라고 평생 (   )으셨어요/셨어요.

32. 자동차나 가구 같이 한꺼번에 결제하기가 힘든 고가품은 (   )으로/로 구매하면 좋아요.

33. 작년에 비해 올해 실업률이 3%나 올라 실업문제가 (   )는/은/ㄴ 것으로 나타났다.

[34-35] 다음 밑줄 친 부분과 의미가 비슷한 것을 고르십시오.
下線を引いた部分と意味が近いものを選びなさい。

34. 저는 백화점에 갔을 때 세일을 하거나 조금 싸게 파는 물건들이 있으면 무조건 사는 습관이 있어요.

❶ 환불하다 ❷ 반품하다 ❸ 구매하다 ❹ 교환하다

35. 신용카드를 처음 사용할 때는 카드 뒷면에 꼭 서명한 후에 사용하세요.

❶ 사인하다 ❷ 기록하다 ❸ 설치하다 ❹ 관리하다

[36-45] 다음 밑줄 친 부분과 반대되는 뜻을 가진 것을 고르십시오.
下線を引いた部分と意味が反対のものを選びなさい。

36. 이 가방은 유명 상품과 비슷해 보이지만 자세히 보면 가짜라는 것을 금방 알 수 있어요.

❶ 진짜 ❷ 공짜 ❸ 제품 ❹ 유사품

37. 올 여름 무더위가 계속되면서 작년 여름에 비해서 에어컨 판매가 2배나 늘었다.

❶ 많다 ❷ 적다 ❸ 줄다 ❹ 빼다

38. 그 할머니는 돈이 없어 공부를 못하는 가난한 학생들을 위해서 돈을 기부했어요.

❶ 충분하다 ❷ 부족하다 ❸ 모자라다 ❹ 부유하다

39. 열심히 일해서 번 돈을 낭비하면 안 되지요.

❶ 가난하다 ❷ 절약하다 ❸ 상승하다 ❹ 한산하다

40. 항공사들이 항공료를 인상한 이유는 원유 가격이 계속 상승하고 있기 때문이다.

❶ 올라가다 ❷ 뛰어나다 ❸ 높아지다 ❹ 하락하다

41. 주식 투자에 실패해서 손해를 많이 봤어요.

❶ 이자 ❷ 예금 ❸ 이익 ❹ 이상

42. 대한은행에서는 카드 서비스를 확대할 계획입니다.

❶ 제공하다　❷ 축소하다　❸ 수입하다　❹ 선택하다

43. 한국은 원유, 석탄, 석유, 철과 같은 천연 자원을 많이 수입해요.

❶ 수산　❷ 지출　❸ 수표　❹ 수출

44. 명품 가방이나 시계 같은 고가의 수입품을 살 때는 세금을 많이 내야 해요.

❶ 정가　❷ 원가　❸ 저가　❹ 할인가

45. 방금 전까지 여기 있던 고양이가 갑자기 어디론가 사라져 버렸어요.

❶ 나타나다　❷ 없어지다　❸ 넘어지다　❹ 지워지다

[46-60] [보기]에서 알맞은 단어를 골라 (　　) 안에 쓰십시오.

(　　)に当てはまる単語を、下の語群から選んで書きなさい。

[보기]

경험	고객	공짜	광고	배송
상태	차이	하자	무이자	새롭다
견디다	문의하다	선택하다	조사하다	판매하다

46. 이번 세일 기간 동안에는 10만 원 이상 구입하신 (　　　　)분들께 사은품을 드립니다.

47. 오늘 저희 식당에서 식사하시는 모든 분들께 음료수를 (　　　　)으로/로 드립니다.

48. 아이들이 TV (　　　　)에 나오는 물건을 갖고 싶어 하는 것은 당연해요.

49. 올여름 신상품을 카드로 결제하시면 최대 12개월까지 (　　　　) 할부로 구입하실 수 있어요.

50. 제품에 이상이 생기면 먼저 사용 설명서를 읽어 보시고 그래도 해결이 되지 않으면 저희 서비스 센터로 (　　　　)어/아/여 주세요.

51. 인터넷으로 물건을 5만 원 이상 구매하시는 분들께 무료로 (　　　　)을/를 해 드리고 있습니다.

52. 가격이 저렴해서 구입했는데 집에 와서 보니까 제품의 (　　　　)이/가 좋지 않아서 반품했어요.

53. 드디어 그동안 사용해 오셨던 제품과 전혀 다른 (　　　　　)는/은/ㄴ 제품을 만나보실 수 있습니다.

54. 대학교에 다닐 때 등록금을 벌기 위해서 식당에서 아르바이트를 한 (　　　　　)이/가 있어요.

55. 돈이 넉넉하지 않은 소비자들은 고가의 제품보다는 저렴한 제품을 (　　　　　)을/ㄹ 수밖에 없다.

56. 컴퓨터를 사려고 전자제품 상가와 인터넷 쇼핑몰 가격을 비교해 봤더니 가격 (　　　　　)이/가 별로 없던데요.

57. 내일부터 백화점에서 모든 전자제품을 30% 할인해서 (　　　　　)는다고/ㄴ다고/다고 합니다.

58. 지금은 경제 상황이 힘들고 어렵지만 조금만 더 참고 (　　　　　)으면/면 분명 좋은 날이 올 거예요.

59. 물건에 (　　　　　)이/가 있으면 15일 이내에 언제든지 교환이 가능합니다.

60. 한국의 경제 시장을 잘 알기 위해서는 인터넷, 뉴스, 신문 등을 통해서 좀 더 (　　　　　)어야/아야/여야 할 것 같습니다.

[61-66] 다음 (　　　　)에 공통적으로 들어갈 단어의 기본형을 쓰십시오.

次の(　　)に共通して当てはまる単語の基本形を書きなさい。

61.

❶ 지금은 누가 잘하고 누가 잘못했는지 잘잘못을 (　　　　　)을/ㄹ 때가 아니다.

❷ 아내는 화가 잔뜩 난 목소리로 남편에게 왜 이렇게 늦었냐고 (　　　　　)었다/았다/였다.

❸ 어머니는 알뜰하셔서 물건을 살 때 항상 가격을 꼼꼼히 (　　　　　)어/아/여 보고 사세요.

(　　　　　　　　　　)

62.

❶ 올 가을에는 어떤 머리 스타일이 (　　　　　)을까요?/ㄹ 까요?

❷ 요즘 감기가 (　　　　　)는다니까/은다니까/ㄴ다니까 감기에 걸리지 않게 조심하세요.

❸ 친구 생일 선물도 살 겸 요즘 (　　　　　)는/은/ㄴ 옷도 구경할 겸 백화점에 갔다 왔어요.

(　　　　　　　　　　)

63. ❶ 시험공부를 한다고 책상 위에 책을 잔뜩 (　　　　　)어/아/여 놓기만 하고 공부는 안 했어요.

❷ 영어 공부와 컴퓨터 공부를 하면서 열심히 실력을 (　　　　　)으면/면 곧 좋은 회사에 취직할 수 있을 거예요.

❸ 유학생활은 힘들기는 하지만 그 나라의 언어와 문화를 배울 수 있고 다양한 경험도 (　　　　　)을/ㄹ 수 있어서 좋은 기회라고 생각됩니다.

(　　　　　　　　　　)

64. ❶ 이 약으로 환자의 고통을 좀 (　　　　　)어/아/여 줄 수 있을 거예요.

❷ 어머니께서 큰 접시에 있는 잡채를 제 그릇에 (　　　　　)어/아/여 주셨어요.

❸ 이렇게 미리 자료 준비를 해 줘서 제가 회의 준비하는 데 수고를 (　　　　　)었어요/았어요/였어요.

(　　　　　　　　　　)

65. ❶ 죽어가던 환자가 신속한 응급 조치로 (　　　　　)었어요/았어요/였어요.

❷ 사고로 잃어버렸던 기억들이 이번 일로 서서히 (　　　　　)기 시작했다.

❸ 지금 경제 상황이 안 좋지만 온 국민이 노력하고 있으니까 곧 경제가 (　　　　　)을/ㄹ 거예요.

(　　　　　　　　　　)

66. ❶ 우리 아이는 고집이 너무 (　　　　　)어서/아서/여서 걱정이에요.

❷ 매일 운동하는 민수 씨는 힘이 얼마나 (　　　　　)는지/은지/ㄴ지 몰라요.

❸ 거스름돈을 받은 후에는 금액이 맞는지 잘 (　　　　　)어/아/여 봐야 해요.

(　　　　　　　　　　)

[67-81] 다음 [보기]에서 알맞은 단어를 골라 (　　　) 안에 쓰십시오.
(　　)に当てはまる単語を下の語群から選んで書きなさい。

[보기]

즉	경우	기회	소비자	보험
할인	긴장	서비스	중요성	얻다
맞추다	그만두다	수고하다	면제되다	환불하다

67. 새로 생긴 그 옷가게는 옷값도 싸고 예쁜 옷들도 많은 데다가 점원들의 (　　　　　　)도 좋아서 자주 가요.
68. 옷이 잘 맞지 않을 (　　　　　　)에는 1주일 안에만 가지고 오시면 교환해 드립니다.
69. 이번 신제품이 (　　　　　　)들에게 좋은 반응을 얻고 있어요.
70. 회사 일이 너무 힘들고 건강도 나빠져서 회사를 (　　　　　　)어야/아야/여야 할 것 같아요.
71. 지금 할인 행사를 하고 있으니 그동안 비용이 부담스러워 구매하지 못하셨던 분들은 이번 (　　　　　　)을/를 절대 놓치지 마세요.
72. 보통 때는 노래를 잘 부르는데 많은 사람들 앞이라 (　　　　　　)을/를 해서 그런지 실수를 많이 했어요.
73. 신발이 작아서 한 치수 더 큰 것으로 교환하려고 왔는데 사이즈가 없다면 그냥 (　　　　　　)어/아/여 주세요.
74. 미선아, 감기에 걸려서 몸도 안 좋은데 밤늦게까지 아르바이트를 하느라고 정말 (　　　　　　)었다/았다/였다.
75. 요즘은 신문이나 잡지뿐만 아니라 인터넷을 통해서도 여러 가지 정보를 (　　　　　　)을/ㄹ 수 있어요.
76. 이번에 수술을 받고 건강의 (　　　　　　)을/를 다시 깨닫게 되었어요.
77. 같은 은행의 계좌로 돈을 보낼 때는 수수료가 (　　　　　　)어요/아요/여요.
78. 자동차를 갖고 계시다면 언제, 어떻게 사고가 날지 모르니까 꼭 자동차 (　　　　　　)에 가입해야 해요.
79. 현금으로 구입하시면 10% (　　　　　　)을/를 해 드립니다.
80. 남는 시간, (　　　　　　) 여가 시간을 잘 활용하는 것이 중요하다.
81. 까다로운 고객들의 기분을 (　　　　　　)기란 쉬운 일이 아니에요.

사회

09

社会

09 사회

01
가능하다

[가능하다] 형용사 可能だ

[反意語] 불가능하다 不可能だ

[例文] 좀 힘들지만 먹으면 주말에 시간을 내는 건 가능해요.
ちょっと大変だけど、その気になれば週末に時間を作ることは可能です。

구입한 지 3일 안에는 교환이 가능하다고 판매 규정에 써 있습니다.
購入して3日以内は交換が可能だと、販売規則に書いてあります。

02
개발하다

[개발하다] 동사 1. 開発する 2. 開発する

1. 技術、知識、才能などを発達させる。

[活用構文] 名 을/를 개발하다

[例文] 자기 개발을 통해 자신의 능력을 좀 더 키울 수 있다.
自己啓発を通して、自分の能力をもう少し伸ばすことができます。

2. 土地や環境資源などを開拓して有用にする。

[活用構文] 名 을/를 名 으로/로 개발하다

[関連語] 개척하다 開拓する

[例文] 버려진 땅에 건물을 지어 개발하기로 했어요.
廃れた土地に建物を建てて、開発することにしました。

03
거래

[거래] 명사 取引

[活用表現] 거래처 取引先
거래하다 取引する
거래가 활발하다 取引が盛んだ
거래가 이루어지다 取引が成り立つ
거래를 트다 取引を始める

[例文] 요즘 경기가 좋아서 부동산 거래가 활발하게 이루어지고 있다.
最近景気が良いので、不動産取引が活発に行われている。

사장님, 거래처에서 연락이 왔는데요. 오늘까지 물건을 보내 달래요.
社長、取引先から連絡が来たのですが、今日までに品物を送って欲しいそうです。

04
건의하다

[거니하다] 동사 建議する

個人や団体が意見や希望を称える。またはその意見や希望。

[活用構文] 名 에/에게 名 을/를 건의하다
名 에/에게 動 자고 건의하다

名 에/에게 動 도록 건의하다

[例文] 주민들은 구청에 공원을 건립하자고 건의했다.
住民達は区役所に公園を作ろうと建議をした。

갑싸고 품질 좋은 한국 화장품을 해외에 수출하자고 건의했다.
安くて品質の良い韓国の化粧品を海外に輸出しようと建議をした。

05
건축가

[건축까] 명사 建築家

[例文] 이 건물의 설계는 우리나라 최고의 건축가가 맡았습니다.
この建物の設計は我が国最高の建築家が担当しました。

어렸을 때부터 건축에 관심이 많았던 아들은 커서 건축가가 되었다.
幼い頃から、建築に興味があった息子は、大きくなって建築家になった。

06
검사

[검사] 명사 検事

[関連語] 판사 裁判官

변호사 弁護士

[例文] 그 변호사는 검사 출신이다.
あの弁護士は検事出身だ。

법률관련 다큐멘터리를 본 후에 검사가 되고 싶어졌어요.
法律関連のドキュメンタリーを見た後、検事になりたくなりました。

07
결과

[결과] 명사 結果

[活用表現] 결과를 초래하다 結果を来たす

[関連語] 원인 原因

[例文] 지금 계획을 바꾼다고 해도 결과는 변하지 않을 거예요.
今、計画を変えたとしても、結果は変わらないでしょう。

농구 시합 결과가 궁금해서 수업이 끝나자마자 뛰어왔어요.
バスケットボールの試合結果が気になって、授業が終わると同時に走って来ました。

08
결정하다

[결쩡하다] 동사 決定する

[活用構文] 動 기로 결정하다

[類義語] 정하다 決める

[例文] 이번 세미나 참가 여부를 결정해서 알려 주세요.
今回のセミナーへの出欠を決めたら教えてください。

한국에 유학 가기로 결정하긴 했지만 아직도 걱정이 많아요.
韓国に留学に行くことに決めたのはいいが、まだ心配でいっぱいです。

09
경력

[경녁] 명사 経歴

[活用表現] 경력자 経験者
경력이 있다 経歴がある
경력이 없다 経歴がない

[関連語] 초보 初歩

[例文] 이력서에 지금까지 다닌 학교와 일한 경력을 기록했어요.
履歴書に今まで通った学校と、職歴を書きました。

배달 경력이 없는 초보자도 여기서 아르바이트를 할 수 있어요?
配達の経験がない初心者もここでアルバイトすることができますか。

10
경영하다

[경영하다] 동사 経営する

[活用構文] 名 을/를 경영하다

[活用表現] 회사를 경영하다 会社を経営する

[例文] 부모님께서 작은 신발 공장을 경영하고 계세요.
両親は小さな靴工場を経営しています。

요즘 같이 경제난이 심할 때 회사를 잘 경영하기란 여간 힘든 일이 아니다.
最近のように、経済が苦しい時は会社をうまく経営するのは、すごく大変なことだ。

11
경쟁

[경쟁] 명사 競争

[活用構文] 名 이/가 名 과/와 경쟁을 하다

[活用表現] 경쟁자 競争相手
경쟁률 競争率
경쟁이 붙다 争いが起こる
경쟁이 치열하다 競争が激しい

[例文] 두 사람은 오래 전부터 선의의 경쟁 관계였다.
2人はかなり前から良いライバルだった。

동생은 10대 1의 경쟁을 뚫고 어렵게 대기업에 입사를 했다.
弟は10対1の熾烈な競争をくぐり抜けて、大企業に入社した。

12
계약

[계약] 동사 契約

[活用表現] 계약서 契約書
계약금 契約金
계약하다 契約する
계약을 깨다 契約を破棄する

[例文] 방이 마음에 들어서 바로 계약을 하고 싶은데요.
この部屋が気に入ったので、すぐに契約したいのですが。

계약을 할 때는 계약서를 꼼꼼히 읽어 봐야 합니다.
契約をする時は、契約書をしっかり読まなければいけません。

13
고대

[고대] 명사 古代

[関連語] 중세 中世
근대 近代
현대 現代

[例文] 그리스 아테네는 유명한 고대 도시예요.
ギリシャのアテネは有名な古代都市です。

최 교수님은 요즘 고대 문자를 연구하십니다.
チェ教授は最近古代文字を研究しています。

14
공장

[공장] 명사 工場

[活用表現] 공장을 짓다 工場を建てる
공장을 세우다 工場を建てる
공장에 다니다 工場に通う
공장에 취직하다 工場に就職する

[例文] 아버지는 자동차 공장에서 일하신 지 25년이나 되셨어요.
父は自動車工場で働いて25年にもなります。

우리 회사는 이번에 사업을 확장하면서 시외에 공장을 하나 더 세우려고 해요.
我が社は今回、事業を拡大するにあたって、市外に工場をもうひとつ建てようと思っています。

15
과학자

[과학짜] 명사 科学者

[例文] 아인슈타인은 물리학 분야에서 가장 위대한 과학자라고 할 수 있다.
アインシュタインは物理学分野で最も偉大な科学者だと言える。

많은 과학자들의 노력으로 2003년에 사람의 유전자 지도가 완성되었다.
多くの科学者たちの努力によって2003年、人間の遺伝子図が完成した。

16
국가

[국까] 명사 国家

[活用表現] 국가 권력 国家権力
국가 기관 国家機関
국가 발전 国家の発展

[関連語] 국기 国旗

국립 国立

국민 国民

국어 国語

국토 国土

[例文] 민주주의 국가에서는 국민의 자유과 권리를 중요하게 생각한다.
民主主義国家では、国民の自由と権利を大切にする。

우리나라 40대 직장인의 과로사 비율이 OECD 국가 중 가장 높은 것으로 나타났다.
韓国の40代のサラリーマンの過労死の比率がOECD国家の中で一番高いという結果が出た。

17
국회의원

[구쾨의원] [구쾨이원] 명사 国会議員

[例文] 제 꿈은 나라를 위해 열심히 일하는 국회의원입니다.
僕の夢は、国のために一生懸命働く国会議員になることです。

5월 29일 토요일은 국회의원 선거일이니까 모두 투표하시기 바랍니다.
5月29日土曜日は、国会議員の選挙日なので、全員投票するようお願いします。

18
그대로

[그대로] 부사 1. そのまま 2. そのまま

1. 変わりなく、その姿で。

[関連語] 변함없이 変わりなく

[例文] 움직이지 말고 그대로 가만히 있어.
動かないでそのままじっとしてろ。

2. それと同じく。

[関連語] 똑같이 同じく

[例文] 그 아이는 정말 아버지를 그대로 닮았네요.
その子供は本当にお父さんにそっくりですね。

19
근로자

[글로자] 명사 勤労者

[関連語] 노동자 労働者

[例文] 한국에서 5월1일은 근로자의 날이다.
韓国では5月1日は、メーデーです。

그 회사는 이번에 여성 근로자들을 위해 여성 휴게실을 만들었다.
その会社は今回、女性労働者たちのために、女性休憩室を作った。

20
근무하다

[근무하다] 동사 勤務する

[活用構文] 名 에/에서 근무하다

[類義語] 일하다 働く

[例文] 어떤 회사에서 근무하고 싶으세요?
どんな会社で勤務したいですか。

저는 오전 8시부터 오후 6시까지 근무해요.
私は午前8時から午後6時まで勤務します。

21
능력 [능녁] 명사 能力

[活用表現] 능력이 있다 能力がある
능력이 없다 能力がない
능력이 뛰어나다 能力が飛び抜けている

[関連語] 실력 実力

[例文] 김 대리님은 능력이 뛰어나서 무슨 일이든지 잘해요.
キム代理は能力が飛び抜けていて、どんな仕事もうまくこなします。

이번 한국어 능력 시험에서 친구는 합격을 했는데 나는 떨어졌어.
今回の韓国語能力試験に友達は合格したのに、私は落ちた。

22
담당하다 [담당하다] 동사 担当する、受け持つ

[活用構文] 名 을/를 담당하다

[類義語] 맡다 引き受ける

[例文] 이 일을 담당한 지 벌써 2년이 되었네요.
この仕事を担当して、もう2年になりますね。

직원 교육을 담당하고 있는 김민수라고 합니다.
社員教育を担当している、キム・ミンスといいます。

23
대통령 [대통녕] 명사 大統領

[関連語] 부통령 副大統領

[例文] 대통령께서 6월 말에 중국을 방문하기로 했습니다.
大統領が6月末に中国を訪問することにしました。

대통령은 월드컵 축구 대표팀 선수들을 직접 만나 격려했다.
大統領はワールドカップのサッカー代表チームの選手たちに直接会って激励した。

24
도전하다 [도전하다] 동사 挑戦する

[活用構文] 名 이/가 名 에 도전하다

[例文] 나는 새로운 일에 도전하는 것을 좋아해.
私は新しいことに挑戦するのが好きだ。

이번에 대학원 시험에 한번 도전해 볼 생각이야.
今回、大学院の試験に一度挑戦してみようと思ってるの。

25
디자이너

[디자이너] 명사 デザイナー

[活用表現] 헤어 디자이너 ヘアデザイナー
의상 디자이너 衣装デザイナー
인테리어 디자이너 インテリアデザイナー

[例文] 의상 디자이너들은 예쁘고 실용적인 옷을 만들기 위하여 노력한다.
衣装デザイナー達はきれいで実用的な洋服を作るために努力する。

요즘 젊은 여성들이 가장 좋아하는 전문직 중에 하나가 바로 디자이너예요.
最近若い女性達が一番好む専門職のひとつが、まさにデザイナーです。

26
마치다

[마치다] 동사 終える

[類義語] 끝내다 終わらせる

[例文] 이 공사를 마치는데 얼마나 걸릴까요?
この工事を終えるのにどれくらいかかりますか。

일을 마치는 대로 바로 전화해 주세요.
仕事を終えたらすぐに電話してください。

27
맡다[2]

[맏따] 동사 引き受ける、受け持つ

[活用構文] 名 을/를 맡다

[活用表現] 일을 맡다 仕事を引き受ける

[例文] 맡은 일은 확실하게 책임지고 끝내겠습니다.
引き受けた仕事は正確に責任を持って終わらせます。

이번에 큰 프로젝트를 맡아서 눈 코 뜰 새 없이 바빠요.
今回大きなプロジェクトを引き受けて目がまわるほど忙しいです。

28
면접시험

[면접시험] 명사 面接試験

[活用表現] 면접시험을 보다 面接試験を受ける
면접시험에 붙다 面接試験に受かる
면접시험에 합격하다 面接試験に合格する
면접시험에서 떨어지다 面接に落ちる

[関連語] 구술시험 口述試験
필기시험 筆記試験

[例文] 면접시험을 볼 때는 자신감을 갖고 대답하세요.
面接を受ける時は、自信を持って答えてください。

필기시험은 합격했는데 면접시험에서 불합격했어요.
筆記試験は合格したのに、面接で不合格になりました。

29
목수 [목쑤] 명사 大工

[例文] 목수들은 일의 특성상 자주 다친다.
大工達は仕事柄、よく怪我をする。

목수는 목재를 가지고 물건이나 가구를 만드는 사람이에요.
大工は木材で物や家具を作る人です。

30
목표 [목표] 명사 目標

[活用表現] 목표를 위해서 目標のために
목표를 이루다 目標を達成する
목표를 향하다 目標に向かう
목표를 달성하다 目標を達成する

[関連語] 목적 目的

[例文] 우리 회사 올해 수출 목표는 20억이다.
我が社の今年の輸出目標は20億だ。

라이벌이란 같은 목표를 가진 경쟁자 중에 실력이 비슷한 사람을 말한다.
ライバルとは、同じ目標を持った競争者の中で実力が近い人のことを言う。

31
몰두하다 [몰뚜하다] 동사 没頭する

[活用構文] 名 에 몰두하다

[類義語] 집중하다 集中する

[例文] 김 박사님은 요즘 실험실에서 신약 연구에만 몰두하고 계세요.
キム博士は最近実験室で新薬の研究に没頭しています。

그동안 신제품 개발에 몰두한 결과 우리 회사는 이번에 신제품 판매로 10억이 넘는 이익을 얻었다.
ずっと新製品の開発に没頭してきた結果、我が社は今回、新製品の販売で10億以上の利益を得た。

32
무렵 [무렵] 명사 頃、時分

[活用構文] 名 무렵
動 / 形 을/ㄹ 무렵

[例文] 해가 질 무렵에 아이들이 집으로 돌아왔다.
太陽が沈む頃、子供達は家に帰ってきた。

전국이 흐리고 저녁 무렵에는 비가 오겠습니다.
全国的に曇りで、夕方ごろには雨が降るでしょう。

33
무리하다

[무리하다] 동사 無理する

[活用構文] 名 을/를 무리하다
무리하게 名 을/를 하다

[例文] 몸이 건강해야 뭐든지 할 수 있으니까 무리하지 마세요.
健康であってこそ、何かをすることができるんだから、無理しないでください。

다리가 다 나은 것은 아니니까 너무 무리하게 운동을 하지 마십시오.
足が完全に治ったわけではないので、あまり無理な運動をしないでください。

34
무역

[무역] 명사 貿易

[活用表現] 무역회사 貿易会社
해외 무역 海外貿易
무역하다 貿易する

[例文] 무역회사에서 일해서 해외출장을 많이 가는 편이에요.
貿易会社で働いているので、海外出張が多い方です。

두 나라의 관계가 가까워짐에 따라 양국 간의 무역이 활발해졌어요.
2つの国の関係が近くなるにつれて、両国間の貿易が活発になりました。

35
문제점

[문제쩜] 명사 問題点

[活用表現] 문제점이 있다 問題点がある
문제점이 없다 問題点がない
문제점을 발견하다 問題点を発見する

[例文] 계획서에 문제점이 많으니까 다시 한 번 검토해 주십시오.
計画書に問題点が多いので、もう一度検討してみてください。

우리 부서의 가장 큰 문제점은 인원이 부족하다는 것입니다.
私の部署の一番大きな問題点は人員が不足していることです。

36
미래

[미래] 명사 未来

[類義語] 앞날 未来
장래 将来

[関連語] 과거 過去
현재 現在

[例文] 밝은 미래를 위해서 열심히 공부하자.
明るい未来のために、一所懸命勉強しよう。

부모님들은 자식들의 미래를 위해서 언제나 걱정하십니다.
両親達は子供たちの未来を考えて、いつも心配しています。

37
반대하다

[반대하다] 동사 反対する

【活用構文】 名 을/를 반대하다
名 에 반대하다

【反意語】 찬성하다 賛成する

【例文】 이 의견에 반대하시는 분은 손을 들어주십시오.
この意見に反対の人は手を挙げてください。

다행히 부모님께서 우리 두 사람의 결혼을 반대하지 않으셨어요.
幸いにも両親は私達２人の結婚に反対しませんでした。

38
발견하다

[발견하다] 동사 発見する

【活用構文】 名 을/를 발견하다

【関連語】 발명하다 発明する

【例文】 다른 친구와 여러분의 공통점을 발견해 보세요.
他の友達とみなさんの共通点を見つけてみてください。

불씨를 1분만 늦게 발견했어도 큰 화재가 날 뻔했어요.
火元を1分でも遅れて発見していたら、大きな火事になるところでした。

39
발달하다

[발딸하다] 동사 発達する

【活用構文】 名 이/가 발달하다

【活用表現】 과학이 발달하다 化学が発達する

【関連語】 발전하다 発電する

【例文】 최근 연구 결과에 의하면 외우는 능력은 쓰면 쓸수록 발달된다고 합니다.
最近の研究結果によれば、暗記する能力は使えば使うほど発達するそうです。

과학이 발달하면서 인간의 생활이 편리해진 점도 있지만 부작용도 생겼어요.
科学が発達する中で、人間の生活が便利になった点もあるけれど、副作用も生まれました。

40
번화하다

[번화하다] 형용사 にぎやかだ

【活用構文】 名 이/가 번화하다

【活用表現】 번화한 거리 にぎやかな通り

【関連語】 붐비다 混み合っている

[例文] 도심에는 30층 이상의 고층 건물이 많아서 아주 번화하다.
都心には30階建て以上の高層ビルが多くてすごくにぎやかだ。

환경이 쾌적하다든가 동네가 번화하다든가 하면 집값이 비싸요.
環境が快適だったり、町が栄えていたりすると、家賃が高いです。

41
벌이다

[버리다] 동사 1. 着手する 2. 並べる、陳列する

1. 何かを計画して始めたり、手をつけて広げる。

[活用構文] 名 을/를 벌이다

[活用表現] 사업을 벌이다 事業に着手する
잔치를 벌이다 宴会をはじめる

[類義語] 시작하다 始める

[例文] 오빠가 이번에 새로운 사업을 벌이려고 해요.
兄が今回、新しい事業に乗り出そうとしています。

2. いろいろなものを並べる。

[活用構文] 名 에 名 을/를 벌이다

[類義語] 늘어놓다 並べる

[例文] 지하철 입구 근처에는 물건을 벌여 놓고 파는 사람들이 많다.
地下鉄の入り口付近では、物を陳列して売っている人達が多い。

42
보고하다

[보고하다] 동사 報告する

[活用構文] 名 을/를 名 에/에게 보고하다

[例文] 오늘은 특별히 보고할 사항이 없습니다.
今日は特別報告することはありません。

저는 그 문제에 대해서 사장님께 보고하지 않았어요.
私はその問題に対しては、社長に報告しませんでした。

43
부담

[부담] 명사 1. 負担 2. 負担(支払い)

1. ある義務や責任を負う。

[活用表現] 부담스럽다 負担だ
부담이 없다 負担がない
부담이 되다 負担になる
부담을 주다 負担を与える
부담을 느끼다 負担を感じる

[例文] 다행히 의료 보험에 가입되어 있어서 병원비 부담이 적어요.
幸いにも医療保険に加入していたので、病院費の負担が少ないです。

2. 負担する

[類義語] 내다 支払う

[例文] 출장비용은 회사가 부담해야 할 비용이다.
出張費用は会社が負担するべき費用です。

44
뽑다

[뽑따] 동사 1. 抜く、取る 2. 選ぶ

1. 埋まっているものを、掴んで引っ張って取り除く。

[活用構文] 名 을/를 뽑다

[活用表現] 이를 뽑다 歯を抜く
풀을 뽑다 草を抜く
코드를 뽑다 コードを抜く
번호표를 뽑다 番号札を取る

[例文] 치과에 일찍 갔으면 이도 안 뽑고 얼마나 좋았겠어요?
歯医者にもっと早く行っていたら、歯を抜かなくて済んで、どれだ良かったことか。

2. いろいろな中から選び出す。

[活用構文] 名 을/를 名 으로/로 뽑다

[類義語] 선출하다 選出する

[例文] 누구를 동아리 회장으로 뽑을지 결정합시다.
誰をサークルの会長に選ぶか決めましょう。

45
사정

[사정] 명사 事情、情勢

[活用表現] 개인 사정 個人的な事情
집안 사정 家の事情
회사 사정 会社の事情
사정이 있다 事情がある
사정이 생기다 事情ができる

[類義語] 형편 ことの成り行き

[例文] 요즘 경제 사정이 안 좋아서 취직하기가 정말 힘들어요.
最近経済事情が良くないので、就職するのが本当に大変です。

올해부터 회사 사정이 좋아졌고 매출액도 눈에 띄게 증가했다.
今年から会社の情勢が良くなったので、売れ高も目に見えて増加した。

46
상관

[상관] 명사 上官

[類義語] 상사 上司

[関連語] 부하 部下

[例文] 내 상관은 항상 친절하고 우리들 일에 하나하나 신경을 써 줘.
私の上官はいつも親切で、私達のことをいちいち気遣ってくれる。

신입 사원 때는 제 능력을 발휘하기보다는 상관이 시키는 일만 하루 종일 해야 했습니다.
新入社員の時は、自分の能力を発揮するというより、上官に言われたことだけを、一日中していなければなりませんでした。

47
서류

[서류] **명사** 書類

[活用表現] 서류를 내다 書類を出す
서류를 작성하다 書類を作成する
서류를 제출하다 書類を提出する

[関連語] 문서 文書

[例文] 회의가 곧 시작될 텐데 서류는 다 준비됐나요?
会議がもうすぐ始まるけど、書類は全部準備しましたか。

쓰레기를 버린다는 것이 그만 중요한 서류를 버렸어요.
ゴミを捨てるといって、重要な書類を捨てました。

48
성공하다

[성공하다] **동사** 1. 成功する 2. 成功する

1. 目的としていたことを達成する。

[活用構文] 名 에 성공하다
動 는 데 성공하다

[反意語] 실패하다 失敗する

[例文] 이번 연구에 성공하면 회사를 다시 살릴 수 있을 거예요.
今回の研究に成功すれば、会社を再生することができるでしょう。

2. 富や名誉、社会的な地位を得る。

[活用構文] 名 으로/로 성공하다

[例文] 성공하면 돈과 명예를 모두 가질 수 있다고 생각해요.
成功すれば、お金と名誉をすべて手に入れられると思います。

49
세기

[세기] **명사** 世紀

[活用構文] 数 세기

[例文] 15세기는 몇 년부터인가요?
15世紀は何年からですか。

미술관에 19세기 화가들의 작품이 많이 전시되어 있어요.
美術館に19世紀の画家たちの作品が多く展示されています。

50
세월 [세월] 명사 歲月

【活用表現】 세월이 가다 歲月が経つ

세월이 지나다 歲月が過ぎる

세월이 흐르다 歲月が流れる

【例文】 정말 세월이 빠르게 흐르는 것 같아요.
本当に歲月が流れるのは早いですね。

지금은 이해하기 힘들겠지만 세월이 흐른 후엔 이해할 수 있을 거야.
今は理解しにくいだろうけど、時が経てば理解できるさ。

51
순간 [순간] 명사 1. 一瞬　2. 瞬間

1. とても短い間。

【例文】 순간의 실수로 친구에게 오해를 받았다.
一瞬の失敗で友達に誤解された。

2. あることが起きるまさにその時。または2つの事件や行動がほとんど同時に起きるまさにその時。

【活用構文】 動 는/은/ㄴ 순간

【例文】 사진을 보는 순간 옛날 기억이 떠올랐다.
写真を見た瞬間、昔の記憶が蘇った。

52
승진하다 [승진하다] 동사 昇進する

【活用構文】 名 으로/로 승진하다

【関連語】 진급하다 進級する

【例文】 과장으로 승진하면 한턱낼게요.
課長に昇進したら、ごちそうしますよ。

이번에 승진하셨다면서요? 축하드립니다.
今回昇進したんですってね。おめでとうございます。

53
시인 [시인] 명사 詩人

【例文】 어렸을 때 제 꿈은 시인이 되는 것이었어요.
幼い頃の私の夢は詩人になることでした。

그 시인은 평생 단 한 권의 시집만 냈습니다.
その詩人は一生の中で、1冊の詩集だけを出しました。

54
시절 [시절] 명사 季節,時代

[関連語] 시대 時代

[例文] 아버지께서는 가끔 우리들에게 학창 시절 애기를 하신다.
父は時々私達に,学生の頃の話をする。

대학교에 다닐 때가 인생에서 제일 좋은 시절이었던 것 같다.
大学に通っていた時が,人生で一番いい時期だったように思う。

55
신상품 [신상품] 명사 新商品

[活用表現] 신상품을 내놓다 新商品を出す
신상품을 출시하다 新商品をリリースする

[関連語] 신제품 新製品

[例文] 이번 신상품이 시장에서 좋은 반응을 얻고 있어요.
今回の新商品が市場でよい反応を得ています。

난 요즘 유행하는 여름 신상품 옷을 너무 사고 싶어.
私は最近流行している,夏の新製品の服がすごく欲しい。

56
신형 [시녕] 명사 新型

[活用構文] 신형 名

[活用表現] 최신형 最新型

[例文] 얼마 전에 신형 냉장고를 구입했어요.
少し前に,新型の冷蔵庫を買いました。

컴퓨터 사용자들의 대부분이 2년마다 신형 컴퓨터를 구입한대요.
パソコンを使う人達の大部分が2年ごとに新型のパソコンを購入するそうです。

57
실수하다 [실쑤하다] 동사 失敗する

[類義語] 잘못하다 間違う

[例文] 다시는 실수하지 않도록 주의하겠습니다.
2度と失敗しないように注意します。

누구나 실수하기 마련이지요. 완벽한 사람은 없으니까요.
誰でも失敗はするものです.完璧な人はいませんからね。

58
아나운서 [아나운서] 명사 アナウンサー

[例文] 오늘은 김영수 아나운서가 축구 중계를 하기로 되어 있습니다.
今日はキム·ヨンスアナウンサーがサッカー中継をすることになっています。

딸은 중학교 때 방송반 활동을 하면서부터 아나운서의 꿈을 가지게 되었다.
娘は中学生の時､放送部で活動をしてから､アナウンサーの夢を持つようになった。

59
야근 [야근] 명사 残業

[活用表現] 야근 수당 残業手当
야근을 하다 残業をする

[例文] 매일 야근을 해서 건강이 나빠졌어요.
毎日残業をして､体の調子が悪くなりました。

출장도 잦고 야근도 많던데 건강에는 문제가 없으세요?
出張も頻繁で､残業も多いらしいですが､健康に問題はありませんか。

60
어느새 [어느새] 부사 いつの間にか､もう

[関連語] 벌써 すでに

[例文] 입학한 지가 어제 같은데 어느새 졸업이다.
入学したのが昨日のことのように思うのに､いつの間にかもう卒業だ。

시간이 참 빨라요. 어느새 우리가 만난 지 1년이 다 되었네요.
時間が過ぎるのが早いですね､もう会ってから丸1年になりますよ。

61
업무 [엄무] 명사 業務

[活用表現] 업무를 맡다 業務を引き受ける
업무를 담당하다 業務を担当する
업무를 책임지다 業務の責任を持つ

[類義語] 일 仕事

[例文] 저는 수출 업무를 담당하고 있어요.
私は輸出業務を担当しています。

다들 업무가 많아서 바쁘니까 회식은 다음 주로 미뤄야 할 것 같습니다.
みんな業務が多くて忙しいので､飲み会は来週に延ばさなければならなさそうです。

62
여유 [여유] 명사 余裕

[活用表現] 여유롭다 のんびりしている
여유가 있다 余裕がある
여유가 없다 余裕がない

[関連語] 여가 余暇

[例文] 시간적인 여유가 있다면 기타를 배워 보고 싶어요.
時間に余裕があったら､ギターを習ってみたいです。

자동차를 새로 바꾸고 싶지만 그럴만한 여유가 없네요.
自動車を新しく変えたいけど,それだけの余裕がないですよ。

63
영향

[영향] 명사 影響

【活用表現】 영향을 받다 影響を受ける
영향을 주다 影響を与える
영향을 끼치다 影響を及ぼす

【例文】 인간의 몸은 기후의 영향을 받는다고 합니다.
人間の体は気候の影響を受けると言います。

민수 씨의 인생에 가장 큰 영향을 끼치신 분은 누구신가요?
ミンスさんの人生に一番大きな影響を及ぼした方は誰ですか。

64
예전

[예전] 명사 昔

【類義語】 옛날 昔
이전 以前

【例文】 예전에는 이곳이 학교였었어요.
昔はここが学校だったんです。

예전에 나의 꿈은 선생님이 되는 것이었다.
昔,私の夢は先生になることだった。

65
예정

[예정] 명사 予定

【活用構文】 動 을/ㄹ 예정이다

【活用表現】 예정대로 予定通り

【関連語】 예상 予想

【例文】 회사일로 다음 주에 러시아로 출국할 예정이에요.
会社の仕事で来週ロシアに出国する予定です。

이번 명절에는 비정규직에게도 상여금이 지급될 예정입니다.
今回のお盆には,契約社員にもボーナスが支払われる予定です。

66
외교관

[외교관] 명사 外交官

【関連語】 대사 大使
대사관 大使官

【例文】 서울에 주재하는 각국의 외교관들은 대통령의 초대로 청와대를 방문했다.
ソウルに駐在している各国の外交官達は,大統領の招待で青瓦台を訪問した。

외교관이 되려면 기본적으로 3개 국어를 잘해야 한다고 하던데 정말인가요?
外交官になるには、基本的に3ヶ国語を操れなくてはならないと言いますが、本当ですか。

67
짓다

[짇따] 동사 1. 作る、建てる、炊く 2. 書く、つける 3. 煎じる

1. 材料を使って、ごはん、洋服、家などを作る。

【活用構文】 名 을/를 짓다

【活用表現】 밥을 짓다 ごはんを炊く
옷을 짓다 洋服を作る
건물을 짓다 建物を建てる

【関連語】 세우다 建てる
만들다 作る

【例文】 이 건물은 100년 전에 지었어요.
この建物は100年前に建てられました。

2. 詩、小説、手紙、歌の歌詞などのような文を書く。

【活用構文】 名 을/를 짓다

【活用表現】 시를 짓다 詩を書く
이름을 짓다 名前をつける

【関連語】 쓰다 書く
만들다 作る

【例文】 딸의 이름을 어떻게 지을지 고민 중이에요.
娘の名前をどうやってつけようか、悩んでいます。

3. いろいろな材料をまぜて、薬を作る。

【活用構文】 名 을/를 짓다

【活用表現】 약을 짓다 薬を煎じる

【関連語】 만들다 作る

【例文】 아이가 몸이 약해진 것 같아서 보약을 지어 먹였어요.
子供の体が弱くなったようなので、強壮剤を煎じて飲ませました。

68
최초

[최초] 명사 最初

【反意語】 최후 最後

【例文】 최초의 텔레비전은 화면이 흑백이었다.
最初のテレビは画面が白黒だった。

이 제품은 한국에서 세계 최초로 개발한 제품이다.
この製品は韓国で世界初に開発した製品だ。

69
출세

[출쎄] 명사 出世

【活用表現】 출세를 하다 出世する

【例文】 열심히 노력해서 유명한 사람이 되었으니까 출세했다고 할 수 있다.
一生懸命努力して有名な人になったんだから、出世したと言える。

부모가 아무리 돈이 많다고 해도 본인이 노력을 안 하면 출세하기 어렵지요.
両親がいくらお金持ちでも、本人が努力をしなければ出世は難しいでしょう。

70
탤런트

[탤런트] 명사 タレント

【関連語】 연예인 芸能人

【例文】 탤런트 이영미 씨가 다음 달에 결혼을 한다고 합니다.
タレント、イ·ヨンミさんが来月結婚するらしいです。

탤런트가 되고 싶어서 요즘 탤런트 학원에 다니고 있어요.
タレントになりたくて、最近タレント養成所に通っています。

71
파일

[파일] 명사 1. ファイル 2. ファイル

1. 書類を綴じたもの。

【活用表現】 파일을 제출하다 ファイルを提出する
파일에 넣다 ファイルに収める
파일에 끼우다 ファイルに挟む

【類義語】 서류철 ファイル

【例文】 책상 위에 놓아 둔 파일이 어디 갔는지 찾고 있는 중이에요.
机の上に置いてあるファイルがどこに行ったのか、探している最中です。

2. コンピューターファイル。

【活用表現】 첨부 파일 添付ファイル
파일을 복사하다 ファイルをコピーする
파일을 삭제하다 ファイルを削除する
파일을 첨부하다 ファイルを添付する

【例文】 힘들게 작업한 파일이 모두 지워져 버렸어요.
一生懸命作業したファイルがすべて消えてしまいました。

72
프로게이머

[프로게이머] 명사 プロゲーマー

【関連語】 게임 ゲーム

【例文】 요즘 10대 청소년들에게 가장 인기 있는 직업은 프로게이머라고 해요.
最近10代の青少年たちに一番人気がある職業はプロゲーマーだそうです。

프로게이머 중에는 돈을 많이 버는 사람도 있지만 대부분 소득이 불안정한 편이에요.
プロゲーマーの中には、たくさん稼ぐ人もいますが、大半は所得が不安定な方です。

73
한산하다

[한산하다] 형용사 閑散としている

[類義語] 한가하다 暇だ

[反意語] 붐비다 込み合っている

[例文] 명절이 되면 서울 거리는 오히려 한산해요.
お盆になると、ソウルの通りはかえって閑散としています。

그 한식집은 늘 붐비는 집인데 오늘은 웬일인지 한산하네요.
あの韓国料理店はいつも込んでいる店なのに、今日はなぜだか閑散としています。

74
해결하다

[해결하다] 동사 解決する

[活用構文] 名 을/를 해결하다

[類義語] 풀다 解く

[例文] 지구 온난화 문제를 어떻게 해결할 수 있을까요?
地球の温暖化問題をどうしたら解決できるでしょうか。

혼자 해결하기 어려운 문제가 생기면 부모님과 상의합니다.
ひとりで解決するのが難しい問題が起こると、両親に相談します。

75
형식적

[형식쩍] 명사 形式的

[活用構文] 형식적인 名
형식적으로 動

[例文] 두 사람은 깊이 있는 내용 없이 형식적인 대화만 했다.
２人は深い内容のない、形式的な会話だけした。

형식적인 면 보다는 내용적인 면을 더 중요하게 생각해야 한다고 봅니다.
形式的な面よりは、内容的な面にもっと重きを置いて考えなければならないと思います。

76
획일적

[회길쩍] 명사 画一的

[活用構文] 획일적인 名
획일적으로 動

[例文] 그 원칙들은 모든 부서에 걸쳐 획일적으로 적용되었다.
その原則はすべての部署に亘って画一的に適応された。

요즘엔 획일적인 상품으로는 소비자의 마음을 쉽게 잡을 수 없다.
最近、画一的な商品では消費者の心を簡単に掴むことができない。

77
효율적 [효율쩍] 명사 効率的

[活用構文] 효율적인 名
효율적으로 動

[類義語] 능률적 能率的

[反意語] 비효율적 非効率的

[例文] 버리는 시간이 없도록 시간을 좀 더 효율적으로 사용해야겠다.
時間を捨てることのないよう、時間をもう少し効率的に使わなくては。

예전에는 제품을 손으로 포장하다 보니 일의 속도가 느렸는데 요즘에는 기계로 하니까 훨씬 효율적이다.
昔は製品を手で包装していたので、仕事の速度が遅かったのですが最近は機械でするので、はるかに効率的です。

78
훗날 [훈날] 명사 後日

[関連語] 오늘날 今日

[例文] 훗날 우리가 다시 만날 때는 조금 더 성숙해져 있겠지.
次に私達が再会する時は、もう少し大人になっているだろうね。

내일 일도 모르는데 어떻게 훗날의 일을 알 수 있겠니?
明日のこともわからないのに、どうやって先のことがわかるのさ。

79
흐르다 [흐르다] 동사 1. 経つ、流れる 2. 流れる

1. 時間や歳月が過ぎる。

[活用構文] 名 이/가 흐르다

[活用表現] 시간이 흐르다 時間が経つ

[例文] 시간이 흐르면 세상은 변하게 마련이다.
時間が経てば、世界が変わるのは当たり前だ。

2. 液体などが低いところに流れたり、溢れ落ちる。

[活用構文] 名 이/가 흐르다

[活用表現] 강이 흐르다 川が流れる
땀이 흐르다 汗が流れる

[例文] 세계에서 도심을 흐르는 강 중에 가장 큰 강이 한강이다.
世界を見ても、都心を流れる川の中で、一番大きい川は漢川だ。

09 연습문제

[1-17] **다음 직업을 나타내는 한자 단어를 한국어로 바꿔 쓰십시오.**
次の職業を表す単語を韓国語で書きなさい。

1. 検事 (　　　)
2. 国家 (　　　)
3. 教授 (　　　)
4. 大工 (　　　)
5. 秘書 (　　　)
6. 詩人 (　　　)
7. 用件 (　　　)
8. 建築家 (　　　)
9. 勤労者 (　　　)
10. 科学者 (　　　)
11. 大統領 (　　　)
12. 外交官 (　　　)
13. タレント (　　　)
14. 国会議員 (　　　)
15. デザイナー (　　　)
16. アナウンサー (　　　)
17. プロゲーマー (　　　)

[18-27] **[보기]에서 알맞은 단어를 골라 (　　　) 안에 쓰십시오.**
(　　)に当てはまる単語を、下の語群から選んで書きなさい。

[보기]

결과	능력	문제점	거래처	계약
경영하다	번화하다	분석하다	실수하다	승진하다

18. 이번에 우리 회사와 같이 일하기로 한 중국의 (　　　　)에서 급하게 연락이 왔어요.
19. 제가 (　　　　)는/은/ㄴ 바람에 많은 사람들이 피해를 입었어요.
20. 올 상반기 제품 판매량이 작년보다 10% 늘어난 것은 모두 우리 직원들이 열심히 일한 (　　　　) 입니다.
21. 우리 아버지는 부산에서 작은 중소기업을 (　　　　)고 계신다.
22. 두 회사의 발전에 도움이 될 수 있는 아주 좋은 조건으로 (　　　　)을/를 했다.

23. 고객센터 직원이 고객님의 질문에 직접 답변해 드리고 제품의 (   )도 해결해 드릴 것입니다.

24. 이번에 과장에서 부장으로 (   )으신/신 거 진심으로 축하드려요.

25. 인간은 태어날 때부터 언어 학습 (   )을/를 가지고 태어난다.

26. 실패했을 때는 왜 실패했는지 그 원인을 자세히 (   )어야/아야/여야 한다.

27. 저는 조용한 곳보다 사람들이 많고 상가들도 많은 (   )는/은/ㄴ 곳을 좋아해서 시내 중심가에 집을 구했어요.

[28-34] **다음 밑줄 친 부분과 의미가 비슷한 것을 고르십시오.**

下線を引いた部分と意味が近いものを選びなさい。

28. 오늘은 생각보다 회사 일을 비교적 짧은 시간에 마쳤다.

❶ 끝내다 ❷ 준비하다 ❸ 분석하다 ❹ 시도하다

29. 이번 회식은 연세 호프에서 할 예정이니까 시간이 있는 분들은 참석하시기 바랍니다.

❶ 예약하다 ❷ 예매하다 ❸ 계획이다 ❹ 유행이다

30. 이번 일이 무척 어렵다는 것은 알지만 한번 도전해 보고 싶어요.

❶ 가능하다 ❷ 성공하다 ❸ 수고하다 ❹ 시도하다

31. 지금은 여행을 갔으니까 한 4일 후에 돌아올 거예요.

❶ 사흘 ❷ 나흘 ❸ 열흘 ❹ 보름

32. 신입 사원 시절 실수를 했을 때 과장님께서 잘 할 수 있을 거라고 용기를 주셨던 기억이 있다.

❶ 신뢰하다 ❷ 격려하다 ❸ 설득하다 ❹ 대화하다

33. 저는 회사에 취직하기보다는 사업을 해서 돈도 많이 벌고 유명한 사람이 되고 싶습니다

❶ 신청하다 ❷ 추천하다 ❸ 출세하다 ❹ 결심하다

34. 영수 씨는 현재 미국 뉴욕 지사에서 <u>일하고</u> 있어요.

❶ 취직하다 ❷ 이사하다 ❸ 출장가다 ❹ 근무하다

[35-44] **[보기]에서 알맞은 단어를 골라 (　　　) 안에 쓰십시오.**
(　　　)に当てはまる単語を、下の語群から選んで書きなさい。

[보기]

몰두하다	신상품	공장	사정	순간
가능하다	메모하다	신형	영향	야근

35. 집안 형편이 어려워서 누나는 중학교를 졸업하자마자 돈을 벌기 위해 인형을 만드는 (　　　　　) 에 취직했다.

36. 직장 스트레스는 일에만 너무 (　　　　　)는/은/ㄴ 사람들에게 생기는 정신적인 병이다.

37. 신입 사원 시절에 사장님께서 해 주신 말씀이 회사 생활을 하는데 많은 (　　　　　)을/를 미쳤다.

38. 항상 카메라를 가지고 다니면 놓치고 싶지 않은 (　　　　　)을/를 찍을 수 있어요.

39. 고객센터에서는 상표를 떼지 않았기 때문에 환불이 (　　　　　)는다고/ㄴ다고/다고 했다.

40. 중요한 일은 수첩에 (　　　　　)어/아/여 놓아야지 그렇지 않으면 잊어버리기 쉽다.

41. 이번에 새로 개발한 우리 회사의 (　　　　　)이/가 시장에서 좋은 반응을 얻었다.

42. 회사 일이 많아서 요즘 늦게까지 (　　　　　)을/를 자주 했더니 무척 피곤하네요.

43. 회사 (　　　　　)이/가 안 좋아져서 직원들에게 월급을 못 주고 있습니다.

44. 그 회사는 내년에 (　　　　　) 스포츠카를 판매할 것이다.

[45-47] **다음 밑줄 친 부분과 반대되는 뜻을 가진 것을 고르십시오.**
下線を引いた部分と意味が反対のものを選びなさい。

45. 회사 내에 감시 카메라를 설치한다는 계획에 직원들이 모두 <u>반대했다.</u>

❶ 신청하다 ❷ 찬성하다 ❸ 해결하다 ❹ 경험하다

46. 1년 전에 회사를 차렸는데 갑자기 경제가 어려워져서 결국 크게 <u>실패했다</u>.

❶ 고생하다　❷ 후회하다　❸ 당황하다　❹ 성공하다

47. 점심시간보다 좀 늦게 와서 그런지 오늘은 회사 식당이 <u>한산하네요</u>.

❶ 붐비다　❷ 여유롭다　❸ 조용하다　❹ 한가하다

[48-50] **다음 (　　　)에 가장 알맞은 단어를 고르십시오.**
(　　　)に当てはまるものとして一番相応しいものを選びなさい。

48. 사무실에서 친근한 말투를 사용하면 다정한 분위기가 돼서 사무적이고 (　　　　　　) 느낌을 없애준다.

❶ 대표적인　❷ 초보적인　❸ 개방적인　❹ 형식적인

49. 계획을 세우면 정해진 일을 좀 더 (　　　　　　) 빨리 할 수 있다.

❶ 사회적으로　❷ 과학적으로　❸ 효율적으로　❹ 획일적으로

50. 김영수 씨는 수출 업무를 (　　　　　　)고 있어요.

❶ 담당하다　❷ 선택하다　❸ 부담하다　❹ 반대하다

[51-56] **다음 [보기]에서 알맞은 단어를 골라 이야기를 완성하십시오.**
下の語群から(　　　)に当てはまる単語を選び、文章を完成させなさい。

[보기]

취직하다	면접시험	무역	능통하다	서류	경력자

내일은 회사 51.(　　　　　　　　)이/가 있다. 2주 전에 이력서와 자기 소개서와 같은 여러 가지 52.(　　　　　　　　)과/와 입사원서를 회사에 제출했다. 지난주에 있었던 필기 시험은 무사히 잘 봤는데 이번 시험은 좀 긴장이 된다. 이 회사는 일본과 53.(　　　　　　　　)을/를 하는 회사라서 일본어에 54.(　　　　　　　　)는/은/ㄴ 직원

을 뽑는다고 한다. 대학시절에 미리 일본어를 배워두기를 잘 한 것 같다. 초보자도 상관이 없다고 했지만 55.( )은/는 특별히 우대를 해 준다고 한다. 시험을 잘 봐서 이 회사에 꼭 56.( )었으면/았으면/였으면 좋겠다.

[57] **다음 ( )에 공통적으로 들어갈 단어를 쓰십시오.**

次の( )に共通して当てはまる単語を書きなさい。

57. ❶ 오늘 식사는 각자 ( )을/를 하도록 합시다.
❷ 회사에서 너무 중요한 일을 맡아서 ( )이/가 돼요.
❸ 제가 무리한 부탁을 해서 영수 씨에게 ( )을/를 드린 것 같아 죄송하네요.

( )

[58-62] **다음 ( )에 공통적으로 들어갈 단어의 기본형을 쓰십시오.**

次の( )に共通して当てはまる単語の基本形を書きなさい。

58. ❶ 옆에 ( )고 있는 건물은 기숙사예요.
❷ 아들의 이름을 '민준' 이라고 ( )었어요/았어요/였어요.
❸ 몸살이 심해서 약을 ( )어다가/아다가/여다가 먹어야 겠어요.

( )

59. ❶ 날씨가 너무 더워서 땀이 비 오듯이 ( )어요/아요/여요.
❷ 우리 동네를 지나가는 시냇물은 바로 강 하류로 ( )고 있어요.
❸ 시간이 많이 ( )었지만/았지만/였지만 선생님 모습은 여전하셨다.

( )

60. ❶ 회사 기숙사에서 자고 식사는 회사 식당을 이용하니까 숙식은 쉽게 ( )을/ㄹ 수 있어요.
❷ 이번 문제는 김영수 씨가 거래처 담당자를 직접 만나 ( )는다고/ㄴ다고/다고 합니다.

❸ 24시간 외국어 안내 서비스를 이용하면 외국인이나 관광객에게 어려움이나 문제가 생겼을 때 쉽게 (　　　　　)어/아/여 준다.

(　　　　　　　　　　)

61. ❶ 결혼식을 하는 가정은 잔치를 (　　　　　)어서/아서/여서 주위 사람들을 초대해 함께 기쁨을 나눕니다.
❷ 민수 씨는 전 재산을 걸고 무리하게 사업을 (　　　　　)었다가/았다가/였다가 결국 사업에 실패하고 말았다.
❸ 봉사 단체에서는 외롭게 혼자 사는 노인들이나 가난하게 사는 사람들을 위해 불우이웃 돕기 사업을 (　　　　　)고 있다.

(　　　　　　　　　　)

62. ❶ 은행에 가면 제일 먼저 번호표를 (　　　　　)어요/아요/여요.
❷ 흰머리를 (　　　　　)어도/아도/여도 계속 그 자리에 흰머리가 나는 것 같아요.
❸ 다음 주에 연극 대회 반장 모임이 있으니까 오늘 반장을 (　　　　　)도록 합시다.

(　　　　　　　　　　)

[63-74] **다음 〈보기〉에서 알맞은 단어를 골라 (　　　　) 안에 쓰십시오.**
(　　)に当てはまる単語を､下の語群から選んで書きなさい。

[보기]

파일	여유	목표	무리하다
그대로	어느새	건의하다	개발하다
결정하다	발견하다	발달하다	보고하다

63. 각 부서별로 계획서를 작성하여 이번 회의 때 (　　　　　　)어/아/여 주세요.

64. 과학과 인터넷이 (　　　　　　)으면서/면서 우리의 생활은 점점 편리해지고 있다.

65. 이메일에 이번 계약과 관련된 (　　　　　　)을/를 첨부해서 보냈으니까 확인해 보세요.

66. 지금은 부족한 것이 많은 신입사원이지만 미래의 제 (　　　　　　)은/는 이 회사의 사장이 되는 것이에요.

67. 요즘 회사 일로 며칠 동안 일하느라고 (　　　　　　)어서/아서/여서 그런지 몸살이 났어요.

68. 한국에 온 지가 바로 엊그제 같은데 (   ) 10년이 흘렀어요.

69. 이번 회식 자리에 사장님도 참석하시니까 요구 사항을 사장님께 직접 (   )어/아/여 보세요.

70. 대학교를 졸업한 후에 취직할지 계속 공부할지 아직 (   )지 못했어요.

71. 국내에서 세계 최초로 (   )는/은/ㄴ 물걸레 청소 로봇이 소비자들에게 큰 인기를 얻고 있습니다.

72. 회사 생활에 적응이 됐는지 이제는 (   )이/가 있어 보여요.

73. 책상 정리를 하다가 우연히 10년 전에 쓴 일기장을 (   )었다/았다/였다.

74. 세월은 흘렀지만 집안의 모든 물건들이 변함없이 그 자리에 (   ) 있었다.

[75] 다음 [보기]에서 알맞은 말을 골라 빈 칸에 쓰고 문장을 완성하십시오.

空欄に当てはまる単語を､下の語群から選んで文を完成させなさい｡

[보기]

미루다	세월	시대	현대	경력	출세
옛날	시절	현재	세기	미래	무리
세대	고대	경쟁	훗날	무렵	

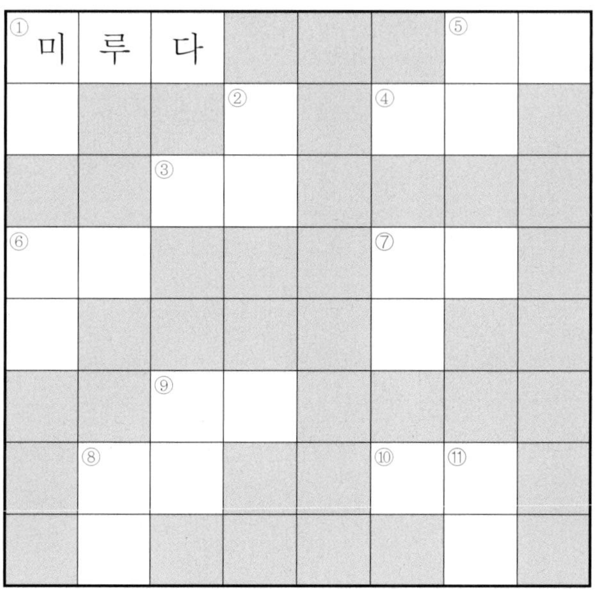

[가로]

① 계획을 세우지 않는다면 오늘 해야 할 일을 내일로 (　　미루　　)게 될 수 있다.

③ 오늘의 감동적인 이 일은 (　　　　　) 여러 사람에게 기억될 것이다.

④ 원시 시대와 중세 시대 사이의 시대를 (　　　　　)이라고/라고 한다.

⑤ (　　　　　) 상태에 만족하지 말고 더 나아지도록 노력하세요.

⑥ 병원에서 의사 선생님이 건강이 안 좋으니까 한동안 (　　　　　)을/를 하지 말라고 했어요.

⑦ 작은 아들은 욕심이 많아서 항상 큰 아들한테 이기려고 (　　　　　)을/를 해요.

⑧ 부모와 자식 간에 의견을 주고받다 보면 서로 (　　　　　) 차이를 느낀다.

⑨ 힘들었던 (　　　　　)을/를 생각하면 지금도 눈물이 나요.

⑩ 부모의 재력으로 (　　　　　)을/를 하는 것을 보면 세상은 공평한 것 같지 않다.

[세로]

① 지금은 경제적으로 어려울 수 있지만 행복한 (　　　　　)을/를 위해서 조금씩 은행에 저금을 하고 있다.

② 경복궁은 (　　　　　)에 왕이 살던 곳인데 오래된 건물들이 아주 멋있다고 한다.

⑤ 바쁘고 복잡한 (　　　　　) 사회는 개인을 더욱 외롭게 만든다.

⑥ 해 질 (　　　　　)의 동해 바다의 모습은 정말 인상적이었다.

⑦ 이력서에 학력과 지금까지 일한 (　　　　　)을/를 적어 오세요.

⑧ 조카가 벌써 대학생이 되었다. 정말 (　　　　　)이/가 빨리 흐르는 것 같다.

⑨ 경주에는 신라 (　　　　　)의 유적지가 많아요.

⑪ 2001년 1월 1일부터 2100년 12월 31일까지를 21(　　　　　)이라고/라고 한다.

문화

10

文化

10 문학

01
가면극

[가면극] 명사 仮面劇

[関連語] 인형극 人形劇

탈춤 仮面踊り

[例文] 지난 주말에 가면극 공연을 보고 왔어요.

先週末に仮面劇の公演を見て来ました。

오늘 학교 극장에서 가면극 공연과 유명 가수의 축하 공연이 있을 예정입니다.

今日は学校の劇場で仮面劇の公演と有名歌手の祝賀公演がある予定です。

02
가이드

[가이드] 명사 ガイド

[活用表現] 여행 가이드 旅行ガイド

[類義語] 안내자 案内者

[例文] 친구가 서울에 여행을 오면 제가 가이드를 해 주기로 했어요.

友達がソウルに旅行に来たら､私がガイドをしてあげることにしました。

이번 여행에서 친절한 가이드를 만난 덕분에 즐겁게 보낼 수 있었어요.

今回の旅行では､親切なガイドに会ったおかげで楽しく過ごせました。

03
감동하다

[감동하다] 동사 感動する

[活用構文] 名 에/에게 감동하다

[例文] 친구의 따뜻한 마음에 감동했다.

友達の温かい心に感動した。

주인을 위해서 죽은 개의 이야기를 듣고 많이 감동했어요.

飼い主のために死んだ犬の話を聞いて､すごく感動しました。

04
강강술래

[강강술래] 명사 カンガンスルレ

旧正月の15日や､旧暦の8月15日に南部地方で行われる伝統的な遊び。

[活用表現] 강강술래를 하다 カンガンスルレをする

[例文] 강강술래 노래를 들어 본 적이 있어요?

カンガンスルレの歌を聞いたことがありますか。

강강술래는 춤과 노래를 함께 하는 놀이입니다.

カンガンスルレは踊って歌う遊びです。

도움말

씨름
韓国式相撲

널뛰기
立ってジャンプしながら乗るシーソー

그네뛰기
ブランコ

줄다리기
綱引き(

05
개봉하다

[개봉하다] 동사 (映画などを)公開する、上映する

[活用構文] 名 을/를 개봉하다

[活用表現] 영화를 개봉하다 映画を初公開する

[関連語] 상영하다 上映する

[例文] 어제 개봉한 영화 '영원한 사랑'이 볼 만하던데요.
昨日公開された映画「永遠の愛」が結構おもしろかったですよ。

너무 보고 싶었던 영화 '무서운 사람들'이 다음 주에 개봉한대요.
すごく見たかった映画「恐ろしい人々」が来週から公開されるそうです。

06
결승전

[결씅전] 명사 決勝戦

[活用表現] 준결승전 準決勝戦
결승전에 나가다 決勝戦に出る
결승전에 오르다 決勝戦に上がる

[関連語] 예선전 予選

[例文] 2006년 독일 월드컵에서 독일과 이탈리아가 결승전에 올라갔어요.
2006年ドイツワールドカップで、ドイツとイタリアが決勝戦に上がりました。

우리나라 축구 대표팀이 올림픽 결승전에 나간다면 얼마나 좋을까?
我が国のサッカー代表チームがオリンピック決勝戦に出場したら、どんなにいいだろう。

07
경조사비

[경조사비] 명사 冠婚葬祭の際払うお金

[活用表現] 경조사비를 내다 冠婚葬祭のお金を出す

[例文] 우리나라 국민의 대부분이 경조사비를 부담스러워한다.
我が国の国民の大部分が冠婚葬祭に出すお金を負担に感じています。

이번 달에는 친구 결혼식도 있었고 또 부장님 아버님도 돌아가셔서 경조사비 지출이 많았어요.
今月には友達の結婚式もあったし、部長のお父様が亡くなられて、冠婚葬祭で出るお金が多かったです。

08
공연

[공연] 명사 公演

[活用表現] 공연장 公演場
공연 날짜 公演日
공연 시간 公演時間
공연 일시 公演日時
공연 장소 公演場所

[例文] 주말에는 네 시와 일곱 시에 공연을 합니다.
週末には4時と7時に公演をします。

정해진 좌석에 앉아서 공연을 관람해 주시기 바랍니다.
決められた座席に座って、公演を観覧してください。

09
관객

[관객] 명사 観客

[活用表現] 관객석 観客席

[類義語] 관람객 観覧客

[例文] 그 공연을 관람한 관객들의 평이 좋아요.
その公演を観覧した観客達の評価がいいです。

영화 "태극기 휘날리며" 는 관객이 천만 명을 넘었어요.
映画「太極旗をなびかせて」(ブラザーフッド(邦題))を観た観客は1千万人を超えました。

10
관람

[괄람] 명사 観覧

[活用表現] 관람료 観覧料
관람석 観覧席
관람 연령 (観覧の際の)年齢制限
관람하다 観覧する

[関連語] 구경 見物

[例文] 주말에는 미리 예약하지 않으면 관람하기가 힘들어요.
週末には前もって予約をしておかないと、観覧するのが難しいです。

이 영화는 관람 연령이 7세 이상이니까 가족이 모두 함께 볼 수 있어요.
この映画は年齢制限が7歳以上なので、家族みんなで見ることができます。

11
교류 [교류] 명사 交流

[活用表現] 문화 교류 文化交流

교류하다 交流する

[例文] 남북한 교류가 활발해졌다던데 언제 쯤 통일이 될까요?
南北間の交流が活発になったそうですが、いつごろ統一されるでしょうか。

두 나라의 교류가 활발해짐에 따라 유학생 수가 급증하고 있습니다.
2つの国の交流が活発になるにつれて、留学生の数が急増しています。

12
교포 [교포] 명사 海外同胞

[活用表現] 재독 교포 在独韓国人

재미 교포 在米韓国人

재일 교포 在日韓国人

[関連語] 동포 同胞

[例文] 나는 미국에서 온 교포이다.
私はアメリカから来た海外同胞だ。

마이클 씨는 교포인데 사고방식이 한국 사람하고는 달라서 외국 사람이나 다름없어요.
マイケルさんは海外同胞ですが、考え方が韓国人と違うので、外国人と変わりありません。

13
귀성 [귀성] 명사 帰省

[活用表現] 귀성객 帰省客

귀성길 帰省するための道

귀성 차량 帰省するための車両

귀성 행렬 帰省行列

[例文] 추석 이틀 전부터 서울역은 귀성을 하려는 사람들로 복잡해진다.
お盆の2日前から、ソウル駅は帰省しようとする人達で溢れかえる。

명절만 되면 귀성을 하는 차량들로 고속도로는 주차장으로 변한다.
伝統的な祝日になると、帰省する車両で高速道路は駐車場に変わってしまう。

도움말

귀가 帰宅　　귀국 帰国　　귀경 帰郷

14
기도

[기도] 명사 お祈り

[活用表現] 기도하다 お祈りする

기도를 올리다 祈りを捧げる

[例文] 제발 이번 시험에는 꼭 합격할 수 있도록 기도를 했어요.

どうか今回の試験には絶対合格するように、お祈りしました。

교회에 가면 두 손 모아 기도를 하는 사람들을 많이 볼 수 있어요.

教会に行けば、手を合わせてお祈りしている人達をたくさん目にします。

15
기독교

[기독꾜] 명사 キリスト教

[活用表現] 기독교인 キリスト教徒

기독교 신자 キリスト教信者

기독교를 믿다 キリスト教を信じる

[関連語] 교회 教会

목사 牧師

[例文] 저는 기독교 신자예요.

私はキリスト教の信者です。

기독교는 여러 종교 중에 하나예요.

キリスト教はいろいろな宗教の中のひとつです。

16
다양하다

[다양하다] 형용사 多様だ

[活用構文] 名 이/가 다양하다

다양한 名

[活用表現] 무늬가 다양하다 模様が多様だ

다양한 색상 多様な色

한국 음식은 참 다양해요.

韓国料理は本当に多様です。

이렇게 다양한 기능을 가진 로봇이 나오다니 세상 참 좋아졌어요.

こんなに多様な機能を持ったロボットが出てくるなんて、すごく便利な世の中になりました。

17
다큐멘터리

[다큐멘터리] 명사 ドキュメンタリー

【活用表現】 다큐멘터리를 찍다 ドキュメンタリーを撮る

【例文】 다큐멘터리 영화는 각본은 없고 편집만 있다고 해요.
ドキュメンタリー映画には脚本はなく、編集だけするそうです。

나는 드라마든 뉴스든 가리지 않고 보는데 보통 다큐멘터리를 자주 봐.
私はドラマもニュースも見るけど、普通はドキュメンタリーをよく見るわ。

18
대단하다

[대단하다] 형용사 1. ひどい 2. すごい 3. 大した 4. すごい

1. すごくひどい。

【活用構文】 名 이/가 대단하다

【活用表現】 고집이 대단하다 ひどい意地っ張りである

추위가 대단하다 寒さがひどい

【類義語】 심하다 ひどい

【例文】 작년 겨울에 추위가 정말 대단했다.
昨年の冬は、寒さが本当にひどかった。

2. 抜群に秀でている。

【活用構文】 名 이/가 대단하다

【活用表現】 실력이 대단하다 実力がすごい

솜씨가 대단하다 腕前がすごい

【類義語】 뛰어나다 秀でている

【例文】 공부와 일을 함께 하기란 쉽지 않은데 둘 다 잘하니 정말 대단하지요?
勉強と仕事を一緒にこなすのは簡単ではないのに、2つともうまくやっているなんて本当にすごいですよね。

3. とても重要だ。

【活用構文】 대단한 名

【活用表現】 대단한 일 大したこと

【類義語】 중요하다 重要だ

【例文】 대단한 문제가 아니니까 크게 걱정하지 않아도 된다.
大した問題ではないので、あまり心配しなくてよい。

4. すごく大きかったり多い。

【活用構文】 名 이/가 대단하다

【活用表現】 기대가 대단하다 期待がすごい

욕심이 대단하다 欲がすごい

【類義語】 많다 多い

【例文】 해외에서 배우 이영아의 인기가 대단하대요.
海外で俳優イ·ヨンアの人気がすごいんですってね。

19
대사 [대사] 명사 セリフ
【活用表現】 대사가 길다 セリフが長い
대사를 하다 セリフを言う
【関連語】 대본 台本
【例文】 연극 대사가 길어서 배우들이 많이 힘들어했어요.
演劇のセリフが長くて、俳優たちがとても苦労したらしいです。
목소리가 멋질 뿐만 아니라 연기도 훌륭했어요. 대사도 재미있었고요.
声が素敵なだけでなく、演技もすばらしかったです。セリフもおもしろかったですし。

20
대중문화 [대중문화] 명사 大衆文化
【活用表現】 대중문화를 이끌다 大衆文化を先導する
대중문화에 영향을 주다 大衆文化に影響を与える
【例文】 많은 연예인들이 대중문화에 큰 영향을 준다.
多くの芸能人たちが大衆文化に大きな影響を与える。
텔레비전은 현대 대중문화를 이끈다고 할 수 있어요.
テレビは現代の大衆文化を先導していると言えます。

21
대회 [대회] 명사 大会
【活用表現】 웅변대회 討論大会
체육대회 体育大会
장기 자랑 대회 隠し芸大会
대회를 열다 大会を開く
대회에 참가하다 大会に参加する
【類義語】 경기 競技
【例文】 이번 마라톤 대회에 참가하는 전원에게 기념품을 증정합니다.
今回のマラソン大会に参加する人達全員に記念品を贈呈します。
외국인 노래 자랑 대회에는 외국인이라면 누구나 참가할 수 있습니다.
外国人のど自慢大会には外国人なら誰でも参加することができます。

22
돌 [돌] 명사 満1歳になる日
赤ちゃんが生まれた日から、ちょうど1年になる日。最初の誕生日。
【活用表現】 돌잔치 トルチャンチ(1歳の誕生日会)
돌 반지 1歳の記念の指輪

돌 선물 1歳の記念のプレゼント

[関連語] 생일 誕生日

[例文] 요즘 금값이 비싸니까 돌 선물로 다른 것을 삽시다.
最近金の価格が高いので、1歳の記念のプレゼントに違うものを買いましょう。

아이의 한 살 생일에는 돌 반지를 선물하는 풍습이 있다.
赤ちゃんの1歳の誕生日に、一歳の記念の指輪をプレゼントする風習がある。

23
동기

[동기] 명사 動機

[活用表現] 동기가 있다 動機がある

동기가 없다 動機がない

[類義語] 계기 契機

[例文] 작품을 쓰게 된 동기는 바로 제 친구의 부탁 때문이었습니다.
作品を書くことになった動機はまさに、私の友達からの頼みであった。

이번 연극에 출현하게 된 것은 특별한 동기가 있어서가 아니라 단지 제가 하고 싶어서일 뿐입니다.
今回の演劇に出たのは、特別な動機があったからではなく、ただ私がやりたかったらです。

24
따다

[따다] 동사 1. 摘む、もぎ取る 2. 儲ける、獲る 3. 得る

1. くっついているものを、掴み取る。

[活用構文] 名 을/를 따다

[活用表現] 꽃을 따다 花を摘む

과일을 따다 果物をもぎ取る

[例文] 과수원에서 과일을 딴 후에 바로 먹으면 시장에서 사 먹는 것보다 더 맛있어.
果樹園で果物をもぎ取ってすぐ食べると、市場で買って食べるものよりもおいしいよ。

2. 賭け事や競技などに勝ち、お金や賞品などをもらう。

[活用構文] 名 을/를 따다

[活用表現] 돈을 따다 賭けに勝って儲ける

금메달을 따다 金メダルを獲る

[例文] 올림픽에서 금메달을 딴 선수가 귀국할 때 대단한 환영을 받지요.
オリンピックで金メダルを獲った選手が帰国する時は、すごい歓迎を受けますよ。

3. 点数や資格などを得る。

[活用構文] 名 을/를 따다

[活用表現] 학위를 따다 学位を得る

면허증을 따다 免許証を取る

[関連語] 취득하다 取得する

[例文] 혼자 열심히 공부해서 요리사 자격증을 땄습니다.
ひとりで一生懸命勉強して、調理師の資格を取りました。

25
마술

[마술] 명사 マジック

[活用表現] 마술사 マジシャン
마술을 부리다 魔法を使う

[関連語] 마녀 魔女
요술 妖術

[例文] 마술사가 아무것도 없는 모자 속에서 토끼를 꺼냈다.
マジシャンが何もない帽子の中からうさぎを取り出した。

오늘 파티에서는 간단한 마술행사도 있을 예정이므로 기대하셔도 좋을 것 같습니다.
今日のパーティーでは簡単なマジックショーもする予定なので、期待していてください。

26
매진되다

[매진되다] 동사 売り切れる

[活用構文] 名 이/가 매진되다

[活用表現] 표가 매진되다 チケットが売り切れる

[例文] 영화를 보러 갔다가 매진돼서 그냥 왔어요.
映画を見に行ったら、券が売り切れていて、そのまま帰ってきました。

표를 판 지 하루밖에 안 되었는데 벌써 표가 매진되었다니 정말 인기있는 공연인가 봐요.
チケット販売開始から1日しか経っていないのに、もう売り切れてしまったなんて、本当に人気のある公演のようです。

27
머무르다

[머무르다] 동사 泊まる、留まる

[活用構文] 名 에/에서 머무르다

[活用表現] 호텔에 머무르다 ホテルに泊まる
친구 집에 머무르다 友達の家に泊まる

[類義語] 지내다 暮らす

[例文] 제주도 여행을 갔을 때 친구 집에서 일주일 동안 머물렀어요.
済州島に旅行に行った時、友達の家に一週間泊まりました。

일이 있어서 더 이상 머무를 수가 없네요. 먼저 가 보겠습니다.
用事があって、これ以上はいられませんね、お先に失礼します。

28
무용

[무용] **명사** 舞踊

[活用表現] 무용단 舞踊団
무용수 踊り子
고전 무용 古典舞踊
한국 무용 韓国舞踊
현대 무용 現代舞踊

[類義語] 춤 踊り

[例文] 저는 대학 때 무용을 전공했어요.
私は大学時代、舞踊を専攻しました。

요즘은 복싱 같은 스포츠에서 고전무용까지 다양한 취미를 가진 주부들이 늘고 있다.
最近はボクシングのようなスポーツから古典舞踊まで、多様な趣味を持った主婦達が増えている。

29
문화유산

[문화유산] **명사** 文化遺産

[活用表現] 세계 문화유산 世界文化遺産
문화유산을 지키다 文化遺産を守る
문화유산을 보존하다 文化遺産を保存する
문화유산을 보호하다 文化遺産を保護する

[例文] 스페인, 이탈리아, 중국은 세계 문화유산 3대 보유국이다.
スペイン、イタリア、中国は世界文化遺産の三大保有国だ。

한국의 세계 문화유산으로는 불국사와 창덕궁 등이 있다.
韓国の世界文化遺産としては、仏国寺や昌徳宮などがある。

30
뮤지컬

[뮤지컬] **명사** ミュージカル

[関連語] 오페라 オペラ

[例文] 방학에는 어린이들을 위한 뮤지컬 공연이 많아요.
夏休み(冬休み)には子供達のためのミュージカルや公演が多いです。

뮤지컬 '춘향전'이 아주 감동적이라고 하던데 보셨어요?
ミュージカル「春香伝」がすごく感動的らしいですが、ご覧になりましたか。

31
미담

[미담] **명사** 美談、いい話

[活用表現] 미담이 전해지다 美談が伝わる

[例文] 우리의 마음을 따뜻하게 해주는 미담이 있어서 여러분에게 소개할까 합니다.
私達の心を暖かくしてくれる美談があるので、みなさんに紹介します。

장모님과 아내, 아들을 구해준 분이 너무 고마워 어떻게든 이러한 미담을 세상에 알리고 싶었습니다.
妻と妻の母、そして息子を助けてくれた方に感謝し、どうにかしてこのような美談を世界に知らしめたかったのです。

32
미디어

[미디어] 명사 メディア

[活用表現] 뉴미디어 ニューメディア
멀티미디어 マルチメディア

[関連語] 채팅 チャット
네티즌 ネチズン
동영상 動画
블로그 ブログ
홈페이지 ホームページ
인터넷 사이트 インターネットサイト

[例文] 요즘은 정보 통신 미디어가 급속히 발전하고 있다.
最近は情報通信メディアが急速に発展している。

미디어의 발달로 사람들은 좀 더 다양한 방법으로 정보를 얻을 수 있게 되었습니다.
メディアの発達により人々は、多様な方法で情報を得られるようになりました。

33
민간신앙

[민간신앙] 명사 言い伝え、民間信仰

[例文] 옛날부터 전해 내려오는 민간신앙에는 어떤 것들이 있습니까?
昔から伝わる言い伝えには、どのようなものがありますか。

한국에서는 오래 전부터 태몽이 태아의 성별이나 미래 운명을 예시한다고 믿어 왔으며, 그 꿈을 풀이하는 태몽점은 민간신앙의 하나가 되어 있다.
韓国では昔から懐妊したときに見る夢が、胎児の性別や未来の運命を予知するものだと信じて来られ、その夢を解釈する夢占いは民間信仰の中のひとつになっている。

34
믿다

[믿따] 동사 信じる

[活用構文] 名 을/를 믿다

[活用表現] 신을 믿다 神を信じる
친구를 믿다 友達を信じる

[類義語] 신뢰하다 信頼する

[反意語] 의심하다 疑う

[例文] 솔직해야 서로를 믿을 수 있지요.
正直であればこそ、お互いを信じることができます。

믿을 수 있는 사람은 너 밖에 없어.
信じられる人間はお前しかいない。

35
박수

[박쑤] 명사 拍手

[活用表現] 박수를 치다 拍手をする

[関連語] 손뼉 手のひら

[例文] 어찌나 박수를 열심히 쳤는지 손바닥이 다 아팠어요.
どれだけ一生懸命拍手をしたのか、手の平が痛かったです。

가수의 멋진 무대가 끝나자 관중들이 모두 일어나서 뜨거운 박수를 보냈어요.
歌手のすばらしい舞台が終わるなり、観衆達がみんな立ち上がって熱い拍手を送りました。

36
배경

[배경] 명사 1. 背景 2. 背景

1. 後ろの景色。

[活用表現] 아름다운 배경 美しい背景

배경이 예쁘다 背景がきれいだ

[例文] 공원에 산책을 갔다가 아름다운 봄꽃을 배경으로 사진 한 장을 찍었어요.
公園に散歩に行って、美しい春の花を背景にして写真を1枚撮りました。

2. 事件や環境、人物などを取り巻く周囲の情景。

[活用表現] 배경 음악 バックミュージック

[例文] 아일랜드를 배경으로 한 이 영화는 거리의 음악가와 가난한 소녀의 사랑 이야기이다.
アイルランドを背景にしたこの映画は、ストリートミュージシャンと貧しい少女の愛の物語だ。

37
벅차다

[벅차다] 형용사 1. 大変だ 2. いっぱいだ

1. 大変で手に負えない。

[活用構文] 名 이/가 벅차다

動 기가 벅차다

[類義語] 힘겹다 苦しい

[例文] 혼자서 20인분의 음식을 준비하기가 너무 벅차요.
ひとりで２０人分の料理を準備するのは、手に負えません。

2. 感激、嬉しさ、希望などが溢れるくらいにいっぱいだ。

[活用構文] 名 이/가 벅차다

[活用表現] 가슴이 벅차다 胸がいっぱいだ

[例文] 합격 소식을 들으니까 가슴이 너무 벅찼다.
合格の知らせを聞いて、胸がいっぱいになった。

38
보호하다

[보호하다] 동사 1. 保護する 2. 保護する

1. うまく守って元のままに保存すること。

[活用構文] 名 을/를 보호하다

[活用表現] 자연을 보호하다 自然を保護する
환경을 보호하다 環境を保護する
문화재를 보호하다 文化財を保護する

[類義語] 지키다 守る

[例文] 자연을 보호하기 위해 일회용품 사용을 줄여야 해요.
自然を保護するために、使い捨て用品の利用を減らさなければなりません。

2. 危険や混乱などが及ばないように、よく面倒をみてあげること。

[活用構文] 名 을/를 보호하다

[活用表現] 몸을 보호하다 体を保護する
아이를 보호하다 子供を保護する

[類義語] 돌보다 面倒を見る

[例文] 체력이 떨어지는 아이들에게는 몸을 보호하고 튼튼하게 하는 영양제를 먹이는 것이 좋다.
体力がない子供たちには、体を保護してたくましくする栄養剤を飲ませるとよい。

39
복

[복] 명사 福

[活用表現] 행복 幸福、幸せ
복이 많다 運がいい
복이 없다 運が悪い
복을 받다 幸運がやってくる
복을 빌다 幸運を祈る

[関連語] 벌 罰

[例文] 새해 복 많이 받으십시오.
あけましておめでとうございます。

착하게 살면 누구나 복을 받게 마련이지요.
善良に生きていれば、誰にでも福がやってくるものです。

40
불교

[불교] 명사 仏教

[活用表現] 불교 신자 仏教徒
불교를 믿다 仏教を信じる

[関連語] 절 お寺

스님 和尚さん

[例文] 우리 어머니는 독실한 불교 신자예요.
私の母は熱心な仏教徒です。

부처님 오신 날은 부처님이 태어나신 날로 불교의 가장 큰 명절이라고 할 수 있어요.
「お釈迦様がいらっしゃる日」は、お釈迦様が生まれた日として仏教の一番大きな祝日だと言えます。

41
빌다 [빌다] 동사 1. 願う 2. 請う、頼む

1. 願いを叶えてくれと言って、神や人、ものなどに懇願する。

[活用構文] 名 을/를 빌다

名 에/에게 빌다

[活用表現] 소원을 빌다 願いをかける

신에게 빌다 神に願う

[例文] 이번 일이 잘 해결되기를 마음속으로 빌었어요.
今回のことがうまく解決するように、心の中で願いました。

2. 間違いを許してくれと言って、訴える。

[活用構文] 名 을/를 빌다

名 에/에게 빌다

[活用表現] 용서를 빌다 許しを請う

잘못을 빌다 許してもらえるよう頼む

[例文] 그 사람에게 잘못을 사과하고 용서를 빌어라.
その人に間違えたことを謝って、許しを請え。

42
사고방식 [사고방식] 명사 考え方

[活用表現] 사고방식의 차이 考え方の違い

사고방식을 이해하다 考え方を理解する

[例文] 오해는 사고방식의 차이에서 시작된다.
誤解は考え方の違いから始まる。

신세대들의 결혼관을 보면 그들의 사고방식을 알 수 있어요.
今どきの若い世代の結婚観を見ると、彼らの考え方を知ることができます。

43
사물놀이 [사물노리] 명사 サムルノリ

4人が各自、ケンガリ、ジン、チャング、プクを持って、合奏する遊び。

[活用表現] 사물놀이를 하다 サムルノリをする

[例文] 사물놀이 연주자는 보통 4명이 기본입니다.
サムルノリの演奏者は普通4人が基本です。

얼마 전에 사물놀이 공연을 봤는데 정말 볼 만하더라.
少し前にサムルノリの公演を見たんだけど、本当に見る価値はあるよ。

44
사실적

[사실쩍] 명사 リアル、写実的

[活用構文] 사실적인 名
사실적으로 動

[活用表現] 사실적이다 リアルだ

[関連語] 현실적 現実的だ

[例文] 뉴스 보도는 사실적이며 편견이 없어야 한다.
ニュースは事実に沿ったものであり、偏見があってはならない。

그 연극은 현대를 사는 우리들의 모습을 사실적으로 표현하려고 노력했다.
その演劇は現代を生きる私達の姿をリアルに表現しようと努力した。

45
사주

[사주] 명사 四柱、四柱占い(生年月日と時刻を使った占い)
人が生まれた生年月日と時刻の4つの組み合わせ。またはそれに基づいて、人の運勢を見る占い。

[活用表現] 사주팔자 生まれ持った運命
사주가 좋다 占いの結果が良い
사주를 보다 占う

[例文] 사주는 시대에 뒤떨어진 미신이다.
四柱占いは時代遅れの迷信だ。

비과학적이고 시대에 뒤떨어진다고 해도 사주를 보는 사람은 여전히 많다.
非科学的であり、時代遅れだといいつつも、四柱占いをする人は相変わらず多い。

46
사투리

[사투리] 명사 方言､訛り

[活用表現] 사투리를 쓰다 方言を使う

사투리로 말하다 訛りで話す

[類義語] 방언 方言

[例文] 한국 사람이라도 제주도 사투리를 쓰는 사람과는 의사소통이 쉽지 않아요.

韓国人でも済州島弁の人との意思疎通は難しいです。

제 친구는 부산 사람이라서 말을 할 때마다 부산 억양이 느껴지고 사투리도 많이 씁니다.

私の友達はプサンの人なので､話す時にプサン訛りがあって､方言もよく使います。

47
상쾌하다

[상쾌하다] 형용사 爽快だ

[活用構文] 名 이/가 상쾌하다

상쾌한 名

[活用表現] 바람이 상쾌하다 風が爽快だ

상쾌한 공기 爽快な空気

상쾌한 아침 爽快な朝

[関連語] 불쾌하다 不快だ

[例文] 오랜만에 산에 오르니까 몸과 마음이 상쾌해지는 것 같아요.

久しぶりに山に登ったので､体と心が爽快になっていくようです。

48
성묘

[성묘] 명사 墓参り

先祖のお墓に行ってお墓をきれいにする｡またはそのようなこと｡主に正月､秋夕(旧盆)､寒食(冬至から15日目)に行う。

[活用表現] 성묘객 墓参りの客

성묘를 가다 墓参りに行く

성묘를 하다 墓参りする

[関連語] 제사 祭祀､法事

차례 茶禮(簡略な祭祀)

[例文] 추석을 맞아 할아버지 산소에 성묘하러 갔어요.

秋夕を迎え､祖父のお墓に墓参りに行きました。

아버지 산소에 성묘를 다녀왔는데 산소에 풀이 많이 자랐더라고요.

父の墓に墓参りに行ってきたのですが､お墓の草がすごく伸びていたんです。

49
성직자 [성직짜] 명사 聖職者

【関連語】 스님 お坊さん
목사님 牧師様
신부님 神父さ様
수녀님 シスター

【例文】 존경하는 성직자가 있나요?
尊敬する聖職者はいますか。

그는 성직자로서 일생을 교회에서 보냈다.
彼は聖職者として、一生を教会で送った。

50
세배 [세배] 명사 新年のあいさつ

【活用表現】 세배를 하다 新年のあいさつまわりをする
세배를 드리다 新年のあいさつをする

【関連語】 절 お辞儀
세뱃돈 お年玉

【例文】 세뱃돈은 세배를 받은 어른이 세배한 아랫사람에게 주는 돈입니다.
お年玉は新年のあいさつを受けた大人が、あいさつをした目下の者にあげるお金です。

차례를 지낸 후에 어른들께 세배를 드리는데 이때 어른들은 새해에 더 잘 되기를 바라는 마음에서 덕담을 해 주신다.
茶禮(簡略な祭祀)の後に、大人たちに新年の挨拶をするのですが、この時大人たちは今年もっといいことがありますようにという心を込めた挨拶をしてくれます。

51
소원 [소원] 명사 願い、望み

【活用表現】 소원을 빌다 お願いをする
소원을 이루다 願いを叶える

【類義語】 소망 望み

【例文】 영화배우를 한번 만나보는 게 제 소원이에요.
映画俳優に一度会うことが、私の願いです。

제 소원은 죽기 전에 이집트에 한번 가 보는 것이에요.
私の望みは死ぬまでに一度エジプトに行くことです。

52
속담 [속땀] 명사 ことわざ

【関連語】 격언 格言

【例文】 한국에는 말과 관련된 속담이 많습니다.
韓国には馬に関連したことわざが多いです。

여러분 나라에도 '세월이 약이다'라는 한국 속담과 비슷한 뜻을 가진 속담이 있습니까?
みなさんの国でも「時間が薬だ」という韓国のことわざと似たような意味を持つことわざがありますか。

53
쇼 [쑈] 명사 ショー

[活用表現] 패션쇼 ファッションショー
쇼를 하다 ショーをする

[例文] 그 쇼는 환상적인 분위기로 사람들에게 인기가 높았다.
そのショーは幻想的な雰囲気で、人々に人気があった。

이번 여행의 마지막 날 저녁에는 태국의 유명한 쇼를 구경할 수 있습니다.
今回の旅行の最終日の夜には、タイの有名なショーを見ることができます。

54
수상 [수상] 명사 受賞

[活用表現] 수상자 受賞者
수상 소감 受賞した感想
수상하다 受賞する

[関連語] 입상 入賞

[例文] 그 배우의 수상 소감이 아주 감동적이어서 기억에 남아요.
その俳優の受賞後のスピーチがすごく感動的だったので、記憶に残っています。

이 영화는 신촌 영화제에서 작품상 수상 이후 그 인기가 높아지고 있다.
この映画は新村映画祭で作品賞を受賞した後、人気が出てきている。

55
숙소 [숙쏘] 명사 宿

[活用表現] 숙소를 잡다 宿を予約する(宿を取る)
숙소를 옮기다 宿を移る
숙소를 정하다 宿を決める

[例文] 가이드는 저녁 시간이 되자 나를 숙소로 안내해 주었다.
ガイドは夜になると私を、宿に案内してくれた。

훈련이 끝난 후에 우리는 모두 숙소에 모여서 휴식을 취했어요.
訓練が終わった後、私たちは全員宿に集まって休みました。

56
신 [신] 명사 神

[活用表現] 신을 믿다 神を信じる
신에게 빌다 神に願う

[例文] 영수 씨는 신이 없다고 믿는 무신론자예요.
ヨンスさんは神はいないと信じている、無神論者です。

옛날 사람들은 신이 아주 많다고 생각했어요.
昔の人達は、神がたくさんいると思っていました。

57
신기록

[신기록] 명사 新記録

[活用表現] 세계 신기록 世界新記録

한국 신기록 韓国新記録

신기록이 나오다 新記録が出る

신기록을 세우다 新記録を立てる

[例文] 기네스북은 세계 신기록을 모은 책입니다.
ギネスブックは世界新記録を集めた本です。

이번 올림픽에서 수영 경기에서만 신기록이 5개나 나왔다.
今回のオリンピックで、水泳競技だけで新記録が5個も出た。

58
신나다

[신나다] 형용사 楽しい、浮かれる、得意になる

[活用構文] 名 이/가 신나다

신나는 名

[活用表現] 신나는 일 浮かれること

신나는 이야기 得意になる話

[関連語] 즐겁다 楽しい

흥겹다 興味深い

[例文] 영화의 마지막 장면의 노래는 정말 신났어요.
映画の最後のシーンの歌は、本当にノリがよかったです。

저는 지난 주말에 사물놀이 공연을 보고 왔는데 정말 신나는 공연이었습니다.
私は先週末、サムルノリの公演を見て来たのですが、本当に楽しい公演でした。

59
역사적

[역싸적] 명사 歴史的

[活用構文] 역사적인 名

역사적으로 動

[活用表現] 역사적이다 歴史的だ

[例文] 이번 일은 역사적으로 큰 의미를 가지고 있다.
今回のことは歴史的に大きな意味を持っている。

이 드라마는 진짜 있었던 역사적인 사건을 바탕으로 만들었대요.
このドラマは本当にあった歴史的な事件を基にして作られたそうです。

60
역시

[역씨] 부사 1. やっぱり 2. また 3. また

1. 考えていた通り。

[例文] 그 아이가 열심히 공부하더니 역시 수석을 차지했군요.
その子が一生懸命勉強していたと思ったら、やっぱり首席になりましたね。

2. それ以外にもっと。またはさらに。

[類義語] 또한 また

[例文] 네가 좋다면 나도 역시 좋다.
君がうれしいなら、僕もまたうれしい。

3. 昔と同じく。

[例文] 나는 오늘도 역시 7시에 버스를 탔다.
私は今日もまた7時にバスに乗った。

61
역할

[여칼] 명사 1. 役 2. 役割

1. 映画や演劇などで俳優が受け持つ役目。

[活用表現] 역할을 맡다 役を任される

[類義語] 역 役

배역 配役

[例文] 연극 연습을 해야 하는데 중요한 역할을 맡은 친구가 안 왔어요.
演劇の練習をしなければならないのに、重要な役を任された人が来ませんでした。

2. 自分が当然しなければならない、職務や任務。

[活用表現] 역할을 하다 役割をする

[類義語] 임무 任務

[例文] 영수 씨는 차남이지만 형이 외국에 나가 있어 집안의 맏아들 역할을 하고 있다.
ヨンスさんは次男ですが、お兄さんが外国に出ているので家の中では長男の役割をしている。

62
연기

[연기] 명사 演技

[活用表現] 연기력 演技力

연기자 演技者

연기하다 演技する

[例文] 배우들의 연기뿐만 아니라 노래, 춤 모두가 너무 좋았어.
俳優達の演技だけでなく、歌、踊り、すべてがすごく良かった。

요즘 연기는 못하면서 인기가 많은 배우들이 많은 것 같아요.
最近演技が下手なのに人気のある俳優が多い気がします。

63
연장하다

[연장하다] 동사 延長する

[活用構文] 名 을/를 연장하다

[活用表現] 기간을 연장하다 期間を延長する

비자를 연장하다 ビザを延長する

[類義語] 늘이다 伸ばす

[関連語] 연기하다 延期する

[例文] 집주인이 전세 계약기간을 연장하자고 했어요.
大家さんがチョンセ(一度に大きな金額を預けて月々の家賃を払わない賃貸方式)の契約期間を延長しようといいました。

여권 기간을 연장하려고 출입국관리사무소에 갔어요.
パスポートの期間を延長しようと出入国管理事務所に行きました。

64
열리다

[열리다] 동사 開かれる

[活用構文] 名 이/가 열리다

[活用表現] 회의가 열리다 会議が開かれる

[関連語] 열다 開く

[例文] 박물관이나 미술관에서는 새로운 전시회가 자주 열려요.
博物館や美術館では新しい展示会がしょっちゅう開かれます。

한국에서는 명절 때마다 축제가 열리는데 단오제도 그 중의 하나이다.
韓国では伝統的な祝日の度に、お祭りが開かれますが端午の節句もそのうちのひとつだ。

65
예술

[예술] 명사 芸術

[活用表現] 예술가 芸術家

예술품 芸術品

예술 작품 芸術作品

[関連語] 미술 美術

[例文] 인생은 짧고 예술은 길다.
人生は短く、芸術は長い。

지난주 금요일에 예술의 전당에 공연을 보러 갔었습니다.
先週の金曜日に芸術の殿堂で公演を見に行きました。

66
올림픽

[올림픽] 명사 オリンピック

[活用表現] 올림픽이 열리다 オリンピックが開かれる

올림픽을 개최하다 オリンピックを開催する

올림픽에 나가다 オリンピックに出る

올림픽에 참가하다 オリンピックに参加する

[例文] 올림픽이나 월드컵 때는 자원 봉사자들의 도움이 많이 필요하다.
オリンピックやワールドカップの時はボランティアの助けが必要だ。

이번에 이겼으면 올림픽에 나갈 수 있었는데 우리 팀이 져서 너무 아쉬웠어요.
今回勝てば、オリンピックに出られたのに、私達のチームが負けてすごく惜しかったです。

67
옮기다 [옴기다] 동사 1. 移す 2. 移す

1. ある所から他の所に動かして場所を変える。

[活用構文] 名 을/를 옮기다

[活用表現] 가구를 옮기다 家具を移す
회사를 옮기다 会社を移る

[例文] 일이 적성에 안 맞아서 회사를 옮길까 해요.
仕事が適性に合わないので、会社を移ろうかと思います。

2. あることを次の段階として進行する。

[活用構文] 名 에 옮기다
名 으로/로 옮기다

[活用表現] 실천에 옮기다 実践に移す
행동으로 옮기다 行動に移す

[例文] 계획을 하기는 쉬운데 실천에 옮기기란 아주 어렵다.
計画を立てるのは簡単だが、実践に移すことはとても難しい。

68
우승하다 [우승하다] 동사 優勝する

[活用構文] 名 이/가 우승하다
名 에/에서 우승하다

[活用表現] 경기에서 우승하다 競技で優勝する
올림픽에서 우승하다 オリンピックで優勝する

[例文] 우리 학교 축구 대표팀은 정신력이 좋으니까 체력만 뒷받침되면 우승도 가능할 겁니다.
私の学校のサッカー代表チームは精神力が強いので、体力だけついてくれば優勝も可能だと思います。

이번 경기에 세계적으로 유명한 선수들이 모두 참가한다고 하니 우승하기가 쉽지 않겠어요.
今度の競技に、世界的に有名な選手達がみんな参加するというので優勝するのは簡単なことではないでしょう。

69
운

[운] 명사 運

[活用表現] 불운 不運
행운 幸運
운이 좋다 運がいい
운이 나쁘다 運が悪い

[類義語] 운수 運勢

[例文] 운이 좋게 잃어버린 지갑을 금방 찾았다.
運よく失くした財布をすぐに見つけた。

제임스가 이번에 시험도 보지 않고 대학에 들어갔다고? 정말 운 좋은 사람이야.
ジェイムスが今回試験も受けないで大学に入ったって。本当に運のいい奴だな。

70
인기

[인끼] 명사 人気

[活用表現] 인기 가수 人気歌手
인기가 많다 人気が高い
인기가 있다 人気がある
인기를 잃다 人気がなくなる
인기를 얻다 人気を得る

[例文] 다양한 기능들을 갖춘 제품이 젊은이들에게 인기가 많아요.
多様な機能を持っている製品が若者達に人気があります。

김태호 선수가 올림픽에서 금메달을 딴 후에 인기가 많아졌다지요?
キム·テホ選手がオリンピックで金メダルを獲った後で、人気が出ましたよね。

71
전통

[전통] 명사 伝統

[活用表現] 전통문화 伝統文化
전통악기 伝統楽器
전통의상 伝統衣装
전통을 따르다 伝統に従う
전통을 지키다 伝統を守る

[例文] 저는 해외여행을 가면 꼭 그 나라의 전통의상을 입고 사진을 찍어요.
私は海外旅行に行くと、必ずその国の伝統衣装を着て写真を撮ります。

전통은 지금 생활하고 맞지 않는 것이 많으니까 꼭 따를 필요는 없다고 봐요.
伝統は今の生活と合わないものも多いので、絶対的に従う必要はないと思います。

72
종교 [종교] 명사 宗教

【活用表現】 종교단체 宗教団体
종교를 갖다 宗教を持つ
종교를 믿다 宗教を信じる
종교가 있다 宗教がある

【関連語】 불교 仏教
기독교 キリスト教
천주교 カトリック教
힌두교 ヒンズー教
이슬람교 イスラム教

【例文】 무슨 종교를 믿으세요?
何の宗教を信じますか。

저는 종교는 없지만 힘들 때는 하느님께 기도해요.
私は宗教はないけれど、辛い時は神様にお祈りします。

73
좌석 [좌석] 명사 座席

【活用表現】 좌석표 座席表
극장 좌석 劇場の座席
좌석을 잡다 座席を予約する(取る)
좌석을 양보하다 座席を譲る

【類義語】 자리 場所

【例文】 비행기에서 제 옆 좌석에 유명한 배우가 앉았어요.
飛行機で私の隣の席に有名な俳優が座りました。

인터넷 예매를 하면 앉고 싶은 좌석을 정할 수 있어서 좋아요.
インターネット予約をすると、座りたい席を決めることができるので良いです。

74
주인공 [주인공] 명사 主人公

【活用表現】 남자 주인공 男の主人公
여자 주인공 女の主人公
주인공이 바뀌다 主人公が変わる
주인공을 맡다 主人公を受け持つ

【関連語】 조연 助演

【例文】 이번 연극의 주인공은 6살짜리 소녀예요.
今回の演劇の主人公は6歳の少年です。

주인공을 하던 배우가 감기에 걸려서 주인공이 바뀌었대요.
主人公の俳優が風邪を引いたので、主人公が変わったそうです。

75
지다

[지다] **동사** 負ける

【活用構文】 名 이/가 지다
名 에/에서 지다

【活用表現】 경쟁에 지다 競争に負ける
경기에서 지다 競技で負ける

【関連語】 패배하다 敗れる、敗北する

【例文】 어제 야구 경기에서 5 : 2로 졌어요.
昨日の野球の試合で5対2で負けました。

이번 경기에서 지면 4강에 올라갈 수 없어요.
今度の試合で負けるとベスト4に上がることができません。

76
짐

[짐] **명사** 荷物

【活用表現】 짐이 많다 荷物が多い
짐을 싸다 荷作りする
짐을 나르다 荷物を運ぶ
짐을 옮기다 荷物を移す
짐을 정리하다 荷物を整理する

【例文】 혹시 내일 짐 싸는 것 좀 도와줄 수 있어?
明日荷作りするのを、手伝ってもらえる。

짐이 너무 무거워서 다른 사람과 같이 들어야겠어요.
荷物が重すぎて他の人と一緒に持ち上げないとだめみたいです。

77
차다

[차다] **동사** 1. いっぱいになる 2. 満ちる、あふれる

1. 一定の空間に人、ものごと、匂いなどがこれ以上は入れないくらいいっぱいになる。

【活用構文】 名 이/가 차다
名 으로/로 차다

【活用表現】 가득 차다 いっぱいになる

【類義語】 가득하다 いっぱいだ

【例文】 광장은 월드컵을 응원하기 위해 나온 사람들로 가득 찼다.
広場はワールドカップの応援をしに来た人達でいっぱいだった。

2. 感情や気力などがいっぱいになる。

【活用構文】 名 으로/로 차다

【活用表現】 자신감으로 차다 自信に満ちる

[類義語] 가득하다 いっぱいだ

[例文] 김현아 선수는 자신감으로 가득 찬 목소리로 이번 대회에서 반드시 우승하겠다고 말했다.
キム·ヒョナ選手は自信に満ちた声で、今度の大会で必ず優勝すると言った。

78
참가하다

[참가하다] 동사 参加する

[活用構文] 名 에 참가하다

[活用表現] 경기에 참가하다 競技に参加する
대회에 참가하다 大会に参加する
올림픽에 참가하다 オリンピックに参加する

[関連語] 참석하다 出席する
참여하다 参与する

[例文] 다음 주까지 '서울시 외국인 장기 자랑 대회'에 참가할 학생들을 모집한다.
来週まで「ソウル市外国人隠し芸大会」に参加する学生を募集している。

'자전거 문화 유적 체험 투어'에 참가하는 사람들은 본인의 자전거를 가지고 가야 한다.
「自転車文化遺跡体験ツアー」に参加する人達は自分の自転車を持って行かなければならない。

79
천사

[천사] 명사 1. 天使 2. 天使

1. 宗教的な神話の中で天国から人間の世界に派遣された存在。神と人間の中間で神の意思を人間に伝え、人間の祈りを神に伝える遣い。

[反意語] 악마 悪魔

[例文] 인간의 마음속에는 천사와 악마가 늘 같이 있으면서 싸우는 것 같다.
人間の心の中には天使と悪魔がいつも共に存在しながら争っているようだ。

2. 純粋で善良な人を比喩的に指す言葉。

[活用表現] 수호천사 守護天使
백의의 천사 白衣の天使

[例文] 아이의 자고 있는 모습이 마치 천사같아요.
子供の寝顔がまるで天使のようです。

80
천주교

[천주교] 명사 カトリック教

[活用表現] 천주교 신자 カトリック教者
천주교를 믿다 カトリック教を信じる

[類義語] 가톨릭교 カトリック教

[関連語] 성당 聖堂

신부 神父

수녀 シスター

[例文] 천주교에서는 낙태를 반대해요.
カトリック教では中絶を反対しています。

천주교 신자들은 성당에 가고, 기독교 신자들은 교회에 가요.
カトリック教徒たちは聖堂に行き、キリスト教徒たちは教会に行きます。

81
체육

[체육] 명사 体育

[活用表現] 체육관 体育館

체육 대회 体育大会

체육 시간 体育の時間

체육 시설 体育施設

[例文] 전 운동을 못해서 체육 시간이 싫어요.
私は運動が苦手なので体育の時間が嫌いです。

내일 체육 대회가 있는데 비가 너무 많이 와서 걱정입니다.
明日体育大会があるのですが、雨がたくさん降っているので心配です。

82
축제

[축쩨] 명사 祭り

[活用表現] 축제 분위기 お祭りの雰囲気

불꽃놀이 축제 花火大会

축제에 참가하다 祭りに参加する

[例文] 월드컵 경기로 유럽은 물론 한국도 축제 분위기입니다.
ワールドカップで、ヨーロッパはもちろん韓国もお祭り騒ぎだ。

저는 며칠 전 보령 머드 축제에 다녀왔는데 참 좋았어요.
私は何日か前、ボリョンの泥祭りに行ってきたのですが、すごく楽しかったです。

83
출연하다

[출현하다] 동사 出演する

[活用構文] 名 이/가 출연하다

名 에 출연하다

[活用表現] 영화에 출연하다 映画に出演する

[例文] 이 영화에 출연하려고 거의 1년 정도 무술 연습을 했어요.
この映画に出演するため、約1年くらい武術の練習をしました。

이번 자선 행사에는 유명 가수와 배우들이 많이 출연한다고 해요.
今度のチャリティーイベントに有名な歌手と俳優がたくさん出演するそうです。

84
출전하다 [출쩐하다] 동사 出場する

【活用構文】 名 에 출전하다

【活用表現】 경기에 출전하다 競技に出場する
대회에 출전하다 大会に出場する

【関連語】 나가다 出る

【例文】 그의 꿈은 올림픽에 출전하는 것이다.
彼の夢はオリンピックに出場することだ。

이번 대회에 부상 때문에 출전하지 못한 선수가 있었다고 해요.
今度の大会に、怪我のせいで出場できない選手がいたそうです。

85
포스터 [포스터] 명사 ポスター、張り紙

【活用表現】 영화 포스터 映画のポスター
포스터 광고 ポスター広告
포스터를 붙이다 ポスターを貼る

【例文】 연극 포스터를 봤는데 그 공연을 꼭 보고 싶어요.
演劇のポスターを見たのですが、絶対にその公演を見たいです。

포스터가 없다니? 어제만 해도 여기에 붙어 있었는데.
ポスターがないって。昨日まではそこに貼ってあったんだけど。

86
포함하다 [포함하다] 동사 含める

【活用構文】 名 을/를 포함하다

【例文】 교통비, 숙박료, 입장료를 모두 포함해서 총 여행 비용은 30만 원입니다.
交通費、宿泊費、入場料をすべて含めた旅行費用は30万ウォンです。

전기세, 난방비는 관리비에 포함되어 있으니까 따로 내실 필요가 없어요.
電気代、暖房代は管理費に含まれているので、別に支払う必要がありません。

87
표현하다 [표현하다] 동사 表現する

【活用構文】 名 을/를 표현하다
名 으로/로 표현하다

【活用表現】 마음을 표현하다 気持ちを表現する
말로 표현하다 言葉で表現する

【類義語】 나타내다 表す

【例文】 너무 감동적이어서 말로 표현할 수가 없어요.
とても感動的で、言葉では表現することができません。

자신의 감정을 직접 표현하지 않으면 다른 사람들은 알 수가 없지요.
自分の感情を直接表現しなければ、他の人達に伝わらないでしょう。

88
현지인 [현지인] 명사 現地の人、ネイティブ

【例文】 배낭여행을 하면 현지인들에게 이런저런 도움을 받는 경우가 많아요.
バックパック旅行をすると現地の人達にあれこれ助けてもらうことが多いです。

언어교환을 하면 현지인에게 직접 언어를 배울 수 있기 때문에 외국인을 만났을 때 느끼는 두려움도 덜 수 있다.
エクスチェンジをするとネイティブの人から直接言語を学ぶことができるので、外国人に会った時に感じる懸念もなくすことができる。

89
화려하다 [화려하다] 형용사 1. 華麗だ、派手だ 2. 華麗だ

1. 華やかに輝き、美しい。

【活用構文】 名 이/가 화려하다
화려한 名
화려하게 動

【活用表現】 화려한 무대 華麗な舞台
화려하게 입다 華麗に着飾る

【反意語】 수수하다 地味だ

【例文】 파티에 갈 때 사람들은 화려한 옷을 입어요.
パーティーに行く時、みんな派手な洋服を着ます。

2. あることや生活などが普通の人達ではありえないくらい、すごかったり豪華だ。

【活用構文】 화려한 名

【活用表現】 화려한 경력 華麗な経歴

【例文】 영화배우들의 생활은 겉으로 보기에는 화려해 보인다.
映画俳優たちの生活は、一見すると華麗に見える。

90
환갑 [환갑] 명사 還暦

干支の「甲」に戻るという意味で、61歳を指す言葉。または61歳の誕生日。

【活用表現】 환갑잔치 還暦祝い
환갑이 지나다 還暦を過ぎる

【類義語】 회갑 還暦

【関連語】 칠순 70歳
팔순 80歳

[例文] 우리 할아버지는 환갑이 지나셨는데도 아직도 정정하세요.
私の祖父は還暦を過ぎたにもかかわらず、まだ元気です。

지난주에 할머니 회갑 잔치가 있어서 할아버지 댁에 다녀왔어요.
先週祖母の還暦祝いがあったので、祖父の家に行って来ました。

91
환상적

[환상적] 명사 1. 幻想的 2. 幻想的

1. 考えなどが現実味がなくむなしい。またはそのようなこと。

[活用構文] 환상적인 名
환상적으로 動

[活用表現] 환상적인 장면 幻想的なシーン

[例文] 그 영화에는 환상적인 장면이 많아요.
その映画は幻想的なシーンが多いです。

2. とても立派ですばらしい。

[活用構文] 환상적인 名
환상적으로 動

[活用表現] 환상적인 연주 幻想的な演奏
환상적이다 幻想的だ

[例文] 어제 들은 바이올린 연주는 정말 환상적이었어.
昨日聞いたバイオリンの演奏は本当に幻想的だったよ。

92
훌륭하다

[훌륭하다] 형용사 立派だ

[活用構文] 훌륭한 名
훌륭하게 動

[活用表現] 훌륭한 일 立派なこと
훌륭하게 연주하다 立派に演奏する

[類義語] 대단하다 すごい

[例文] 연극 내용도 좋았지만 배우들의 연기가 정말 훌륭했어요.
演劇の内容もよかったけれど、俳優達の演技が本当に立派でした。

평소 남모르게 봉사활동을 많이 하신다니 정말 훌륭하세요.
普段からひっそりとボランティアをしているなんて、本当に立派ですね。

93
흥겹다

[흥겹따] 형용사 ノリがいい

[活用構文] 흥겨운 名

[活用表現] 흥겨운 노래 ノリのいい歌
흥겨운 리듬 ノリのいいリズム
흥겨운 음악 ノリのいい音楽

흥겨운 연주　ノリのいい演奏

【関連語】　신나다　楽しい

【例文】　어제 공연에서는 흥겨운 장단에 맞춰 춤을 추는 사람도 있었다.
昨日の公演では、ノリのいい拍子に合わせて踊っている人もいた。

저는 사물놀이가 지루할 줄 알았는데 생각외로 정말 흥겹고 재미있었어요.
私はサムルノリが退屈なものだと思っていたのですが、意外にすごくノリが良くて楽しかったです。

10 연습문제

[1-11] 다음 단어를 한국어로 바꿔 쓰십시오.
次の単語を韓国語で書きなさい。

1. ショー ( )
2. 荷物 ( )
3. 交流 ( )
4. マジック ( )
5. 体育 ( )
6. 祭り ( )
7. メディア ( )
8. リアル ( )
9. ポスター ( )
10. 冠婚葬祭に出すお金 ( )
11. 大衆文化 ( )

[12-23] [보기]에서 알맞은 말을 찾아 빈칸에 넣으십시오.
( )に当てはまる単語を、下の語群から選んで書きなさい。

[보기]

개봉	공연	관객	관람	대사	무용
연기	예술	가면극	뮤지컬	주인공	다큐멘터리

12. 새 영화를 처음으로 극장에서 상영하는 것.

( )

13. 자연이나 사람들의 있는 그대로의 모습을 사실대로 찍어서 보여 주는 영화나 드라마.

( )

14. 음악, 무용, 연극을 많은 사람 앞에서 보여주는 것.

( )

15. 운동 경기, 공연, 영화를 보거나 듣는 사람.

( )

16. 연극, 영화, 운동 경기, 그림을 구경하는 것.

( )

17. 가면을 쓰고 하는 연극.

( )

18. 부채춤, 탈춤, 발레 등과 같은 춤.

( )

19. 연극 안에 음악과 노래, 춤이 모두 있는 것.

( )

20. 연극이나 영화 따위에서 배우가 하는 말.

( )

21. 배우가 배역의 인물, 성격, 행동 등을 표현하는 것.

( )

22 작가, 음악가, 화가가 아름다움을 표현하기 위해 하는 활동과 그 작품.

( )

23. 연극, 영화, 소설에서 가장 중심이 되는 사람.

( )

[24-34] **[보기]에서 알맞은 단어를 골라 (　　　) 안에 쓰십시오.**

(　　)に当てはまる単語を、下の語群から選んで書きなさい。

[보기]

복	동기	박수	인기	결승전	열리다
감동하다	민간신앙	수상하다	출전하다	표현하다	

24. 이 연극을 만들게 된 (　　　　　　　)은/는 많은 어린이들에게 즐거움을 주기 위해서입니다.

25. 어머니는 내가 직접 만든 영화를 보시고는 (　　　　　　　)으셨는지/셨는지 눈물을 흘리셨다.

26. 국제 영화제에서 영화배우 김도연이 여우주연상을 (　　　　　　　)었대요/았대요/였대요.

27. 배우들의 연기뿐만 아니라 노래, 춤 모두 훌륭해서 많은 관객들이 오랫동안 (　　　　　　　)을/를 보냈다.

28. 매년 가을 부산에서 국제 영화제가 (　　　　　　　)는다고/ㄴ다고/다고 합니다.

29. 그 영화는 요즘 (　　　　　　　)이/가 있어서 일주일 전에 예약해야 볼 수 있어요.

30. 지금 아주 행복해서 말로 (　　　　　　　)을/ㄹ 수가 없다.

31. 옛날 사람들은 돌, 나무 같은 자연이나 동물을 신으로 생각하고 믿는 (　　　　　　　)을/를 가지고 있었다.

32. 이번 올림픽 농구 경기에서 스페인과 네덜란드가 마지막 (　　　　　　　)까지 올라갔는데 결국 스페인이 우승을 했어요.

33. 1948년 런던 올림픽은 한국이 최초로 (　　　　　　　)는/은/ㄴ 올림픽입니다.

34. 친구가 평소에 다른 사람들을 잘 도와주더니 복권에 당첨됐어. 역시 착한 일을 하면 (　　　　　　　)을/를 받는 것 같아.

[35-43] 단어의 설명을 읽고 [보기]에서 알맞은 단어를 골라 쓰십시오.
単語の説明を読み､内容に合うものを下の語群から選んで書きなさい。

[보기]

돌	귀성	성묘	세배	속담
환갑	사투리	사물놀이	강강술래	

35. 정월 대보름날이나 8월 한가윗날에 여자들이 서로 손을 잡고 노래를 부르며 도는 놀이 ······ (　　　　)
36. 아기의 첫 번째 생일 ······ (　　　　)
37. 예전부터 전해져 내려오는 조상들의 지혜가 담긴 말 ······ (　　　　)
38. 북, 장구, 징, 꽹과리 네 가지 악기로 연주되는 음악 ······ (　　　　)
39. 만 60세의 생일을 축하하는 날. 회갑이라고도 함 ······ (　　　　)
40. 설날이나 추석 등에 조상의 무덤을 찾아감 ······ (　　　　)
41. 새해에 웃어른께 인사로 하는 절 ······ (　　　　)
42. 서울이 아닌 다른 지역에서 쓰는 말 ······ (　　　　)
43. 명절에 고향에 가는 것 ······ (　　　　)

[44-45] 다음 밑줄 친 부분과 반대되는 뜻을 가진 것을 고르십시오.
下線を引いた部分と意味が反対のものを選びなさい。

44. 오늘 본 뮤지컬은 배우들의 무대 의상이 보통과 다르게 수수했어요.

❶ 어색하다　❷ 화창하다　❸ 화려하다　❹ 변화하다

45. 제 친구는 정말 천사같이 착한 마음을 가졌어요.

❶ 목사　❷ 승려　❸ 신부　❹ 악마

[46-56] [보기]에서 알맞은 단어를 골라 (　　　) 안에 쓰십시오.

(　　　)に当てはまる単語を、下の語群から選んで書きなさい。

[보기]

운	대회	사주	숙소	지다	가이드
신기록	머무르다	사고방식	상쾌하다	우승하다	

46. 생년월일과 태어난 시간으로 운명을 점치는 (　　　　　　)을/를 믿는 사람들이 있다.
47. 오늘은 정말 (　　　　　　)이/가 좋은 날이네요. 시험을 봤는데 제가 공부한 부분에서 시험 문제가 많이 나왔어요.
48. 마리아 씨는 작년에 노래 자랑 (　　　　　　)에 나가서 1등을 했어요.
49. 이번 올림픽에서 김현아 선수가 최고의 점수를 받아 세계 (　　　　　　)을/를 세웠어요.
50. 이번 월드컵에서는 어느 나라가 (　　　　　　)을/ㄹ 것 같아요?
51. 우리 대학교 축구 동아리가 한국대학교 축구 동아리와 축구 경기를 했는데 2:3으로 안타깝게 (　　　　　　)었어요/았어요/였어요.
52. 남자 친구가 외국 사람인데 문화와 (　　　　　　)이/가 달라서 가끔 싸울 때가 있어요.
53. 운동을 한 후에 샤워를 하면 기분이 (　　　　　　)어요/아요/여요.
54. 저는 한국어 공부를 열심히 해서 한국 관광객들을 안내하는 (　　　　　　)이/가 되고 싶어요.
55. 내가 작년 제주도 여행 때 사흘 동안 (　　　　　　)었던/았던/였던 펜션을 소개해 줄게.
56. 밤이 늦었으니까 이제 구경은 그만하고 오늘 밤에 묵을 (　　　　　　)을/를 정합시다.

[57-59] 다음 (　　　) 에 공통적으로 들어갈 단어를 쓰십시오.

次の(　　　)に共通して当てはまる単語を書きなさい。

57.

❶ 뒤에 있는 한라산을 (　　　　　)으로/로 해서 사진 한 장 찍읍시다.

❷ 그 소설가는 자신의 고향인 강원도 춘천을 (　　　　　)으로/로 소설 작품을 썼다.

(　　　　　　　　)

58. ❶ 자녀들을 올바르게 기르는 데에는 부모의 (　　　　　)이/가 제일 중요하다.
❷ 사실 저는 아직 미혼인데 이번 연극에서 아버지 (　　　　　)을/를 맡아서 좀 부담이 돼요.

(　　　　　　　　)

59. ❶ 그 쇼는 현실에서는 볼 수 없는 (　　　　　)인 분위기로 사람들에게 인기가 높았다.
❷ 어제 본 뮤지컬은 그동안 제가 본 뮤지컬 중에서 가장 훌륭했어요. 배우들의 연기도 정말 (　　　　　)이었고요/였고요.

(　　　　　　　　)

[60-66] **다음 (　　　　)에 공통적으로 들어갈 단어의 기본형을 쓰십시오.**
次の(　　　)に共通して当てはまる単語の基本形を書きなさい。

60. ❶ 회사에서 중요한 일을 맡았는데 신입사원인 제가 혼자 하기에는 좀 (　　　　　)네요.
❷ 그동안 열심히 준비해 오던 연극을 드디어 내일 공연하게 돼서 가슴이 (　　　　　)어요/아요/여요.

(　　　　　　　　)

61. ❶ 생일 케이크의 초를 끄고 소원을 (　　　　　)었어요/았어요/였어요.
❷ 동생을 때려서 잘못했다고 엄마한테 (　　　　　)었어요/았어요/였어요.

(　　　　　　　　)

62. ❶ 선글라스를 쓰면 햇빛으로부터 눈도 (　　　　　)을/ㄹ 수 있고 멋도 있다.
❷ 환경을 (　　　　　)기 위해서 쓰레기는 재활용되는 것과 그렇지 않은 것으로 분리해서 따로 버려야 한다.

(　　　　　　　　)

63. ❶ 이사 준비는 다 끝났고 이제 짐을 (   )기만 하면 돼요.
❷ 하숙집이 학교에서 너무 멀어서 하숙집을 (   )었어요/았어요/였어요.
❸ 담배를 끊겠다고는 했는데 행동으로 (   )기는 것은 쉬운 일이 아니네요.

(   )

64. ❶ 이태환 선수가 올림픽 대회 수영 종목에서 금메달을 (   )었어요/았어요/였어요.
❷ 제주도 감귤 농장에 가면 직접 감귤을 (   )어서/아서/여서 먹을 수도 있어요.
❸ 할머니께서 운전 면허 시험을 열 번이나 보신 후에 겨우 운전면허증을(   )으셨어요/셨어요.

(   )

65. ❶ 마리나 씨, 러시아에서는 겨울에 추위가 (   )는다면서요/ㄴ다면서요/다면서요?
❷ 세계적인 연주자라서 그런지 피아노 연주 실력이 (   )던데요.
❸ 외국에서도 그 배우를 만나려고 오는 걸 보니까 그 배우의 인기가 (   )는/은/ㄴ 모양이에요.

(   )

66. ❶ 아직 1월이라서 그런지 겨울 바람이 무척 (   )네요.
❷ 출퇴근 시간에는 직장인들로 지하철이 가득 (   )어서/아서/여서 앉을 자리가 없어요.
❸ 우리나라 선수들이 그동안 열심히 연습을 해서인지 자신감이 가득 (   )는/은/ㄴ 모습이었어요.

(   )

[67-77] [보기]에서 알맞은 단어를 골라 ( ) 안에 쓰십시오.

(　　)に当てはまる単語を､下の語群から選んで書きなさい。

[보기]

기도	교포	역시	연장하다	전통	역사적이다
올림픽	현지인	문화유산	참가하다	포함되다	

67. 중국에는 만리장성, 자금성 같은 세계적인 ( )이/가 많아요.

68. 길이 많이 막히네. ( ) 엄마 말씀이 맞았어. 엄마가 월요일이라서 길이 막히니까 일찍 나가라고 하셨는데.

69. 경주는 신라의 수도였기 때문에 지금도 경주에는 ( )인 유물과 유적이 많이 남아 있어요.

70. 나의 하루는 한국의 ( ) 무술인 태권도와 함께 시작된다.

71. 호텔 요금에 조식 가격도 ( )어/아/여 있는 건가요?

72. 비자 기간이 이번 달에 끝나서 내일은 출입국 관리 사무소에 가서 비자를 ( )어야겠어요/아야겠어요/여야겠어요.

73. 해외여행을 갔을 때는 그 곳에 사는 ( )의 안내를 받는 것이 더 좋은 것 같아요.

74. 노래 대회에 ( )고 싶기는 하지만 노래를 잘 할 자신이 없어요.

75. 올해에도 우리 가족 모두 건강하고 행복하게 살게 해 달라고 하나님께 ( )을/를 드렸어요.

76. 사실 저는 재미 ( )이에요/예요. 부모님은 한국 사람이시지만 저는 미국에서 태어났어요.

77. 4년마다 개최하는 국제 스포츠 대회인 ( )이/가 베이징에서 2008년에 열렸어요.

[78-84] **다음 밑줄 친 부분과 의미가 비슷한 것을 고르십시오.**
下線を引いた部分と意味が近いものを選びなさい。

78. 20년 동안 불쌍한 이웃을 도와온 김연순 할머니의 아름다운 이야기를 신문에서 읽었다.

❶ 미담 ❷ 미인 ❸ 미소 ❹ 미술

79. 신나는 리듬에 맞춰 사람들이 하나 둘씩 춤을 추기 시작했다.

❶ 재밌다 ❷ 흥겹다 ❸ 기쁘다 ❹ 흥미롭다

80. 출근 시간이어서 버스에 빈 자리가 없었다.

❶ 승객 ❷ 책상 ❸ 동전 ❹ 좌석

81. 영화를 보러 갔다가 표가 다 팔려서 그냥 왔어요.

❶ 예약되다 ❷ 예매하다 ❸ 매진되다 ❹ 확인하다

82. 이번 콘서트에 어떤 가수들이 나오는지 알면 가르쳐 주세요.

❶ 지각하다 ❷ 출연하다 ❸ 출석하다 ❹ 결석하다

83. 이 식당의 음식은 여러 가지 종류가 있어요.

❶ 다양하다 ❷ 다정하다 ❸ 복잡하다 ❹ 지루하다

84. 오늘 본 뮤지컬 공연은 배우들의 연기도 좋았을 뿐만 아니라 무대도 아름다웠어요. 공연이 정말 대단했어요.

❶ 서투르다 ❷ 감동하다 ❸ 표현하다 ❹ 훌륭하다

[85-90] **다음 [보기]에서 알맞은 단어를 골라 이야기를 완성하십시오.**
下の語群から(　　)に当てはまる単語を選び､文章を完成させなさい。

[보기]

신	불교	소원	기독교	성직자	천주교

현대 사회의 종교는 정말 다양하다. 대표적인 종교로는 '가톨릭교'라고도 불리우는 85.(　　　　　　), 예수를 믿는 86.(　　　　　　), 석가모니를 믿는 87.(　　　　　　) 그리고 그 이외에 이슬람교나 힌두교와 같은 종교도 있다. 또한 신부, 목사, 승려와 같은 종교인을 88.(　　　　　　)이라고/라고 한다. 그러나 평소에 예수나 석가모니같은 89.(　　　　　　)을/를 믿지 않는 무신론자도 자신이 해결할 수 없는 문제나 어려운 일이 있을 때는 기도를 하거나 몹시 바라는 일이 생길 때는 90.(　　　　　　)을/를 비는 사람들도 있다.

속담, 관용어, 한자성어, 의태어, 의성어

11

ことわざ、慣用句、四字熟語、擬態語、擬声語

11-1 속담

01
가는 날이 장날

あることをしようとしたら、思いがけないことが起きた時に使う言葉。

【例文】 가는 날이 장날이라더니 공부를 하려고 도서관에 갔는데 휴관일이었어요.

"가는 날이 장날"と言うけれど、勉強しようと思って図書館に行ったら休館日でした。

02
가는 말이 고와야 오는 말이 곱다

自分が他の人に良い言葉を言ったり、良い行動をしたりすれば、他の人も自分にそのように返してくれるということ。

【例文】 네가 친구에게 먼저 바보라고 놀려서 친구도 너에게 돼지라고 놀린 거야. 가는 말이 고와야 오는 말이 고운 거란다.

お前が先に友達にバカだと言ってからかうから、友達もお前をブタだとからかうんだよ。"가는 말이 고와야 오는 말이 곱다"って言うだろう。

03
갈수록 태산

時間が経てば経つほど、問題がもっと複雑な状況になるという意味。

【例文】 세탁기가 잘 작동하지 않아서 걱정하고 있었는데 갈수록 태산이라고 이제는 아예 세탁기가 켜지지도 않아요.

洗濯機がちゃんと作動しないので心配していたら、"갈수록 태산"で今はもう洗濯機に電源も入りません。

04
고래 싸움에 새우 등 터진다

強い立場の人同士が喧嘩したせいで、関係のない弱い立場の人達がとばっちりをくらうという意味。

【例文】 김 부장님이 어제 이 부장님하고 싸우고 나서 잘못한 것도 없는 나한테 화를 내더라. 고래 싸움에 새우 등 터진다더니 그 말이 맞는 것 같아.

キム部長が昨日イ部長と喧嘩してから、何も悪いことをしていない私に腹を立てるんだ。"고래 싸움에 새우 등 터진다"って言うけど、その通りだな。

05
고생 끝에 낙이 온다

大変なことや辛いことの後には、必ず楽しくてよいことが来るという意味。

【例文】 고생 끝에 낙이 온다고 지금은 고생스럽지만 곧 좋은 결과가 있을

테니까 걱정하지 마세요.

"고생 끝에 낙이 온다"と言う通り、今は苦労が耐えないけれど、後々良い結果が出るだろうから心配しないでください。

06
금강산도 식후경

どんなに面白いことでもお腹が満たされていてこそ楽しめる。お腹が空いていては何もすることができないという意味。

[例文] 금강산도 식후경이라는데 우리 밥부터 먹고 제주도 여행을 시작하자.

"금강산도 식후경"と言いますし、まずはご飯を食べてから済州島の旅行を始めよう。

07
꼬리가 길면 밟힌다

悪いことはどんなに人知れずうまくやっても、それを何度か繰り返せば結局ばれてしまうという意味。

[例文] 꼬리가 길면 밟힌다고 너 계속 공부 안 하고 컴퓨터 게임만 하면 부모님께 들킬 지도 모르니까 조심해.

"꼬리가 길면 밟힌다"って言うし、ずっと勉強しないでコンピューターゲームばっかりしてたら親にばれるかもしれないから注意しろよ。

08
꿩 대신 닭

最も相応しいものがない時に、それと似たもので代用するという意味。

[例文] 꿩 대신 닭이라고 오렌지가 없으면 그냥 귤을 삽시다.

"꿩 대신 닭"って言うし、オレンジがないなら、みかんを買いましょう。

09
누워서 침 뱉기

他人に悪事を働こうとして、反対に自分で自分に害をもたらすという意味。

[例文] 다른 사람들 앞에서 자기 부모님에 대해서 나쁘게 말하는 건 정말 누워서 침 뱉기나 다름없어요.

他人の前で自分の両親に対する悪口を言うのは、まさに"누워서 침 뱉기"です。

10
돌다리도 두들겨 보고 건너라

どんなに得意なことでも、行動する前には細かく注意しろという意味。

[例文] 돌다리도 두들겨 보고 건너라고 시험 문제를 다 풀었어도 다시 한번 꼼꼼하게 확인해 보세요.

"돌다리도 두들겨 보고 건너라"と言うように、試験問題を全部解き終えても、もう一度慎重に確認してみてください。

11
땅 짚고 헤엄치기

ことがすごく簡単だという意味。

[例文] 미선 씨 영어 실력은 대단해요. 이 정도의 문장을 번역하는 건 미선 씨에게 땅 짚고 헤어치기죠.

ミソンさんは英語がすごくよくできます.この程度の文章を翻訳するのはミソンさんにとっては"땅 짚고 헤어치기"でしょう。

12
떡 줄 사람은 꿈도 안 꾸는데 김칫국부터 마신다

それをしてくれる人はその気もないのに、まるでそのことがすべてうまくいったかのように行動するという意味。

[例文] 영희는 너하고 결혼할 생각이 없는데 너만 혼자 결혼고백을 하려고 반지를 산 건 아니야? 야, 떡 줄 사람은 꿈도 안 꾸는데 김칫국부터 마시지 마.

ヨンヒはお前と結婚する気もないのに、お前ひとりでプロポーズをしようと指輪まで買ったんじゃないのか?"떡 줄 사람은 꿈도 안 꾸는데 김칫국부터 마시다"はやめろよ。

13
말 한마디에 천 냥 빚도 갚는다

うまく言えば、大変なことや不可能に見えることも解決することができるという意味。

[例文] 말 한마디에 천 냥 빚도 갚는다고 하던데 네가 실수를 했으니까 먼저 잘못을 했다고 사과를 하면 용서해주지 않을까?

"말 한마디에 천 냥 빚도 갚는다"って言うし、お前がミスをしたんだから、まず間違いをしてしまったことを謝れば許してくれるんじゃないか?

14
믿는 도끼에 발등 찍힌다

うまくいくと信じていたことが、うまくいかなかったり、信じていた人が裏切ってむしろ害を被むることになるという意味。

[例文] 믿는 도끼에 발등 찍힌다고 믿었던 친구에게 비밀을 얘기했는데 그 친구가 글쎄 다른 사람들에게 모두 말해 버렸어요.

"믿는 도끼에 발등 찍힌다"と言うが、信じていた友達に秘密を打ち明けたら、その友達が他の人に全部話してしまいました。

15
밑 빠진 독에 물 붓기

底の抜けた瓶にいくら水を注いでも満たされないという意味で、いくら一生懸命になっても無駄になるという意味。

[例文] 회복 가능성이 없는 회사에 자금을 계속 대출해 주는 것은 밑 빠진 독에 물 붓기예요.

回復する可能性のない会社に資金を貸し出すことは"밑 빠진 독에 물 붓기"です。

16
바늘 도둑이 소 도둑 된다

針を盗んでいた人が､それをずっと繰り返していれば結局は牛も盗むようになるという意味｡すなわち小さな悪事も続けているうちに大きい罪を犯すようになるという意味｡

[例文] 작은 잘못이라도 그냥 눈감아 주지 마시고 혼내세요. 바늘 도둑이 소 도둑 된다고 나중에 더 큰 잘못을 할 수도 있으니까요.

小さな過ちに対しても､目を瞑らずに叱ってください｡"바늘 도둑이 소 도둑 된다"と言うように､後で大きな過ちをするかもしれませんから｡

17
발 없는 말이 천 리 간다

言葉には足がないが､千里向こうまで瞬間的に広がるという意味｡すなわち､言葉には気をつけなければいけないということ｡

[例文] 확실하지도 않은 남의 이야기를 함부로 하지 마. 발 없는 말이 천 리 간다잖아.

確かなことでもない他人の話をやたらとするな｡"발 없는 말이 천 리 간다"って言うじゃないか｡

18
배보다 배꼽이 더 크다

基本になるものよりも､おまけになるものがもっと多かったり大きいという意味｡

[例文] 차 값보다 수리비가 더 들다니 배보다 배꼽이 더 큰 셈이다.

車の値段よりも修理代の方がもっとかかるなんて､"배보다 배꼽이 더 크다"と言うものだ｡

19
백문이 불여일견

100回聞くよりも､1回見た方がいいという意味｡

[例文] 제주도가 아름답다는 말은 많이 들었지만 직접 가서 보니까 제주도 경치가 정말 아름답더군요. 역시 백문이 불여일견이라는 말이 맞는 것 같아요.

済州島がきれいな所だと聞いてはいたが､直接来て見ると本当に景色が美しいですね｡やっぱり"백문이 불여일견"という言葉の通りです｡

20
빈 수레가 요란하다

中身のない人ほど､口でだけはもっとうるさく言うという意味｡

[例文] 빈 수레가 요란하다는 말이 맞긴 맞나 봐. 민수 씨가 이번 승진 시험에 자신 있다고 큰소리치더니 떨어졌대요.

"빈 수레가 요란하다"って本当だな｡ミンスさんが今回の昇進試験に自信があると大口叩いていたけれど､落ちたそうです｡

21
산 넘어 산이다(=산 넘어 산)

苦労がだんだん少しずつひどくなるという意味。

[例文] 회사에 일이 생겨서 겨우 해결하고 집에 돌아오니까 어머니께서 쓰러지셔서 병원에 입원하셨다는 연락이 왔다. 사는 게 정말이지 산 넘어 산이다.

会社で問題が起り、やっと解決して家に帰ったら、母が倒れて病院に入院したという連絡が来た。人生"산 넘어 산이다"だ。

22
세 살 적 버릇이 여든까지 간다

幼いころの癖が成長した後でも続くという意味。

[例文] 세 살 적 버릇이 여든까지 간다고 나쁜 버릇은 일찍 고쳐야 한다.

"세 살 적 버릇이 여든까지 간다"というし、悪い癖は早く直さなければならない。

23
소 잃고 외양간 고친다

すでに失敗してしまったりうまくいかなかったりした後に、問題点を直したところで何の意味もないという意味。

[例文] 소 잃고 외양간 고친다더니 미리 불조심을 했으면 좋았을 텐데 산불이 난 후에 산불 예방을 하면 무슨 소용이 있겠어요?

"소 잃고 외양간 고친다"というように、あらかじめ火に用心すればよかったのに、山火事が起きた後で山火事予防をしたところで、何の意味があるのでしょうか?

24
쇠귀에 경 읽기

牛の耳にお経を唱えてみたところで、ひとことも理解できないという意味。すなわちどれだけ注意して教えてあげても理解できなかったり、効果がないという意味。

[例文] 아들에게 공부 좀 하라고 여러 번 얘기했는데 말을 듣지 않고 놀기만 해요. 쇠귀에 경 읽기예요.

息子に少しは勉強しろと何度も言ったのに、言うこと聞かずに遊び呆けています。"쇠귀에 경 읽기"です。

25
시작이 반이다(=시작이 반)

どんなことでも始めるのが難しく、いったん始めてしまえばやり遂げることは難しくないという意味。

[例文] 시작이 반이라는 말이 있으니까 영어 공부가 어렵다고만 생각하지 말고 내일부터라도 영어 공부를 시작해라.

"시작이 반다"という言葉もあるし、英語の勉強が難しいと思い込まないで、明日からでも始めてみろ。

26
싼 것이 비지떡(=싼 게 비지떡)

値段が安いものは品質もそれに値して悪いという意味。

[例文] 휴대전화를 싼 값에 사서 좋아했는데 일주일도 안 돼서 고장났어요. 역시 싼 게 비지떡이라는 말이 맞는 것 같아요.

携帯電話を安く買えて嬉しかったのに、1週間も経たないうちに故障しました。やっぱり"싼 게 비지떡"という言葉は当たっていると思います。

27
아니 땐 굴뚝에 연기 나랴

原因がなければ結果はありえないという意味。すなわちある噂が広がるにはそれなりの理由があるという意味。

[例文] 미선 씨랑 영수 씨 두 사람이 정말 사귄다고 하던데 정말일까요? 두 사람은 아니라고 하지만 아니 땐 굴뚝에 연기 나겠어요?

ミソンさんとヨンスさんが付き合っているらしいですが、本当でしょうか？本人たちは違うと言うけれど"아니 땐 굴뚝에 연기 나랴"ですよね？

28
우물 안 개구리

広い世界の成り行きを知らない人、または知っていることが少ない人が自分が立派なと思っている人だという意味。

[例文] 우물 안 개구리가 되지 않기 위해서는 많은 사람들을 만나서 이야기하거나 다양한 경험을 많이 쌓는 것도 중요하다.

"우물 안 개구리"にならないためには、たくさんの人に会って話しをしたり、いろいろな経験をすることも重要だ。

29
원숭이도 나무에서 떨어진다

どんなに慣れていて上手な人でも、たまには失敗することがあるという意味。

[例文] 원숭이도 나무에서 떨어질 때가 있다고 날마다 시험에서 100점만 받던 친구가 실수로 한 개 틀렸다.

"원숭이도 나무에서 떨어질 때가 있다"と言うけれど、毎日テストで100点を獲っていた友達がミスをして1つ間違えた。

30
윗물이 맑아야 아랫물이 맑다

目上の人がうまくやれば、目下の人もそれに従ってうまくやるという意味。

[例文] 윗물이 맑아야 아랫물이 맑다고 저 집은 부모가 책을 안 읽으니 아이들도 전혀 책을 안 읽는다.

"윗물이 맑아야 아랫물이 맑다"と言うけれど、あの家は両親が本を読まないので子供たちも全く本を読まない。

31
콩 심은 데 콩 나고 팥 심은 데 팥 난다

すべてのことは原因によって結果がでるという意味。すなわち植えただけ取り入れる。撒いただけ取り入れるという意味。

【例文】 콩 심은 데 콩 나고 팥 심은 데 팥 난다고 저 사람은 놀기만 하더니 결국 시험에서 떨어졌다.

"콩 심은 데 콩 나고 팥 심은 데 팥 난다"と言うように、あの人は遊んでばかりいたので結局試験に落ちた。

32
티끌 모아 태산

どんなに小さなものでも集まれば大きな塊になるという意味。

【例文】 티끌 모아 태산이라고 100원짜리 동전을 모아 840만 원의 장학금을 모았다고 한다.

"티끌 모아 태산"というが、100ウォン玉を集めて840万ウォンの奨学金を集めたそうだ。

33
호랑이도 제 말 하면 온다

ある場所で話にあがった人が、まさにそこへ現れるという意味。

【例文】 호랑이도 제 말 하면 온다더니 영수 이야기를 하고 있었는데 마침 영수가 들어왔다.

"호랑이도 제 말 하면 온다"と言うが、ヨンスの話をしていたら、ちょうどヨンスが入ってきた。

11-1 연습문제 (속담)

[1-9] **다음 [보기]에서 알맞은 속담을 찾아 대화를 완성하십시오.**
下の語群から( )に当てはまることわざを選び､会話を完成させなさい。

[보기]

믿는 도끼에 발등 찍히다	금강산도 식후경
가는 날이 장날	배보다 배꼽이 크다
고래 싸움에 새우등 터진다	세 살 적 버릇 여든까지 간다
아닌 땐 굴뚝에 연기 날까	원숭이도 나무에서 떨어질 때가 있다
떡 줄 사람은 꿈도 안 꾸는데 김칫국부터 마신다	

1. 가 : 너는 날마다 그렇게 늦잠만 자서 어떡하니? 나중에 커서 회사에 취직한 후에도 늦잠 잘래?
   나 : 그 때 가면 안 그렇겠죠, 뭐.
   가 : ______________________ 는다고 / ㄴ다고 / 다고 내일부터 조금씩 일찍 일어나는 연습 좀 해.

2. 가 : 어서 점심 먹으러 가자.
   나 : 오늘 입학했는데 학교 구경부터 하고 먹자.
   가 : ______________________ 이라고 / 라고 밥부터 먹어야 제대로 구경하지.

3. 가 : 컴퓨터 전문가이신 김 선생님이 큰 실수를 하셨어요.
   나 : ______________________ 는다고 / ㄴ다고 / 다고 그럴 수도 있지요.

4. 가 : 어제 남대문 시장에 갔다가 가방이 너무 싸서 친구 생일 선물로 미국에 부쳤어요. 그런데 가방은 3만 원짜리인데 소포 값이 5만 원 들었어요.
   나 : ______________________ 는군요 / 군요.

5. 가 : 올해는 월급이 오르지 않는다고 하던데 사실이에요?
   나 : 그럴 리가요? 연초에 사장님이 직원들 앞에서 월급을 올려주기로 약속했잖아요.
   가 : ______________________ 겠어요? 직원들도 벌써 다 알고 있던데요.

6. 가 : 다음 주말에 친구들과 동해안 여행을 가기로 했어. 물론 언니 자동차를 가지고.

   나 : 얘는, ______________________ 는다고 / ㄴ다고 / 다고 언제 내가 차를 빌려준다고 했니?

7. 가 : 영수 엄마가 옆집에 사는 아줌마와 친하게 지내서 큰돈을 빌려 줬는데, 그 아줌마가 돈을 가지고 도망갔대.

   나 : ______________________ 었네/았네/였네.

8. 가 : 어제 백화점에서 남자 친구 선물을 샀어요?

   나 : 아니요, 못 샀어요. ______________________ 이라고/라고 어제 백화점에 가니까 휴점일이더라고요.

9. 가 : 엄마가 아빠하고 싸움을 크게 하신 후로 나한테 용돈을 안 주셔.

   나 : 그래? 완전히 ______________________ 는 / 은 / ㄴ 거네.

[10-18] **다음 [보기]에서 알맞은 속담을 찾아 대화를 완성하십시오.**

空欄に当てはまることわざを下の語群から選んで、会話を完成させなさい。

[보기]

소 잃고 외양간 고친다	빈 수레가 요란하다
누워서 침 뱉기	바늘 도둑이 소 도둑 된다
돌다리도 두들겨 보고 건너라	호랑이도 제 말 하면 온다
윗물이 맑아야 아랫물이 맑다	꼬리가 길면 밟힌다
콩 심은 데 콩 나고 팥 심은데 팥 난다	

10. 가 : 민수 씨는 자동차 전문가도 아니면서 전문가들보다 더 아는 척을 해요.

    나 : ______________________ 는다더니 / ㄴ다더니 / 다더니 아는 것이 없는 사람들이 더 떠들며 자랑하는군요.

11. 가 : 편의점 도둑이 잡혔대요. 벌써 3번이나 같은 방법으로 도둑질을 했대요.

    나 : ______________________ 는다더니/ㄴ다더니/다더니 결국 잡혔군요.

12. 가 : 남편이 너무 게으르고 책임감도 없어. 이웃집 사람들과 얘기해 보니 다른 집 남편들은 안 그렇다던데……

나 : ______________________ 이라고/라고 어떻게 다른 사람들한테 자기 남편을 그렇게 말할 수 있니?

13. 가 : 어제 보니까 영수 씨가 친구들과 뭔가 심각한 표정으로 얘기를 하던데 무슨 일이 있는 걸까요?

나 : ______________________ 는다더니 / ㄴ다더니 / 다더니 마침 저기 영수 씨가 오네요.

14. 가 : 서류를 완성했어요. 어제 두 번이나 확인했으니까 바로 사장님께 드리는 게 어때요?

나 : ______________________ 으라고 / 라고 실수가 있을지 모르니까 다시 한번 확인해 봅시다.

15. 가 : 예전부터 사람들이 자동차를 수리해야 한다고 말했는데 고치지 않아서 사고가 났다면서?

나 : 음, 그래서 어제 자동차 수리 센터에 맡겼어.

______________________ 는다고 / ㄴ다고 / 다고 진작 고쳤으면 사고도 안 났을 텐데……

16. 가 : 아이가 편의점에서 자꾸 과자를 말도 없이 가져 와요.

나 : 별 생각 없이 그랬겠지요. 하지만 ______________________ 는다고 / ㄴ다고 / 다고 더 잘못되기 전에 가르쳐야 할 것 같은데요.

17. 가 : 저 아이는 어른들한테 인사를 안 해요. 말도 함부로 하고요.

나 : ______________________ 는다고 / ㄴ다고 / 다고 저 아이 부모들도 사람들한테 인사 도 잘 안 하고 예의도 없다던데……

18. 가 : 한국어 능력 시험 결과가 나왔는데 친구는 합격을 했지만 나는 떨어졌어.

나 : ______________________ 는다고 / ㄴ다고 / 다고 친구는 열심히 공부했는데 너는 이번 학기에 놀기만 했잖아.

11-2 관용어

01
귀(를) 기울이다

他人の話や意見に関心を持って注意を向けるという意味。

【例文】 그의 장점은 다른 사람이 말을 할 때 항상 귀를 기울인다는 것이다.
彼の長所は他の人が話す時、いつも耳を傾けることです。

02
귀에 못이 박히다

同じ言葉を、聞くのが嫌になるくらい何度も聞くという意味。

【例文】 어렸을 때부터 공부하라는 얘기를 귀에 못이 박히도록 들었어요.
幼い時から勉強しろということを、耳にタコができるくらい聞いてきました。

03
그림의 떡

どんなに気に入っても、利用することができなかったり、所有することができないという意味。

【例文】 그 자동차는 너무 비싸서 우리 같은 보통 사람들에게는 그림의 떡이에요.
その車はあまりにも高すぎて私達のような普通の人たちには絵に描いた餅です。

04
금(이) 가다

お互いの仲が遠ざかったり、悪くなるという意味。

【例文】 별로 중요하지 않은 일로 우리 사이에 금이 가서야 되겠니?
大したことではないのに、私達の仲にひびを入れたいの？

05
길눈(이) 어둡다

行ったことのある道なのに目的地にたどり着けない程、道を覚えられないという意味。

【例文】 저는 길눈이 어두워서 여러 번 갔던 식당도 잘 못 찾아가요.
私は方向音痴なので、何度も行ったことのある食堂にもたどりつけません。

06
낯을 가리다

見知らぬ人に接するのを嫌がったり、親しくない人にはうまく接することができないという意味。

【例文】 아기가 낯을 많이 가려서 모르는 사람이 안으면 울어요.
赤ちゃんが人見知りをして、知らない人が抱くと泣きます。

07
낯(이) 두껍다

過ちを犯しても恥ずかしさを知らないという意味。

[例文] 큰 죄를 짓고도 아무렇지도 않게 사람들 앞에 나서다니 정말 낯이 두껍다.

大きな罪を犯したのに、何事もなかったかのように人々の前に出てくるなんて本当に面の皮が厚い。

08
누워서 떡 먹기

するのがすごく簡単だという意味。

[例文] 이건 초등학교 1학년 때 배운 문제니까 저에게는 누워서 떡먹기예요.

これは小学校1年生の時に習った問題なので、私には朝飯前です。

09
눈 감아 주다

他人の過ちを知っていても、知らない振りをしてあげるという意味。

[例文] 교통 규칙을 위반한 초보 운전자가 교통경찰에게 한 번만 눈 감아 달라고 부탁했지만 소용없었다.

交通規則を違反した初歩の運転者が、交通警察に一度だけ目をつむってくれと頼んだが無駄だった。

10
눈 코 뜰 새가 없다(=눈코 뜰 사이 없다)

取り乱してしまうくらい、すごく忙しいという意味。

[例文] 요즘 새 학기가 시작되어서 눈 코 뜰 새가 없이 바쁘게 지내고 있다.

最近新学期が始まったので、あれよあれよとバタバタ忙しく過ごしている。

11
눈에 안경(=제 눈에 안경)

なんてことないものでも、自分が気に入ったものは何でも良く見えるという意味。

[例文] 내가 보기에는 영수 씨 여자 친구가 못생겼는데 영수 씨는 예쁘다고 하니 제 눈에 안경이지 뭐야.

私が思うにヨンスさんの彼女は不細工なのにヨンスさんはかわいいと思っているなんて、恋は盲目ね。

12
눈이 높다

見る目の水準が高いという意味。

[例文] 영수 씨는 눈이 높은 편이어서 평범한 여자는 마음에 안 들어한다.

ヨンスさんは理想が高い方なので、平凡な女性は気に入らない。

13
맛이 가다

腐った味がする。

【例文】 날씨가 더워져서 그런지 음식이 쉽게 맛이 간다.

暑くなってきたからか、食べ物がすぐ腐る。

14
발을 끊다

行き来しなかったり、関係を切るという意味。

【例文】 나는 올해부터 술집에 발을 끊고 가족들과 많은 시간을 보내기로 마음먹었다.

私は今年から居酒屋に行くのはやめて、家族と多くの時間を送ることにしました。

15
발이 넓다

いろいろな分野で人々と交際し、知り合いが多いという意味。

【例文】 김 기자님은 발이 넓으니까 연예계 쪽에 아는 사람이 많을 거예요.

キム記者は顔が広いので、芸能界の方にも知っている人が多いでしょう。

16
손을 떼다

していたことをやめるという意味。

【例文】 회장님께서는 이미 오래전에 회사 경영에서 손을 떼셨어요. 지금은 아드님이 회사를 경영하고 있어요.

会長はだいぶ前から会社の経営には手を出していません.今は息子さんが会社を経営しています。

17
손을 잡다

お互い力を合わせて一緒に働くという意味。

【例文】 연세 병원은 독일의 유명한 제약 회사와 손을 잡고 신약을 개발했다.

延世病院はドイツの有名な製薬会社と手を組んで、新薬を開発した。

18
손이 크다

気前がよく、大雑把だという意味。

【例文】 하숙집 아주머니는 손이 크셔서 음식을 한 번에 많이 하세요.

下宿のおばさんは気前よく一度にたくさん料理を作ります。

19
식은 죽 먹기

滞りなくとても簡単に平気でしてしまうという意味。

[例文] 영수 씨는 영어를 잘 하니까 그 정도 번역은 식은 죽 먹기일 거예요.

ヨンスさんは英語が得意なのでその程度の翻訳はなんてことないでしょう。

20
어깨가 무겁다

重い責任を負って、気持ちに負担がかかるという意味。

[例文] 회사에서 중요한 일을 맡아서 어깨가 무거워요.

会社で重要な仕事を引き受けたので、肩の荷が重いです。

21
엎어지면 코 닿을 데

とても近い距離だという意味。

[例文] 엎어지면 코 닿을 데에 집이 있는데 왜 매일 지각을 해요?

目と鼻の先に家があるのに、何で毎日遅刻するんですか?

22
옷이 날개다

洋服が良くて素敵だと、人物ももっと良く、特別に見えるという意味。

[例文] 옷이 날개라더니 영수가 정장을 입으니 정말 멋있어 보인다.

馬子にも衣装と言うが、ヨンスがスーツを着たらとてもかっこよく見える。

23
입이 무겁다

口数が少なかったり、知っていることをやたらにしゃべらないという意味。

[例文] 그는 입이 무거운 사람이니까 비밀을 꼭 지켜 줄 거예요.

彼は口が重い人なので、秘密を必ず守るでしょう。

24
입이 짧다

偏食が激しかったり、少ししか食べないという意味。

[例文] 우리 아이는 입이 짧아서 입맛을 맞추기가 어려워요.

うちの子は好き嫌いが激しいので、料理するのが難しいです。

25
하늘의 별 따기

何かを得たり、成就することがとても難しいという意味。

[例文] 그 회사에 취직하는 것은 하늘의 별 따기라고 하던데요.

その会社に就職するのは、星をつかむようなものだそうですよ。

11-2 연습문제 (관용어)

[1-11] 다음 [보기]에서 알맞은 표현을 찾아 대화를 완성하십시오.
下の語群から(　)に当てはまる表現を選び､会話を完成させなさい。

[보기]

하늘의 별 따기	눈을 감다	손을 잡다	손을 떼다
길눈이 어둡다	발이 넓다	발을 끊다	손이 크다
옷이 날개다	눈이 높다	제 눈에 안경	

1. 가 : 이번에 UN에서 세계 환경 문제에 대한 회의가 있었지요?
   나 : 네, 이번 회의에서 각국 정부가 ____________고 환경 문제를 해결하기로 했답니다.

2. 가 : 그 회사는 취직하기가 그렇게 어렵다면서?
   나 : 응, 그 회사는 지원자가 많아서 취직 시험에 합격하는 게 ____________이야/야.

3. 가 : 민수는 아직도 컴퓨터 게임을 많이 한다면서?
   나 : 아니, 이제 완전히 컴퓨터 게임에서 ____________었다던데/았다던데/였다던데.

4. 가 : 우리 집이 어디 있는지 몰라요? 지난번에도 우리 집에 놀러 왔었잖아요?
   나 : 제가 좀 ____________어서/아서/여서 길을 잘 못 찾아요.

5. 가 : 수진 씨 생일 선물로 이 스카프가 어떨까?
   나 : 수진 씨는 ____________어서/아서/여서 색상이나 디자인을 까다롭게 보는 편이니까 좀 더 좋은 제품이 있는지 찾아보자.

6. 가 : 민수가 술을 완전히 끊었다던데 사실이야?
   나 : 응, 평소에 그렇게 잘 가던 단골 술집에도 ____________었대/았대/였대.

7. 가 : 우와, 어머니께서 김치를 100포기나 담그셨어요?
   나 : 네, 우리 엄마가 워낙 ____________으셔서/셔서 음식을 많이 하시는 편이에요.

8. 가 : 마리아 씨가 평소엔 청바지만 입더니 오늘 드레스를 입었네요.
   나 : ____________고 평소와 달라 보여요. 정말 여성스럽고 예쁘지요?

9. 가 : 아침에 배가 아파서 잠깐 약국 앞에 주차했다가 주차 단속에 걸리고 말았어.
   나 : 저런, 벌금을 냈어?
   가 : 아니, 급한 사정을 얘기했더니 다행히 경찰관이 ____________어/아/여 줬어.

10. 가 : 논문에 필요한 설문지를 돌리고 싶은데 아는 사람이 별로 없어.
    나 : 영수한테 부탁해 봐. 영수는 ____________어서/아서/여서 아는 사람이 많던데?

11. 가 : 윗집 아주머니는 항상 자기 아이가 예쁘고 똑똑하다고 자랑만 해.
    나 : ____________이라고/라고 아주머니 눈에는 자기 아이가 예쁘게만 보이는 거야.

[12-22] **다음 [보기]에서 알맞은 표현을 찾아 대화를 완성하십시오.**
下の語群から(　)に当てはまる表現を選び､会話を完成させなさい。

[보기]

엎어지면 코 닿다	금이 가다	어깨가 무겁다
눈 코 뜰 새가 없다	낯을 가리다	맛이 가다
귀를 기울이다	입이 무겁다	낯이 두껍다
귀에 못이 박이다	누워서 떡 먹기	

12. 가 : 요즘 우리 어머니가 나한테 공부하라고 ____________도록 말씀하셔서 괴로워
    나 : 하루에 몇 번이나 말씀하시는데?
    가 : 나하고 눈 마주칠 때마다.

13. 가 : 저는 학교에서 걸어서 5분밖에 안 걸리는 하숙집에 살고 있어요.
    나 : ____________을/ㄹ 데에 사시는군요.

14. 가 : 김 선생님께 이번 일에 대해 이야기해도 될까요?
    나 : 김 선생님은 ____________________는/은/ㄴ 분이니까 이야기해도 비밀을 지켜줄 거예요.

15. 가 : 이번에 부장님으로 승진되셔서 기쁘시겠어요.
    나 : 기쁘기는 합니다만 자리가 자리이니만큼 ____________________네요.

16. 가 : 아기가 아주 귀엽네요.
    나 : 그런데 ____________________어서/아서/여서 낯선 사람만 보면 울어요.

17. 가 : 이 우유 맛이 왜 이래?
    나 : 어머, 어제 깜빡하고 냉장고에 안 넣어서 ____________________었나/았나/였나 봐.

18. 가 : 요즘 어떻게 지내세요?
    나 : 대학원 수업이며 회사일이며 집안일이며 할 일이 많아서 ____________________어요/아요/여요.

19. 가 : 어떤 정치가가 훌륭한 정치가일까요?
    나 : 국민들 말에 ____________________을/ㄹ 줄 아는 사람이 훌륭한 정치가지요.

20. 가 : 다들 줄 서서 기다리고 있는데 저 사람은 차례를 지키지 않는군요. 창피하지도 않을까요?
    나 : 그러게요, 정말 ____________________네요.

21. 가 : 정희 씨가 남자 친구하고 헤어졌나 보지? 요즘엔 같이 붙어 다니는 모습을 못 봤어.
    나 : 집안 문제로 두 사람 사이에 ____________________는/은/ㄴ 지 오래 됐어.

22. 가 : 미영 씨가 이것을 한국말로 번역할 수 있을까요?
    나 : 물론이죠. 미영 씨는 일본에서 오래 산 데다가 경험도 많으니까 이런 일은 미영 씨에게 ____________________일 거예요.

11-3 한자성어

01
고집불통 [고집뿔통]

我が強くて、融通が効かず、自分の主張だけを通そうとすること。またはそのような人。

【例文】 아이가 고집불통이라고 걱정을 하는 부모들이 요즘 점점 많아지고 있다.
子供が"고집불통"だと心配する親達が最近少しずつ増えている。

02
과소평가 [과소평까]

事実よりも小さく評価するという意味。

【反対の表現】 과대평가 過大評価

【例文】 자신을 다른 사람과 비교하면서 과소평가하지 마십시오.
自分を他の人と比べて過小評価しないでください。

03
다다익선 [다다익썬]

多ければ多いほどいいという意味。

【例文】 다다익선이라는 말처럼 친구는 많으면 많을수록 좋다.
"다다익선"という言葉の通り、友達は多ければ多いほどいい。

04
대기만성 [대기만성]

大きな器を作る時、時間がかかるという意味で、大物になる人は突然そうなるわけではないという意味。

【例文】 대기만성이라는 말처럼 영수 씨는 오랜 시간이 지나서야 사회적으로 크게 성공할 수 있었다.
大器晩成という言葉の通り、ヨンスさんは時間をかけてこそ社会的に大きく成功することができた。

05
동문서답 [동문서답]

東のことを聞いたのに、西のことを答える。つまり質問に合わないまぬけな返事をするという意味。

【例文】 이름이 뭐냐고 물었는데 20살이라고 동문서답을 했어요.
名前を聞いたのに、20歳だと"동문서답"しました。

06
막상막하 [막쌍마카]

どっちが良いとも悪いとも判断できないくらい、大した差がないという意味。

【例文】 두 사람 모두 잘 달리는군요. 두 사람의 달리기 실력이 막상막하예요.
2人共、すごく早いですね。2人の走る速さは"막상막하"です。

07
부전자전 [부전자전]

先祖代々伝わっているという意味で、多くの場合父親が息子に伝えるという意味。

【例文】 부전자전이라더니 노래를 잘하시던 민수 아버지처럼 민수도 노래를 잘한다.

"부전자전"だというが、歌が上手なミンスのお父さんのようにミンスも歌が上手だ。

08
상부상조 [상부상조]

お互い助け合うという意味。

【例文】 사람은 어려울 때일수록 상부상조해야 한다.

人は大変な時こそ"상부상조"しなければならない。

09
설상가상 [설쌍가상]

雪の上にまた霜が降りるという意味。すなわち不幸なことが重なって起るという意味。

【例文】 태풍으로 큰 피해를 입은 남부지방에 설상가상으로 또 다시 큰 비가 내리면서 주민들의 걱정이 늘고 있다.

台風で大きな被害をこ被った南部地方に"설상가상"でまた大雨が降る中、住民達の心配が高まっている。

10
용두사미 [용두사미]

頭は竜で、尻尾は蛇だという意味。すなわち何かの始めは立派なのに終わりの方は何てことないという意味。

【例文】 목표만 크게 세워 놓으면 용두사미로 끝날 수 있어요.

目標だけ大きく立てておくと、"용두사미"で終わるかもしれません。

11
우왕좌왕 [우와좌왕]

右へ左へうろうろすること。すなわちどこに行くのか、何がしたいのか迷っているという意味。

【例文】 여행 안내원이 갑자기 없어져서 관광객들은 우왕좌왕했어요.

旅行ガイドが突然いなくなって、観光客達は右往左往しました。

12
유명무실 [유명무실]

名前だけはそれらしいが、中味はないという意味。

【例文】 장애인을 위해 도입된 장애인 해피콜택시 서비스가 유명무실하게 운영되고 있다.

障害者のために導入された障害者ハッピーコールセンターサービスが"유명무실"に運営されている。

13
유비무환 [유비무환]

あらかじめ準備をきちんとしていれば、心配することが起らないという意味。

[例文] 유비무환이란 말처럼 건물을 튼튼하게 짓는다면 지진이나 사고가 발생해도 큰 피해를 입지 않을 것이다.

"유비무환"という言葉の通り、建物をしっかりと建てれば地震や事故が発生しても大きな被害を受けずに済むだろう。

14
유언비어 [유언비어]

何の根拠もなく広く広がった噂という意味。

[例文] 인터넷에서 떠도는 유언비어를 그대로 믿는 사람들이 많다.

インターネットで騒がれている"유언비어"をそのまま信じる人達が多い。

15
이심전심 [이심전심]

言葉や文章で伝えずに、気持ちをそのまま心に伝えるという意味。

[例文] 이심전심이라는 말처럼 친구와 나는 말을 하지 않아도 서로의 마음을 잘 안다.

以心伝心という言葉の通り、友達と私は話さなくてもお互いの気持ちがよくわかる。

16
이열치열 [이열치열]

熱によって熱を治めるという意味。すなわち暑さを熱いお茶を飲んでしのぐという意味。

[例文] 이열치열이라고 이렇게 더운 날에는 뜨거운 삼계탕을 먹어야 기운이 나지요.

"이열치열"だと言って、こんなに暑い日には熱い参鶏湯を食べると元気が出ます。

17
일석이조 [일써기조]

石を1つ投げて、一度に2羽の鳥をつかまえるという意味。

[例文] 지금 이 컴퓨터를 사시면 값이 30% 할인되고 선물도 받을 수 있으니까 일석이조입니다.

今このコンピューターを買えば値段が30%割引になって、プレゼントも貰えるので一石二鳥です。

18
작심삼일 [작씸사밀]

その気になっても3日ももたないという意味で、決心したことが長く続かないという意味。

【例文】 운동을 시작했는데 며칠을 가지 못해서 그만두고 말았다. 정말 작심삼일이다.

運動を始めたのだが､何日も経たないうちにやめてしまった､本当に"작심삼일"だ。

19
팔방미인

[팔방미인]

どんな方向から見ても美しい人､またはすべての分野に詳しい人という意味。

【例文】 제임스 씨는 그림도 잘 그리고 외국어도 잘 하고 못 하는 것이 없는 팔방미인이다.

ジェイムスさんは絵も上手だし､外国語も上手だし､できないことがない"팔방미인"だ。

20
횡설수설

[횡성수설/횡설수설]

筋道を立てないまま､むちゃくちゃに話すという意味。

【例文】 오늘 발표 시간에 너무 긴장해서 횡설수설한 것 같아요.

今日､発表する時すごく緊張して"횡설수설"してしまったと思います。

11-3 연습문제 (한자성어)

[1-10] **서로 뜻이 같은 것을 찾아 연결하십시오.**
意味が同じものを線で結びなさい。

1. 고집불통 •	• ㉠ 사실보다 작거나 약하게 평가하다
2. 과소평가 •	• ㉡ 서로 서로 돕다
3. 다다익선 •	• ㉢ 아버지가 아들에게 전하다
4. 대기만성 •	• ㉣ 차이가 별로 없다
5. 동문서답 •	• ㉤ 크게 될 사람은 갑자기 이루어지지 않다
6. 막상막하 •	• ㉥ 고집이 너무 세고 자기주장만 내세우다
7. 부전자전 •	• ㉦ 일의 시작은 훌륭하나 끝은 좋지 않다
8. 상부상조 •	• ㉧ 불행한 일이 계속 일어나다
9. 설상가상 •	• ㉨ 많으면 많을수록 더욱 좋다
10. 용두사미 •	• ㉩ 질문에 맞지 않는 이상한 대답을 하다

[11-20] **서로 뜻이 같은 것을 찾아 연결하십시오.**
意味が同じものを線で結びなさい。

11. 우왕좌왕 •	• ㉠ 돌 한 개를 던져서 새 두 마리를 잡다
12. 유명무실 •	• ㉡ 여러 방면에 능통한 사람
13. 유비무환 •	• ㉢ 결심한 일이 오래가지 못하다
14. 유언비어 •	• ㉣ 조리가 없이 되는 대로 함부로 말하다
15. 이심전심 •	• ㉤ 어디로 갈지, 무엇을 할지 헤매다
16. 이열치열 •	• ㉥ 근거 없이 널리 퍼진 소문
17. 일석이조 •	• ㉦ 이름만 그럴듯하고 실속은 없다
18. 작심삼일 •	• ㉧ 마음에서 마음으로 전하다
19. 팔방미인 •	• ㉨ 열을 열로 다스리다
20. 횡설수설 •	• ㉩ 미리 준비를 잘 하면 걱정할 일이 없다

[21-30] **다음 [보기]에서 알맞은 한자성어를 찾아 대화를 완성하십시오.**
下の語群から(　　　)に当てはまる四字熟語を選び、会話を完成させなさい。

[보기]

일석이조	막상막하	동문서답	작심삼일	대기만성
유언비어	다다익선	팔방미인	고집불통	이심전심

21. 가 : 너 왜 이렇게 늦게 다니니? 솔직히 말해. 너 요즘 연애하는 거지?

    나 : 너무 덥네요. 에어컨이 어디 있지?

    가 : 내가 묻는 말에 대답하지 않고 웬 ______________________이야/야?

22. 가 : 오늘은 왜 이렇게 공부하기 싫지?

    나 : ______________________이네/네. 나도 공부하기 싫어서 너한테 밖으로 놀러가자고 이야기할 참이었어.

23. 가 : 그 여자는 예쁘고 예의도 바른 것 같아요.

    나 : 그 뿐만이 아니에요. 노래도 잘 부르고 그림도 얼마나 잘 그린다고요.

    가 : ______________________이군요/군요.

24. 가 : 주영 씨가 담배를 끊는다고 하더니 오늘 보니까 다시 피우고 있던데요.

    나 : 그래요? ______________________이라는/라는 말이 맞군요. 며칠 지나지 않아 다시 피우는 걸 보니…

25. 가 : 영수야! 너 연희랑 결혼한다면서?

    나 : 뭐야? 누가 그런 ______________________을/를 퍼뜨렸지? 영희와 몇 번 만나지도 않았는데 말이야.

26. 가 : 지금 어느 팀이 이기고 있어? 아까 전반전에서는 한국과 일본이 1:1로 동점이었는데…

나 : 한국이 한 골을 넣어서 2:1이 됐어. 그런데 방금 일본이 또 한 골을 넣어서 다시 2:2로 동점이 됐어. 정말 두 나라 실력이 ________________________이야/야.

27. 가 : 엄마! 이 장난감 사 줘.

나 : 나중에 사줄게.

가 : 싫어, 싫어. 이 장난감 사 주지 않으면 여기서 조금도 움직이지 않을 거야.

나 : 너 정말 ________________________이구나/구나.

28. 가 : 아버지, 다음 주에 친구들과 여행을 가기로 했는데 용돈 좀 주세요.

나 : 얼마나 필요하니?

가 : ________________________이지요/지요. 많으면 많을수록 좋은 거 아니에요?

29. 가 : 영희는 너랑 비슷한 시기에 바이올린을 시작했는데도 연주를 잘하는데 넌 왜 그렇게 못 켜니?

나 : 아버지, ____________________이란/란 말도 모르세요? 큰 그릇은 늦게 되는 법이에요.

30. 가 : 내일부터 미선 씨 집에 가서 동생에게 영어를 가르쳐 주기로 했어.

나 : 그것 참 잘 됐구나. 네가 좋아하는 미선 씨도 볼 수 있고 돈도 벌 수 있으니까 ____________________이네/네.

[31-40] **다음 [보기]에서 알맞은 한자성어를 찾아 대화를 완성하십시오.**
下の語群から(　　)に当てはまる四字熟語を選び、会話を完成させなさい。

[보기]

횡설수설	우왕좌왕	유명무실	이열치열	용두사미
과소평가	설상가상	상부상조	부전자전	유비무환

31. 가 : 여행은 어떠셨어요?

나 : 여기저기 볼 게 너무 많아서 __________________하다가 시간만 낭비했어요.

가 : 계획을 잘 세우셨어야지요.

32. 가 : 아니, 이 더운 날에 땀을 뻘뻘 흘리면서 삼계탕을 먹어요?

나 : __________________이라고/라고 더위는 뜨거운 음식을 먹으면 이길 수 있는 법이에요.

33. 가 : 난 왜 이렇게 못생겼지? 게다가 잘하는 것도 하나도 없고…

나 : 그렇지 않아. 자신을 너무 __________________하지 마. 넌 누구보다도 고운 마음씨를 가졌잖아.

34. 가 : 영수 엄마! 접시 좀 빌려줄 수 있어요? 손님이 많이 오는데 접시가 모자라서요.

나 : 그럼요. 들어오셔서 마음에 드는 것을 골라 보세요.

가 : 너무 감사해요.

나 : 뭘요. 이웃끼리 __________________하면서 살아야지요.

35. 가 : 다니던 회사를 그만두셨다면서요? 집에 무슨 일이라도 있으세요?

나 : 그런 게 아니라 아이 때문에 그래요. 돌봐줄 사람이 없으니까 회사를 그만둘 수밖에 없지요.

가 : 법에 따르면 직장 여성을 위해 각 회사마다 탁아소를 만들어야 하잖아요.

나 : 그럼 뭘 해요? 법대로 탁아소를 만드는 회사가 없으니 그 법은 ______________할 뿐이에요.

36. 가 : 옆집 아이는 정말 공부를 잘 하는 것 같아.

나 : 아버지가 교수라고 들었는데 아이도 공부를 잘하네. ____________________이구나/구나.

37. 가 : 일이 계획대로 잘 돼요?

나 : ____________________이/가 되지 않게 끝까지 열심히 해야지요.

가 : 처음처럼 끝까지 열심히 하시면 꼭 성공하실 거예요.

38. 가 : 친구 집에 불이 난 데다가 어머니께서 병으로 병원에 입원하셨대요.

나 : 저런, ____________________이로구나/로구나.

39. 가 : 이상하다. 점심 때 먹으려고 만든 샌드위치를 냉장고 안에 넣어 두었는데 어디 있지? 영수야, 너 혹시 못 봤니?

나 : 아, 그거? 영희 누나가 먹었나? 아니, 숙희 누나가 먹었어.

가 : 뭐? 둘 다 학교에서 아직 안 왔는데?

나 : 아, 그럼, 엄마가 잡수셨어.

가 : 너 ____________________하는 걸 보니까 네가 먹었구나!

40. 가 : 감기 예방주사 맞으러 가자.

나 : 아버지, 저는 주사 맞는 거 너무 싫어요.

가 : 이 녀석아! 주사 맞기 싫다고 안 맞으면 어떡해? 넌 ____________________도 몰라? 미리 예방을 해 둬야 독감에 안 걸리지.

11-4 의태어

01
활짝

門や羽、花などが明快に完全に開いた様子。

【例文】 개나리와 진달래가 활짝 핀 걸 보니 이제 완전한 봄이군요.

れんぎょうの花とつつじの花が"활짝"と咲いているのをみると、もう完全に春ですね。

02
뻘뻘

汗をとてもたくさん流している様子。

【例文】 한낮의 무더운 날씨에 사람들이 땀을 뻘뻘 흘리면서 일을 하고 있다.

真夏の暑さに人々は汗を"뻘뻘"流して働いている。

03
줄줄

汗や水などが絶えずゆるやかに流れる音、またはそのような姿。

【例文】 영화가 너무 슬퍼서 영화를 보는 내내 눈물이 줄줄 흘러 내렸다.

映画がすごく悲しくて映画を見ている最中ずっと涙が"줄줄"流れた。

04
텅

大きなものの中身が空いていて何も入っていない様子。

【例文】 명절에는 서울 거리에 가게들도 문을 닫고 차도 거의 없어 거리가 텅 빈 것 같다.

伝統的な祝日の日にはソウルの通りは、店も閉まっていて車もほとんどなく、"텅"と空っぽのようだ。

05
살금살금

他人に気づかれないように、周囲の目を気にしながら行動する様子。

【例文】 아이들이 나비를 잡으려고 살금살금 다가간다.

子供達がちょうを捕まえようと、"살금살금"近づいている。

06
꾸벅꾸벅

頭や体をしきりに下げたり上げたりする様子。

【例文】 봄이라서 그런지 사무실에는 꾸벅꾸벅 조는 사람들이 많다.

春だからか事務所には"꾸벅꾸벅"居眠りする人達が多い。

07
반짝반짝

小さな光が少し表れたかと思ったら消える様子。

【例文】 밤하늘의 별들이 반짝반짝 빛나는 모습이 정말 아름답다.
夜空の星が"반짝반짝"光る姿は本当に美しい。

08
꽉

力いっぱい押したり掴んだり結んだりする様子。

【例文】 흔들리는 버스 안에서는 넘어지지 않게 손잡이를 꽉 잡으십시오.
揺れるバスの中では転ばないように手すりを"꽉"と掴んでください。

09
방실방실

口をかわいく少し開けて、声を出さずに明るく笑う姿。

【例文】 내 동생은 귀엽고 사랑스럽게 방실방실 웃는다.
私の妹はかわいく愛らしく"방실방실"笑う。

10
주룩주룩

大きい水滴や雨水などが、早く途切れずに流れながら出す音。またはそのような姿。

【例文】 늦가을, 밤늦도록 멈추지 않고 주룩주룩 내리는 비를 보면서 왠지 모를 외로움을 느낀다.
晩秋、夜遅くまで止まずに"주룩주룩"降る雨を見ながら、何故だかよくわからない寂しさを感じる。

11-4 연습문제 (의태어)

[1-10] **다음 [보기]에서 알맞은 말을 골라 빈칸에 쓰십시오. 단어는 한 번만 쓰십시오.**
(　　)に当てはまる擬態語を下の語群から選んで書きなさい。同じ単語を重複して使うことはできません。

[보기]

뻘뻘	줄줄	꽉	살금살금	텅
꾸벅꾸벅	주룩주룩	반짝반짝	활짝	방실방실

1. 울던 아이가 엄마를 보더니 다시 ____________ 웃어요.
2. 수업이 끝나고 학생들이 다 나간 후 ____________ 빈 교실에 혼자 앉아 있었다.
3. 그 아이의 눈은 다른 사람들보다 훨씬 ____________ 빛나요.
4. 너무 더워서 가만히 있어도 등 뒤로 땀이 ____________ 흘러요.
5. 장마철이라서 하루 종일 비가 ____________ 내린다.
6. 표정이 너무 굳어 있어요. ____________ 웃으세요. 이제 사진 찍습니다!
7. 이 옷은 몸에 너무 ____________ 끼는데요. 좀 큰 사이즈로 주세요.
8. 공장에서 아버지가 땀을 ____________ 흘리시면서 일하는 모습을 보고 눈물이 나왔어요.
9. 영수 씨가 어제 잠을 못 잤는지 오늘 수업 시간에 계속 ____________ 졸아요.
10. 어제 밤 12시에 하숙집에 들어갔는데 다른 사람들이 깰까 봐 ____________ 들어갔다.

11-5 의성어

01
훅

口で何かを強く吹く音。

[例文] 종이를 입으로 훅 불었더니 종이가 날아가 버렸다.

紙を口で"훅"と吹いたら、紙が飛んでいってしまった。

02
앵

小さな昆虫や虫が飛んでいく音。

[例文] 귓가에서 앵 하는 소리가 들리더니 모기가 팔을 물었다.

耳元で"앵"という音が聞こえたと思ったら、腕を蚊に刺された。

03
꼬르륵

お腹が空いている時、お腹の中で鳴る音。

[例文] 오늘 저녁을 안 먹었더니 뱃속에서 꼬르륵 소리가 난다.

今日夕飯を食べなかったので、お腹の中から"꼬르륵"という音がする。

04
덜컹덜컹

車などが揺れながら出す音。

[例文] 차가 시골길을 가면서 덜컹덜컹 소리를 냈다.

車が田舎道を走りながら"덜컹덜컹"という音を出した。

05
펑

何かが大きく破裂する音。

[例文] 폭탄이 날아오더니 펑 터졌다.

爆弾が飛んできて、"펑"と破裂した。

06
딸랑딸랑

小さな鐘や金属でできた鈴が鳴る音。

[例文] 문에 종을 매달았더니 문이 열릴 때마다 딸랑딸랑 소리가 난다.

門に鐘をつけたので、門が開くたびに"딸랑딸랑"という音がする。

07
똑딱똑딱

時計や小さなモーター､船の機関などが回り続ける音。

【例文】 시계가 똑딱똑딱 잘도 간다.

時計が"똑딱똑딱"進む。

08
풍덩

何か重いものが水に落ちる音。

【例文】 무거운 돌이 강물 속으로 풍덩 빠졌다.

重い石が川の中に"풍덩"と落ちた。

09
보글보글

チゲや汁物などが煮える音。

【例文】 찌개가 보글보글 끓는 것이 맛있어 보인다.

チゲが"보글보글"煮えている様子が､おいしそうに見える。

10
쿨쿨

深く眠り込んでいる時に出る音。

【例文】 그 사람이 너무 피곤하게 쿨쿨 자고 있어서 깨우지 않았다.

その人がすごく疲れて"쿨쿨"寝ていたので､起こさなかった。

11-5 연습문제 (의성어)

[1-10] **다음 [보기]에서 알맞은 말을 골라 빈칸에 쓰십시오.**

(　　)に当てはまる擬声語を下の語群から選んで書きなさい。

[보기]

꼬르륵	덜컹덜컹	딸랑딸랑	보글보글	앵
펑	풍덩	훅	똑딱똑딱	쿨쿨

1. 된장찌개가 불 위에서 ____________ 끓고 있습니다.

2. 내가 대문 안으로 들어서니까 강아지가 ____________ 방울 소리를 내며 뛰어 왔다.

3. 지난 밤 11시 쯤 가스 공장에서 ____________ 소리와 함께 불이 났습니다.

4. 시간이 없어서 아침을 못 먹은 날은 11시만 돼도 뱃속에서 ____________ 소리가 나요.

5. 버스 안에는 아기를 안고 있는 아주머니, 책을 읽고 있는 학생, ____________ 자고 있는 아저씨, 그리고 나 이렇게 네 명 뿐이었다.

6. 돌다리를 건너가던 아저씨가 미끄러져서 물속으로 ____________ 하고 빠지고 말았다.

7. 나는 촛불 앞에서 소원을 빌고 나서 촛불을 한번에 ____________ 불어서 다 껐다.

8. 모기가 ____________ 소리를 내며 날아다닌다.

9. 오늘 따라 ____________ 하는 시계 소리가 무척 크게 들린다.

10. 내 자동차는 너무 낡아서 조금 험한 길을 갈 때면 ____________ 소리가 나요.

정답 · 색인

解答·索引

01 정답

01 · 사람

1. 엄살
2. 개인
3. 용기
4. 표정
5. 고집
6. 참을성
7. 바르다
8. 순수하다
9. 너그럽다
10. 씩씩하다
11. 얌전하다
12. 평범하다
13. 완벽하다
14. 단순하다
15. 무표정하다
16. 비관적이다
17. 느끼는
18. 떨리
19. 감정을
20. 겁이
21. 짜증이
22. 미워요
23. 부러웠다
24. 이상하
25. 사랑스러워요
26. 심술궂
27. 쑥스럽습니다
28. 우울해
29. ❹
30. ❷
31. ❶
32. ❹
33. ❸
34. ❷
35. ❶
36. 소심하다
37. 무뚝뚝하다
38. 성격이 급하다
39. 변덕스럽다
40. 꼼꼼하다
41. 솔직하다
42. 겁이 많아서
43. 엄살이 심하
44. 짜증이 났을
45. 욕심이 많은
46. 용기는 내
47. 고집이 세
48. 당황했어요
49. 사생활
50. 자신
51. 특징
52. 매력을
53. 불쌍한
54. 고민하
55. 자유롭
56. 상상해
57. 주장하
58. 판단하
59. 버릇이
60. 심리
61. 태도
62. 오직
63. ❸
64. ❷
65. ❹
66. ❸
67. ❶
68. 개성적이다
69. 소극적이다
70. 활발하다
71. 가식적이다
72. 덜렁거리다
73. 독립적이다
74. 상하다
75. 까다롭다
76. 답답하다
77.

		①불	안	하	다		③감		④고	민
		행				②표	정		려	
	⑤심	하	다						하	
⑥떨	리	다			⑧내		⑨부	럽	다	
			⑦참	을	성		끄			
	⑩욕				적		럽		⑫개	인
⑪소	심	하	다				다		성	
									적	
⑬이	⑭상	하	다							
	상									

02 · 일상생활

1. 모습
2. 무조건
3. 묶다
4. 밀다
5. 정거장
6. 차례
7. 특기
8. 펴다
9. 활용하다
10. 흔히
11. 어쩌면
12. 줍다
13. 괜히
14. 맞벌이를
15. 이용한다고
16. 깜짝
17. 만족해
18. 변해
19. 충고했어요
20. 푹
21. 향기
22. 외출하
23. 비교해
24. ❷
25. ❶
26. ❹
27. ❸
28. ❷
29. ❹
30. ❹
31. 변경해야
32. 또한
33. 주웠어요
34. 어쩐지
35. 넘어져서
36. 들러서
37. 방금
38. 아무래도
39. 마침
40. 자르
41. ❶
42. ❷
43. ❸
44. ❶
45. ❹
46. ❷
47. ❶
48. 가만히

49. 가까이
50. 잔뜩
51. 그냥
52. 결국
53. 떨어뜨렸어요
54. 밟
55. 방문할
56. 봉사하
57. 서늘해진
58. 알려
59. 우연히
60. 가득
61. 모으
62. 평소
63. 이르다
64. 짜다
65. 꺼내다
66. 낫다
67. 진하다
68. 다듬다
69. 고치다
70. 묻다
71. 타다
72. 즐기다
73. 떠오르다

03 · 건강

1. 뇌
2. 뺨
3. 턱
4. 폐
5. 간
6. 장
7. 주먹
8. 손등
9. 손목
10. 근육
11. 긴급
12. 눈곱
13. 눈썹
14. 늙다
15. 뜨다
16. 병들다
17. 숨
18. 장
19. 털
20. 혀
21. 혈관
22. 혈압
23. 떨
24. 민간요법으로
25. 움직이셔야
26. 규칙적
27. 기운이
28. 보약을
29. 비결이
30. 비위생적
31. 소모해야
32. 숙면을
33. 식사량
34. 약해서
35. 소식
36. 건강식
37. 육식
38. 과식
39. 채식
40. 편식
41. ❸
42. ❷
43. ❶
44. ❷
45. 영양이
46. 식습관은
47. 식욕을
48. 피로가
49. 구급차
50. 참
51. 부상을
52. 치과
53. 당뇨병
54. 부작용이
55. 지쳤어요
56. 동맥경화
57. 암
58. 심장병
59. 성인병
60. 전염병
61. 불면증
62. 우울증
63. 합병증
64. 소화불량
65. 염증
66. ❹
67. ❸
68. ❷
69. ❸
70. ❶
71. ❹
72. 신장
73. 막
74. 취하다
75. 붓다
76. 낳다
77. 옮은
78. 비만이
79. 효과가
80. 비상약을
81. 앓았더니
82. 응급실
83. 사망했습니다
84. 치매
85. 어리
86. 항암제를
87. 하품이

04 · 음식

1. 꿀
2. 무
3. 팥
4. 껌
5. 레몬
6. 배추
7. 버섯
8. 생강
9. 버터
10. 달걀
11. 땅콩
12. 인삼
13. 식빵
14. 가지
15. 후추
16. 식초
17. 소시지
18. 콩나물
19. 옥수수
20. 고구마
21. 빈대떡
22. 식용유
23. 포도주
24. ❹
25. ❸
26. ❶
27. ❷
28. ❸
29. ❸
30. ❹
31. ❷
32. 김장하려고
33. 차려
34. 껍질을
35. 전혀
36. 미지근한
37. 흘리
38. 식
39. 집어서
40. 씹어서
41. 재료
42. 도시락을
43. 특별히
44. 송편은
45. 번거로운
46. 넘치다
47. 썩다
48. 남다
49. 깎다
50. 담그다
51. 부드럽다
52. 쏟다
53. 싸다
54. 맡다

55. 담아
56. 갈아서
57. 섞으면
58. 솜씨가
59. 밥맛이
60. 뒤집어
61. 벗겨
62. 데치세요
63. 밀가루
64. 국물이
65. 억지로
66. 포도주
67. ❷
68. ❹
69. ❸
70. ❶
71. ❶
72. ❷
73. ❸
74. 느끼하
75. 비린
76. 떫은
77. 달콤해서
78. 고소하

05 · 가정

1. 빗
2. 가구
3. 오븐
4. 지붕
5. 침실
6. 베개
7. 도구
8. 바늘
9. 대문
10. 밥솥
11. 렌즈
12. 담요
13. 유리
14. 벨트
15. 가스
16. 신문지
17. 라이터
18. 테이프
19. 손윗사람
20. 알뜰해서
21. 닮아
22. 외동딸로
23. 동네
24. 용돈을
25. 자식을
26. 심부름을
27. 치워야겠어요
28. 배터리를
29. 비닐봉지
30. 공과금을
31. 남매
32. 며느리
33. 배우자
34. 손자(손주)
35. 시부모
36. 신랑
37. 신혼부부
38. 장남
39. 막내
40. 형님
41. 형부
42. 아버님
43. 세입자는
44. 보증금
45. 설치해
46. 화분을
47. 플라스틱은
48. 꾸몄어요
49. 목욕탕
50. 전기
51. 바구니
52. 서랍
53. 손잡이를
54. 식구
55. 안방
56. ❷
57. ❸
58. ❷
59. ❶
60. ❹
61. ❶
62. ❸
63. 당신
64. 수도
65. 치우다
66. 모시다
67. 깨다
68. 달다
69. 들다
70. 산더미
71. 현관
72. 먼지가
73. 바닥
74. 털
75. 쓰레기통
76. 쓸

06 · 인간관계

1. 겸손하다
2. 끄덕이다
3. 대화
4. 맞서다
5. 미팅
6. 사교성
7. 사이좋다
8. 상대방
9. 소문
10. 술자리
11. 악수
12. 야유회
13. 연락처
14. 초청장
15. 친근감
16. 회식
17. 쳐다봤다
18. 미소를
19. 아무리
20. 도움이
21. 알아들을
22. 타일렀지만
23. 오히려
24. 여전하시네요
25. 회상하며
26. 말다툼을
27. 반했나
28. 예절을
29. 오랜만
30. 용서를
31. 전해
32. 추억하다
33. 궁금하다
34. 권하다
35. 기대하다
36. 후회하다
37. ❹
38. ❸
39. ❷
40. 상관없으니까
41. 원하는
42. 대해
43. 데려가
44. 잔치가
45. 볼일이
46. 안부
47. 분위기가
48. 숙이며
49. 대화
50. 돌려줘라
51. 참석해
52. 한턱내신다고
53. 행동하면
54. 개인적
55. 이해하
56. 신경
57. 살짝
58. 나누다
59. 돌보다
60. 어색하다
61. 끊어지다
62. 비밀이야

63. 거짓말을
64. 공경하는
65. 그리워지네요
66. 기억
67. 끼쳐서
68. 무시하
69. 바라보셨다
70. 소용없다고
71. 가입했다
72. 회원은
73. 인상을
74. 낯설어
75. 농담을
76. 고백하
77. 거절할까
78. 모이

07 학교와 수업

1. 각자
2. 글
3. 내용
4. 불만
5. 성적
6. 알맞다
7. 억양
8. 언어 교환
9. 옳다
10. 의미
11. 제목
12. 집중하다
13. 행사
14. 미리
15. 상담해요
16. 스스로
17. 적어
18. 얼른
19. 접수할
20. 특히
21. 정확해요
22. 다행히
23. 복사해서
24. 마침내
25. 반복해서
26. 종일
27. ❹
28. ❷
29. ❶
30. ❸
31. 나날이
32. 마음대로
33. 강조하다
34. 번역하다
35. 외우다
36. 떠들다
37. 반장
38. 규칙
39. ❶
40. ❸
41. 필기한
42. 마치
43. 밤새
44. 깜빡
45. 토론해
46. 거의
47. 합격했다면서요
48. 훨씬
49. 추천해
50. 신청했어요
51. 진학을
52. 이유가
53. 설마
54. 최선
55. 겨우
56. 그다지
57. 정도
58. 나머지
59. 주제
60. 어울리다
61. 빠뜨리다
62. 맞추다
63. 빼다
64. 맞다
65. 풀다

08 · 경제

1. 그램
2. 길이
3. 깊이
4. 나머지
5. 납부
6. 높이
7. 세로
8. 수표
9. 예금
10. 창구
11. 초보자
12. 크기
13. 폭
14. 폰뱅킹
15. 센티미터(cm), 미터(m), 인치(in)
16. 제곱센티미터(cm^2), 제곱미터(m^2), 제곱킬로미터(km^2)
17. 그램(g), 킬로그램(kg), 톤(t)
18. 밀리리터(mℓ), 리터(ℓ), 시시(cc)
19. 경제적이에요
20. 관리해
21. 단기간
22. 서툴러요
23. 대기업
24. 세금이
25. 반품이
26. 신용을
27. 제공하
28. 조건이
29. 포기하
30. 가맹점
31. 고생하셨어요
32. 할부로
33. 심각한
34. ❸
35. ❶
36. ❶
37. ❸
38. ❹
39. ❷
40. ❹
41. ❸
42. ❷
43. ❹
44. ❸
45. ❶
46. 고객
47. 공짜로
48. 광고
49. 무이자
50. 문의해
51. 배송을
52. 상태가
53. 새로운
54. 경험이
55. 선택할
56. 차이가
57. 판매한다고
58. 견디면
59. 하자가
60. 조사해야
61. 따지다
62. 유행하다
63. 쌓다
64. 덜다
65. 살아나다
66. 세다
67. 서비스
68. 경우
69. 소비자
70. 그만두어야
71. 기회를
72. 긴장을

73. 환불해
74. 수고했다
75. 얻을
76. 중요성을
77. 면제돼요
78. 보험
79. 할인을
80. 즉
81. 맞추

09 · 사회

1. 검사
2. 국가
3. 교수
4. 목수
5. 비서
6. 시인
7. 예전
8. 건축가
9. 근로자
10. 과학자
11. 대통령
12. 외교관
13. 탤런트
14. 국회의원
15. 디자이너
16. 아나운서
17. 프로게이머
18. 거래처
19. 실수하는
20. 결과
21. 경영하
22. 계약을
23. 문제점
24. 승진하신
25. 능력을
26. 분석해야
27. 번화한
28. ❶
29. ❸
30. ❹
31. ❷
32. ❷
33. ❸
34. ❹
35. 공장
36. 몰두하는
37. 영향을
38. 순간을
39. 가능하다고
40. 메모해
41. 신상품이
42. 야근을
43. 사정이
44. 신형
45. ❷
46. ❹
47. ❶
48. ❹
49. ❸
50. ❶
51. 면접시험이
52. 서류와
53. 무역을
54. 능통한
55. 경력자는
56. 취직했으면
57. 부담
58. 짓다
59. 흐르다
60. 해결하다
61. 벌이다
62. 뽑다
63. 보고해
64. 발달하면서
65. 파일을
66. 목표는
67. 무리해서
68. 어느새
69. 건의해
70. 결정하
71. 개발한
72. 여유가
73. 발견했다
74. 그대로
75.

①미	루	다				⑤현	재
래			②옛		④고	대	
		③훗	날				
⑥무	리				⑦경	쟁	
렵					력		
		⑨시	절				
	⑧세	대			⑩출	⑪세	
	월					기	

10 · 문화

1. 쇼
2. 짐
3. 교류
4. 마술
5. 체육
6. 축제
7. 미디어
8. 사실적
9. 포스터
10. 경조사비
11. 대중문화
12. 개봉
13. 다큐멘터리
14. 공연
15. 관객
16. 관람
17. 가면극
18. 무용
19. 뮤지컬
20. 대사
21. 연기
22. 예술
23. 주인공
24. 동기는
25. 감동하셨는지
26. 수상했대요
27. 박수를
28. 열린다고
29. 인기가
30. 표현할
31. 민간신앙을
32. 결승전
33. 출전한
34. 복을
35. 강강술래
36. 돌
37. 속담
38. 사물놀이
39. 환갑
40. 성묘
41. 세배
42. 사투리
43. 귀성
44. ❸
45. ❹
46. 사주를
47. 운이
48. 대회
49. 신기록을
50. 우승할

51. 젔어요
52. 사고방식이
53. 상쾌해요
54. 가이드가
55. 머물렀던
56. 숙소를
57. 배경
58. 역할
59. 환상적
60. 벅차다
61. 빌다
62. 보호하다
63. 옮기다
64. 따다
65. 대단하다
66. 차다
67. 문화유산이
68. 역시
69. 역사적
70. 전통
71. 포함되어
72. 연장해야겠어요
73. 현지인
74. 참가하
75. 기도를
76. 교포예요
77. 올림픽이
78. ❶
79. ❷
80. ❹
81. ❸
82. ❷
83. ❶
84. ❹
85. 천주교
86. 기독교
87. 불교
88. 성직자라고
89. 신을
90. 소원을

11 속담, 관용어, 한자성어, 의태어, 의성어

11-1 속담

1. 세 살 적 버릇 여든까지 간다고
2. 금강산도 식후경이라고
3. 원숭이도 나무에서 떨어질 때가 있다고
4. 배보다 배꼽이 크군요.
5. 아닌 땐 굴뚝에 연기나
6. 떡 줄 사람은 꿈도 안 꾸는데 김칫국부터 마신다고
7. 믿는 도끼에 발등 찍혔네
8. 가는 날이 장날이라고
9. 고래 싸움에 새우등 터진
10. 빈 수레가 요란하다더니
11. 꼬리가 길면 밟힌다더니
12. 누워서 침 뱉기라고
13. 호랑이도 제 말 하면 온다더니
14. 돌다리도 두들겨 보고 건너라고
15. 소 잃고 외양간 고친다고
16. 바늘 도둑이 소 도둑 된다고
17. 윗물이 맑아야 아랫물이 맑다고
18. 콩 심은 데 콩 나고 팥 심은데 팥 난다고

11-2 관용어

1. 손을 잡
2. 하늘의 별 따기야
3. 손을 뗐다던데
4. 길눈이 어두워서
5. 눈이 높아서
6. 발을 끊었대
7. 손이 크셔서
8. 옷이 날개라고
9. 눈을 감아
10. 발이 넓어서
11. 제 눈에 안경이라고
12. 귀에 못이 박이
13. 엎어지면 코 닿을
14. 입이 무거운
15. 어깨가 무겁
16. 낯을 가려서
17. 맛이 갔나
18. 눈 코 뜰 새가 없어요
19. 귀를 기울일
20. 낯이 두껍
21. 금이 간
22. 누워서 떡 먹기

11-3 한자성어

1. ㅂ
2. ㄱ
3. ㅈ
4. ㅁ
5. ㅊ
6. ㄹ
7. ㄷ
8. ㄴ
9. ㅇ
10. ㅅ
11. ㅁ
12. ㅅ
13. ㅊ
14. ㅂ
15. ㅇ
16. ㅈ
17. ㄱ
18. ㄷ
19. ㄴ
20. ㄹ
21. 동문서답이야
22. 이심전심이네
23. 팔방미인이군요
24. 작심삼일이라는
25. 유언비어를
26. 막상막하야
27. 고집불통이구나
28. 다다익선이지요
29. 대기만성이란
30. 일석이조네
31. 우왕좌왕
32. 이열치열이라고
33. 과소평가
34. 상부상조
35. 유명무실
36. 부전자전이구나
37. 용두사미가
38. 설상가상이로구나
39. 횡설수설
40. 유비무환

11-4 의태어

1. 방실방실
2. 텅
3. 반짝반짝
4. 줄줄
5. 주룩주룩
6. 활짝
7. 꽉
8. 뻘뻘
9. 꾸벅꾸벅
10. 살금살금

11-5 의성어

1. 보글보글
2. 딸랑딸랑
3. 펑
4. 꼬르륵
5. 쿨쿨
6. 풍덩
7. 훅
8. 앵
9. 똑딱똑딱
10. 덜컹덜컹

02 색인

표 : 표제어(表題語), 유 : 유의어(類義語), 반 : 반의어(反意語), 관 : 관련어(關連語)

외국인을 위한 **한국어 어휘 연습 (중급)**

일본어판

편저자 연세대학교 한국어학당 교재편찬위원회
집필진 전나영 · 오경은 · 김종인 · 김민지
펴낸곳 연세대학교 대학출판문화원

주소 서울시 서대문구 연세로 50
전화 02) 2123-3380~2
팩스 02) 2123-8673
ysup@yonsei. ac. kr
http://www. yonsei. ac. kr/press
등록 1955년 10월 13일 제9-60호
인쇄 (주)네오프린텍

2012년 11월 12일 1판 1쇄 2017년 12월 29일 1판 2쇄
ISBN 978-89-97578-55-9 (03710)

정가 25,000원